Barbara Brüning

Philosophieren mit Kindern

EINFÜHRUNGEN
– Pädagogik –

Band 6

LIT

Barbara Brüning

Philosophieren mit Kindern

Eine Einführung in Theorie und Praxis

LIT

Für meine Enkel Bastian, Clara und Jana

Umschlagbild
Schülerinnen und Schüler beim Philosophieren an der Aktiv-Schule in Emleben in Thüringen; Foto von Udo Balasch

∞

Gedruckt auf alterungsbeständigem Werkdruckpapier entsprechend
ANSI Z3948 DIN ISO 9706

Bibliografische Information der Deutschen Nationalbibliothek
Die Deutsche Nationalbibliothek verzeichnet diese Publikation in der Deutschen Nationalbibliografie; detaillierte bibliografische Daten sind im Internet über http://dnb.d-nb.de abrufbar.

ISBN 978-3-643-12839-3

Verlagskontakt:
Fresnostr. 2 D-48159 Münster
Tel. +49 (0) 2 51-62 03 20 Fax +49 (0) 2 51-23 19 72
E-Mail: lit@lit-verlag.de http://www.lit-verlag.de

Auslieferung:
Deutschland: LIT Verlag Fresnostr. 2, D-48159 Münster
Tel. +49 (0) 2 51-620 32 22, Fax +49 (0) 2 51-922 60 99, E-Mail: vertrieb@lit-verlag.de

Österreich: Medienlogistik Pichler-ÖBZ, E-Mail: mlo@medien-logistik.at
E-Books sind erhältlich unter www.litwebshop.de

Inhalt

Vorwort

Lena ist 5 Jahre alt und steckt die rechte Hand fest in die Hosentasche. Dort liegen die fünf Schokoladenbonbons, die sie vor einigen Minuten von ihrer Oma geschenkt bekommen hat. Lena hält sie ganz fest, obwohl ihre Mama sie bittet, den anderen Kindern auf dem Spielplatz davon etwas abzugeben. Lena schüttelt den Kopf: Sie möchte (jetzt) keine Bonbons abgeben. Ihrer Mutter ist das peinlich. Was werden wohl die Eltern der anderen Kinder denken? Ist Lena egoistisch, weil sie noch nicht gelernt hat zu teilen oder vielleicht gerade keine Lust hat zu teilen? Müssen gerechte Menschen immer alles teilen? Und vor allem: Wie soll Lenas Mutter mit ihrer Tochter das Problem nun weiter bearbeiten?

Der englische Philosoph und Erzieher John Locke (1638-1704) würde vorschlagen, dass Mutter und Tochter miteinander nachdenken und das Problem von allen Seiten aufrollen. Was heißt teilen? Wann ist es sinnvoll zu teilen und wann nicht? Was passiert, wenn ich selbst nichts abgeben will, aber von anderen Kindern etwas haben möchte?

Lena und ihre Mutter können noch viele Fragen zum Problem des Teilens stellen und selbst nach Antworten suchen, d.h. philosophische Aktivitäten entstehen nicht nur mithilfe von Büchern im stillen Kämmerlein, sondern entwickeln sich aus ganz praktischen Alltagssituationen.

Das vorliegende Buch will Grundschullehrerinnen und -lehrer, Erzieherinnen und Erzieher sowie Eltern anregen, mit Kindern zu philosophieren. Es gibt einen umfassenden, aber nicht erschöpfenden Überblick über Geschichte, Ziele, Methoden, entwicklungspsychologische Besonderheiten, inhaltliche Problemfelder und praktische Module des Philosophierens. Es kann als Nachschlagewerk benutzt werden – daher gibt es auch viele Seitenverweise und kursiv gedruckte Hervorhebungen – oder als einführendes Kompendium für neugierige Erwachsene, die sich gemeinsam mit ihren Kindern auf eine philosophische Entdeckungsreise begeben möchten.

Das Buch führt auf den Hauptwegen entlang, die Nebenwege müssen von den Philosophierenden selbst beschritten werden.

Im *ersten Kapitel* werden die didaktisch-methodischen Grundlagen der Entdeckungsreise gelegt. Den Ausgangspunkt bilden der Philosophiebegriff und die Unterscheidung zwischen Philosophie und philosophieren. Auf dem weiteren Weg werden einige ausgewählte Orte des Philosophierens vorgestellt, die in der 2500jährgigen Geschichte der Philosophie, dazu beigetragen haben, philosophisches Wissen und Können zu vermitteln. Der Philosophie kommt dabei die Aufgabe zu, Sinnfragen wie „Was heißt gerecht zu teilen?" oder „Wie ist das Universum entstanden?" reflexiv zu bearbeiten.

Zu den wichtigen philosophischen Lernorten gehört auch das Philosophieren mit Kindern, das in der Antike mit der griechischen Philosophin Theano von Kroton im 6. Jh. v. Chr. beginnt und im 20. Jahrhundert insbesondere von dem amerikanischen Philosophen Matthew Lipman geprägt wurde. Dabei geht es darum, dass Kinder auf Fragen an die Welt, die sie selbst stellen, gemeinsame, gut durchdachte und begründete Antworten suchen und finden.

Für den schulischen und außerschulischen Bildungsprozess sind dabei vor allem die philosophischen Methoden von Bedeutung, die es wie im Fall von Lena ermöglichen, gemeinsame Antworten zu finden. Zu dem Fünf-Finger-Modell des Philosophierens nach Ekkehard Martens gehören: die phänomenologische Methode (wahrnehmen und beschreiben), die analytische Methode (Begriffe verstehen und gute Gründe für philosophische Antworten finden), die hermeneutische Methode (Texte, Gedanken und Symbole deuten), die dialektische Methode (Gespräche führen, mit dem Ziel, eine Antwort auf eine Sinnfrage zu finden) und die spekulative Methode (mit Gedanken spielen).

Im *zweiten Kapitel* stehen entwicklungspsychologische und kognitivistische Grundlagen des Philosophierens mit Kindern im Mittelpunkt: Sind Kinder intellektuell überhaupt in der Lage, philosophische Gedanken zu entwickeln?

Um diese Frage zu beantworten, wird zunächst die klassische Position der Entwicklungspsychologie anhand des Stufenmodells von Jean Piagets dargestellt. Nach diesem Modell sind Kinder fähig, konkret-anschauliche philosophische Gedanken zu äußern, nicht jedoch abstrakt-logische bzw. hypothetische. Der amerikanische Philosoph Gareth Matthews führt deshalb zwei Argumente gegen Piagets Stufenmodell an: Piagets Fragetechnik, die Kindern nicht genügend Raum zur Entfaltung eigener Gedanken zubilligt und die Zuordnung philosophischer Gedanken zu verschiedenen qualitativen Stufen. Er kritisiert, dass beispielsweise ein Philosoph wie Platon, der das Denken als Gespräch der Seele mit sich selbst bezeichnet hat, nach Piagets Modell nicht auf der höchsten Stufe formalisierten Denkens stehen würde.

Die amerikanische Kognitionsforscherin Alison Gopnik stärkt die Position von Matthews: Sie hält Kinder für die wahren kreativen, philosophischen Denker. Ihr Gehirn verfüge über eine hohe Plastizität im präfrontalem Kortex, die ihnen Weltoffenheit, Flexibilität und auch Empathie ermögliche. Bereits Babys zeigten ein angeborenes Einfühlungsvermögen, das ihnen eine enge Bindung an ihr soziales Umfeld garantiere. Dieses Einfühlungsvermögen müsse jedoch nach Ansicht der amerikanischen Philosophin Martha Nussbaum in der frühen Kindheit, insbesondere durch die sokratische Gesprächsmethode gefördert werden. Diesen Gedanken hat die amerikanische Philosophin Ann Margaret Sharp in ihrem Konzept des fürsorglichen Denkens weiterentwickelt. Es soll moralische Gefühle und Reflexion beim Philosophieren verbinden. Dafür sind Spiele ein geeignetes Medium, weil sie sowohl kognitive als auch emotionale und handlungsbezogene Elemente enthalten. Das Kapitel präsentiert deshalb eine kleine Systematik philosophischer Spiele, die dem Fünf-Finger-Modell des Philosophierens folgt.

Das dritte Kapitel umfasst eine kurze, vereinfachte Darstellung ausgewählter Problemkreise der Philosophie, die für das Philosophieren mit jüngeren Kindern eine Bedeutung haben. Sie gliedert sich nach den vier großen Fragen der Philosophie, die Immanuel Kant zusammengestellt hat: Was kann ich wissen? (Erkenntnistheorie und Sprache) Was soll ich tun? (Ethik) Was darf ich hoffen? (Gesellschaftstheorie, Religionsphilosophie und Metaphysik) sowie Was ist der Mensch? (Selbstverständnis des Menschen als natürliches, kulturelles, geschichtliches und politisches Wesen).

Die skizzierten Problemkreise werden in ihrem Kern beschrieben und stellen eine erste Annäherung an die philosophische Tradition dar, die erweitert und vertieft werden muss. Denn ohne ein Grundwissen in der Philosophie ist eine Förderung philosophischen Denkens jüngerer Kinder nicht möglich. So setzt zum Beispiel ein gezieltes Nachfragen während eines sokratischen Gesprächs Kenntnisse verschiedener möglicher inhaltlicher Aspekte voraus.

Das vierte Kapitel stellt zu den vier großen Fragen der Philosophie praktische Module vor, die im Kindergarten und der Grundschule ausprobiert werden können. Die Module aus dem Kindergarten gelten auch für Vorschulklassen bzw. erste Klassen, die noch nicht intensiv schreiben und lesen können. Die Module enthalten Anregungen für einen kreativen Einstieg, inhaltliche Vorschläge wie zum Beispiel Textauszüge zum Philosophieren, didaktisch-methodische Vorschläge und Anregungen zum Spielen und Gestalten. Sie stellen lediglich Bausteine dar, die je nach Lerngruppe und Interesse der Kinder modifiziert werden können. So ist es auch möglich, die Vorschläge für den Elementarbereich für die Grundschule zu modifizieren und umgekehrt.

Das fünfte Kapitel präsentiert eine ausgewählte Bibliografie zum Philosophieren mit Kindern, die neben Klassikern wie Gareth Matthews oder Matthew Lipman auch aktuelle didaktische Literaturvorschläge der letzten fünf Jahre umfasst. Sie erhebt keinen Anspruch auf Vollständigkeit. Auf die Auswahl von traditionellen Kinderbüchern wurde bewusst verzichtet, da sich sehr viele von ihnen zum Philosophieren eignen. Es wurden lediglich Geschichten und Textbücher aufgenommen, die mit dem ausdrücklichen Ziel geschrieben wurden, Kinder zum Philosophieren anzuregen sowie aktuelle Lehrmaterialien für den Ethik- und Philosophieunterricht in der Grundschule.

Zu den formalen Besonderheiten des Buches gehört u. a, dass in jedem Kapitel die Namen von Philosophinnen und Philosophen kursiv gedruckt und mit Lebensdaten versehen werden (einmal pro Kapitel), damit ihre Gedanken beim Lesen in die entsprechende Epoche der Philosophiegeschichte eingeordnet werden können, ohne die Lebensdaten im letzten Kapitel nachschlagen zu müssen. Auf Daten noch lebender Personen wird verzichtet. Auch Kern-Gedanken werden kursiv gedruckt; sie ermöglichen einen Überblick über die Hauptprobleme des jeweiligen Kapitels.

Die Literaturquellen werden nach jedem Kapitel gesondert aufgeführt, d.h. Literaturangaben im laufenden Kapitel müssen dort nachgesehen werden und nicht im Anhang, es sei denn, es wird ausdrücklich auf den Anhang verwiesen, wie z. B. V/Martens 1999.

Das Buch erhebt keinen Anspruch auf Vollständigkeit. Es ist das Resultat meiner fast dreißigjährigen Tätigkeit auf dem Gebiet des Philosophierens mit Kindern. Ich möchte meine theoretischen und praktischen Erfahrungen an Sie weitergeben und wünsche Ihnen viel Freunde beim Philosophieren mit ihren Kindern in der Kita, der Grundschule oder zu Hause.

Hamburg, Frühjahr 2015

I

Didaktisch-methodische Grundlagen des Philosophierens mit Kindern

Abb. 1: „Kinder teilen einen Bonbon“

1 Was heißt philosophieren mit Kindern?

Die 7jährige Clara geht mit ihrer Großmutter abends am Strand spazieren und bleibt plötzlich stehen. „Schau mal Oma", sagt sie aufgeregt, „die Sonne fällt ins Meer hinein. Macht sie das immer?"

Clara hat noch nie einen Sonnenuntergang am Meer erlebt und ist erstaunt darüber, wie der große Feuerball im Ozean versinkt.

Der Sonnenuntergang war vielleicht Claras erste Entdeckungsreise ins Universum. Sie sah die Sonne im Meer untergehen und war fasziniert. Was für uns Erwachsene ein selbstverständlicher Vorgang in der Natur ist, hat Clara ganz unvermittelt für sich neu entdeckt.

Der griechische Philosoph *Aristoteles* (384-322 v. Chr.) sah im *Staunen eine natürliche Eigenschaft von Menschen*, nicht nur von Kindern. Jemand „stolpert" zunächst wie Clara über etwas Ungewöhnliches wie die im Meer versinkende Sonne, und aus anfänglichen Beobachtungen entwickeln sich schließlich Fragen: Warum? Wieso? Weshalb?

Für Aristoteles bilden die Tätigkeiten Staunen und Wissen-Wollen erste Schritte des Philosophierens (siehe Aristoteles 1984, S. 20-22). Die Menschen streben danach, Klarheit über unerklärliche Dinge auf der Welt zu erlangen. Sie stellen Fragen an die Welt und versuchen, Antworten darauf zu finden.

Eine besondere Rolle spielen dabei Warum-Fragen: „Warum versinkt die Sonne abends im Meer? Warum gibt es Sterne am Himmel? Warum leben auch böse Menschen auf der Welt?"

Der englische Philosoph *John Locke* (1638-1704) gab Erwachsenen den Rat, die *natürliche Wissbegierde von Kindern zu fördern* und auf ihre Fragen so zu antworten, dass neue Fragen entstehen, damit ihr Interesse an der Welt wach gehalten wird. Auf dieser Grundlage basiert auch das *Prinzip des Philosophierens*: Ein Kind staunt über ein Phänomen und ist wissbegierig. Diese Wissbegierde verleidet es dazu, Fragen zu stellen. Und je mehr Fragen es stellt, desto intensiver gelingt es ihm, einen speziellen Gegenstand einzukreisen und verschiedene Aspekte in den Blickpunkt des Interesses zu rücken. Deswegen sollten Erwachsene nach Auffassung von John Locke lernen, wie sie jüngere Kinder zum Fragen-Stellen ermuntern können (siehe Locke 1980, S. 149-155).

Die Begriffe Philosophie und Philosophieren schließen den Begriff der Wissbegierde ein. Sie haben ihren Ursprung in Griechenland. Die etymologischen Wurzeln bilden Philos, der Freund, und Sophia, die Weisheit. Philosophieren bedeutet also, ein Freund der Weisheit zu sein. In Griechenland waren das Männer und Frauen, die von körperlicher Arbeit befreit waren und die Muße hatten, über die Welt nachzudenken. Als *erster Philosoph* und *erste Philosophin* gelten im 6. Jh. vor Chr. *Thales von Milet* und *Theano von Kroton*. Sie begannen, über Sinnfragen wie die Entstehung des Weltalls oder die Existenz von Gut und Böse auf der Welt nachzudenken und Antworten darauf zu suchen.

Im Laufe der Philosophiegeschichte wurden in unterschiedlichen Kulturen viele gut begründete Antworten auf fundamentale Fragen menschlicher Existenz gefunden. Sie alle zusammen bilden bis in die Gegenwart die philosophische Tradition, und die Tätigkeit des Staunens, Fragens und Nachdenkens über Sinnfragen wird seit der Antike als Philosophieren bezeichnet. Sie führt zu vorläufigen Antworten, die wieder hinterfragt werden. Denn es könnte ja alles auch ganz anders sein, d.h. eine bereits beantwortete Frage bildet den Motor für das Weiterdenken. Dabei muss sich am Schluss des Reflexionsprozesses nicht unbedingt das Gegenteil als wahr erweisen. Vielmehr ist es auch möglich, neue Aspekte einer Sinnfrage zu entdecken, welche die bereits gefundene Antwort stützen oder erweitern. Insofern ist das Philosophieren ein offener Prozess mit keinem endgültigen Abschluss, an dem alle Menschen teilnehmen können, nicht nur wissenschaftlich tätige Philosophinnen und Philosophen. Denn das Nachdenken über Sinnfragen gehört zum Menschsein dazu. In der philosophischen Tradition wird deshalb zwischen esoterischer und exoterischer Philosophie unterschieden.

Esoterische und Exoterische Philosophie

(Philosophie für Eingeweihte (Wissenschaftler) und Nicht-Eingeweihte)

Fachphilosophie	*Alltagsphilosophie*
Systematische Weltdeutungen als Wissenschaft an den Universitäten, die in Theorien zusammengefasst werden	Weltdeutungen von älteren und jüngeren Menschen mit einer unterschiedlichen Lebens- und Alltagspraxis

2 Lernorte des Philosophierens

Philosophische Tradition:	antike Schulen, Klöster, Universitäten und Hochschulen
Elementar- und Primarbereich:	Projekte im Kindergarten, Ethik/Philosophieunterricht und fächerübergreifendes Philosophieren in der Grundschule; Ethik/Philosophieunterricht in der Sekundarstufe I und II
Außerschulisches Philosophieren:	Gespräche in der Familie, Kurse in der Hochbegabtenförderung, freiwillige Gruppen
Erwachsenenbildung:	Philosophische Cafés, philosophische Praxen, Volkshochschulen

Philosophisches Denken in Europa hat seinen Ursprung in Griechenland. Aber auch in anderen Kulturen wie Ägypten oder China gibt es frühe Dokumente philosophischen Nachdenkens.

Die Entstehung der Philosophie ist eng mit der Teilung zwischen körperlicher und geistiger Arbeit verbunden. Dadurch erhielten einige wenige Männer (und auch Frauen) die Möglichkeit, sich nicht mehr mit lebensnotwendigen Dingen beschäftigen zu müssen. Sie hatten Muße, die Welt zu beobachten und Kenntnisse über sie zu systematisieren, die heute in Form von ersten Schriften zur philosophischen Tradition vorliegen. Zu ihnen gehören beispielsweise die Fragmente der vorsokratischen griechischen Philosophen aus dem 6. Jahrhundert v. Chr. (siehe Capelle, 2008).

Schon sehr früh nahm die Philosophie auch dialogische Formen an, d.h. an verschiedenen Orten wurde gemeinsam philosophiert. So rühmt der griechische Philosoph *Platon* (427-347 v. Chr.) in seinem Dialog „Menexenos" *Aspasia von Milet* (ca. 460-401 v. Chr.), die als Geliebte von Perikles einen philosophischen Salon in Athen eröffnete, in dem auch *Sokrates* (469-399 v. Chr.) das Philosophieren lernte. Sokrates führte später viele philosophische Gespräche auf öffentlichen Plätzen, wie zum Beispiel der Agora, dem Marktplatz von Athen.

Formen des Philosophierens

Monologisches Philosophieren	*dialogisches Philosophieren*
Gedanken und Schriften einzelner Philosophen	Mündliches Philosophieren in einer Gruppe

Erste Philosophenschulen in der Antike

Der Mathematiker und Philosoph *Pythagoras* (570-495 v. Chr.) gründete ungefähr um 540 v.Chr. in der italienischen Stadt Krolon den ersten Kreis von Männern und Frauen, in dem bewusst philosophiert wurde. Wer Mitglied werden wollte, musste ein bestimmtes Wissen über die Welt vorweisen; danach richtete sich der Grad der Zugehörigkeit. *Die pythagoreiische Vereinigung* war so etwas wie ein esoterischer Geheimbund, der ähnlich wie eine Bruderschaft nur Auserwählte aufnahm. Zu ihnen gehörten auch die Frau des Pythagoras *Theano von Kroton* und 17 weitere Pythagoreerrinnen (siehe Rullmann 1998, S. 32-37).

Die Pythagoreer zeichneten sich durch eine Gütergemeinschaft aus, die später von Platon in seine Konzeption eines gerechten Staates übernommen wurde. Berühmtheit erlangten sie durch ihre Auffassung von der Seelenwanderung, die Platon in seiner Schrift „Phaidon“ rezipierte.

In der zweiten Hälfte des 5. Jh. v. Chr. waren es vor allem die *Sophisten* mit ihrem bekannten Anführer *Protagoras* (ca. 485-415 v. Chr.), die auf öffentlichen Plätzen philosophierten. Protagoras und die Sophisten sind neben Sokrates die Wichtigsten Dialogpartner in Platons Schriften. Sie wurden in Athen heftig kritisiert, weil sie für ihre philosophischen Dienstleistungen Geld annahmen.

Die Sophisten waren keine institutionelle Vereinigung wie die Pythagoreer, sondern verstanden sich in erster Linie als Philosophielehrer. Sie gaben sich bewusst den Namen Sophisten (Lehrer der Weisheit) und versammelten um sich herum junge Leute, die sie in Rhetorik unterrichteten. Außerdem hielten die Sophisten die ersten öffentlichen Philosophievorträge und benutzten die Philosophie als Bildungsmethode. Sie entwickelten das Ideal, den menschlichen Geist auf rationaler Grundlage zu formen, und legten dadurch den Grundstein für eine kritische Reflexion des Menschen über sein Selbstverständnis und die Welt.

Nach dem Vorbild des pythagoreiischen Bundes gründete *Platon um 387 v. Chr.* seine *Akademie*. Dort wurden sowohl das monologische Philosophieren als auch das dialogische Philosophieren praktiziert. Die Akademie erhob den Anspruch, sowohl Philosophen als auch Politiker und Feldherren auszubilden. Deshalb spielte neben den Tugenden Vernunft und Weisheit auch die *phronesis* (Lebensklugheit) eine große Rolle. Ein berühmter Absolvent der platonischen Akademie war zum Beispiel der Herrscher *Dion von Syrakrus* (409-354 v.Chr.).

Die platonische Akademie existierte nach dem Tod Platons fast 1000 Jahre lang weiter, bevor sie 529 auf Anordnung von Kaiser Justinian I. geschlossen wurde. Wiederum fast 1000 Jahre später eröffnete sie der italienische Philosoph und Humanist *Marselino Ficino* (1433-1499) wieder, um das Nachdenken über Sinnfragen mithilfe philosophischer Gedanken aus der Antike fortzuführen.

Philosophie in Klöstern

Die systematische Beschäftigung mit Philosophie wurde im frühen Mittelalter in Klöstern weitergeführt, wobei die Theologie als neue Leitwissenschaft fungierte. Erstmalig entstand die *Richtung der Textphilologie* – d.h. philosophische Texte von antiken Philosophen wie Platon oder Aristoteles wurden ins Lateinische übersetzt und mit Kommentaren versehen. Durch das systematische Sammeln und Auswerten philosophischer Quellen etablierte sich die *Philosophiegeschichte als eigenständige Disziplin*, die auch gegenwärtig ein wichtiger Bestandteil des Philosophiestudiums ist.

In einigen Klöstern wurde aber auch die antike dialogische Form des Philosophierens weitergeführt. So entwickelte sich beispielsweise in Helfta bei Eisleben ein großer Konvent mit einer eigenen Schule, d.h. Helfta wurde zur „philosophischen Krone" der deutschen Frauenklöster". Dort beschäftigten sich die Nonnen unter der Leitung der Mystikerin *Mechthild von Magdeburg* (1210-1294) nicht nur mit den sieben freien Künsten Grammatik, Dialektik, Rhetorik, Arithmetik, Geometrie, Musik und Philosophie einschließlich der lateinischen Sprache, sondern auch mit den Schriften von

Aristoteles und Platon sowie den Predigten des berühmten Zisterzienserabtes *Bernhard von Clairvaux* (ca. 1090-1153).

Philosophie an Universitäten und Hochschulen

Die antiken Philosophenschulen und auch die neoplatonische Akademie von Florenz waren Privatgründungen von Philosophen, die einen Kreis von besonders Gebildeten um sich herum versammelten und nur beschränkt Einfluss auf das politisch-kulturelle Leben ihrer Zeit nahmen.

Fast 1000 Jahre nach Gründung der pythagoreischen Vereinigung eröffnete *Theodosius II. 425 n. Chr. in Konstantinopel die erste staatliche Universität* mit öffentlichen Lehrstühlen, u.a. für griechische und römische Grammatik, Rhetorik sowie Philosophie und Rechtswissenschaft. Die Philosophie übernahm in der neuen Universität die Rolle der Grundlagenwissenschaft, weil sie als Reflexionsdisziplin den Rahmen für einzelwissenschaftliche Fächer bildete, insbesondere durch die Bereiche Logik und Wissenschaftstheorie (siehe auch III/1).

Die Philosophie etablierte sich nach den Universitätsgründungen im späten Mittelalter an allen höheren europäischen Bildungseinrichtungen. Gegenwärtig gibt es philosophische Lehrstühle an allen größeren Universitäten der Welt. Sie bieten unabhängig von speziellen philosophischen Ausrichtungen wie beispielsweise der Orientierung an analytischer Philosophie im angelsächsischen Raum, Vorlesungen und Seminare in Philosophiegeschichte an und folgen in ihren Lehrkonzepten der aristotelischen Unterscheidung zwischen theoretischer und praktischer Philosophie. Durch eine international einheitliche Modularisierung bestimmter grundlegender Anforderungen, z.B. im Bereich der Logik oder der antiken Philosophie, können Studierende an verschiedenen internationalen Universitäten Kreditpunkte sammeln und einen international anerkannten Abschluss wie Bachelor oder Master in Philosophie erwerben, auch in der Lehramtsausbildung.

Philosophie an Sekundarschulen

Bis zum 19. Jahrhundert wurden an den deutschen Lateinschulen die Disziplinen *Logik, Rhetorik und Ethik* unterrichtet, denen eine *wissenschaftspropädeutische Funktion als* Vorbereitung auf ein Universitätsstudium zukam. Besonders die Ethik erfüllte über den wissenschaftspropädeutischen Status hinaus die Aufgabe, der jungen Generation eine *Grundbildung in philosophischen Wissensfragen* zu vermitteln.

Nach der preußischen Schul- und Curriculumreform durch *Wilhelm von Humboldt (1767-1835)* wurde 1806 die Fächergruppe Logik, Rhetorik und Ethik aus den Curricula der höheren Schulen verbannt, denn ihre wissenschaftspropädeutische Aufgabe war mit dem von Humboldt konzipierten Lehrplan für die Gymnasien nicht vereinbar, die als „Gesamtschulen" für alle Bürgerinnen und Bürger gelten sollten. An ihrer Stelle verblieb die *Philosophie als didaktisch-methodisches Prinzip im Fächerkanon des Gymnasiums*, um die Wissenschaftlichkeit des Unterrichts zu garantieren – diese Tradition wird beispielsweise in der Vereinbarung der Kultusministerkonferenz zur Neugestaltung der gymnasialen Oberstufe der Bundesrepublik Deutschland von 1972 fortgeführt; dort wird die Philosophie ebenfalls zum fächerübergreifenden Unterrichtsprinzip erhoben (siehe Stiegler 1986, S. 27ff).

Das Fach Philosophie/Ethik hat in der Sekundarstufe I und II in der Bunderepublik den Status eines Ersatz- oder Wahlpflichtfachs zum Religionsunterricht, der laut Art. 7 des Grundgesetzes obligatorisches Lehrfach ist, von dem sich Schülerinnen und Schüler jedoch nach Abs. 3 im Alter von 14 Jahren (Religionsmündigkeit) abmelden können. Vorher übernehmen die Erziehungsberechtigten diese Aufgabe.

Als *Ersatzfach* erfüllt der *Ethik/Philosophieunterricht eine kompensatorische Funktion zum Religionsunterricht*, d. h. er wird nur angeboten, wenn gleichzeitig auch Religionsunterricht zur Wahl steht. Findet aus Schülermangel oder anderen Gründen kein Religionsunterricht statt, wird auch kein Philosophieunterricht durchgeführt

Philosophie als *Wahlpflichtfach* gesteht demgegenüber dem Fach Ethik/Philosophie einen selbständigen Status zu. Die *Schülerinnen und Schüler müssen zwischen Ethik- und Religionsunterricht wählen*. Wenn alle Jugendlichen beispielsweise das Fach Ethik/Philosophie wählen und keine Anmeldung für den Religionsunterricht erfolgt ist, wird Ethik/Philosophie auf jeden Fall unterrichtet. Philosophie ist beispielsweise Ersatzfach in Mecklenburg-Vorpommern und Wahlpflichtfach in Hamburg.

In den Bundesländern Baden-Württemberg, Bayern, Sachsen-Anhalt,

Sachsen und Thüringen und teilweise in Niedersachsen wird nicht Philosophie sondern Ethik bzw. Werte und Normen (Niedersachsen) angeboten, d.h. hier steht die Moralität menschlichen Handelns im Vordergrund.

Die Rahmenpläne richten sich in Mecklenburg-Vorpommern, Schleswig-Holstein und Sachsen-Anhalt beispielsweise direkt nach den vier großen Fragen der Philosophie von Immanuel Kant (siehe III/1-4.). In anderen Bundesländern stehen indirekt, d.h. ohne ausdrückliche Erwähnung, die von Kant charakterisierten Problembereiche der philosophischen Tradition im Mittelpunkt.

Didaktisch-methodisch orientieren sich die Rahmenpläne an den *methodischen Kompetenzen des Fünf-Finger-Modells* (siehe I/4.1-4.5).

In einigen europäischen Staaten wird Ethik/Philosophie als Wahlpflichtfach zur Religion in der Sekundarstufe II unterrichtet, zum Beispiel in der Slowakei oder als eigenständiges Fach in der letzten Klasse vor dem Abitur (Terminale) in Frankreich.

In der Sekundarstufe I gibt es vielfältige Lösungen, wie zum Beispiel das eigenständige Fach Conocimiento del Medio in Spanien, die Formation morale et sociale in Luxemburg als Wahlpflichtfach zur Religion und die Educazione civica in Italien als eine Art ethisch-politische Bildung. In Staaten, in denen kein eigenständiges Fach Ethik/Philosophie in der Sekundarstufe I existiert, werden zum Beispiel wie in Österreich zahlreiche Programme und Unterrichtsversuche zum Philosophieren mit Kindern durchgeführt (siehe Brüning, 2015,S. 32-38).

Philosophieren in der Grundschule

Philosophieren mit Kindern wird seit den 1990er Jahren an vielen deutschen Grundschulen *als fächerübergreifendes Prinzip* in den Unterricht integriert, zum Beispiel in den Fächern Deutsch und Sachkunde. Im *eigenständigen Ersatz oder Wahlpflichtfach Ethik/Philosophieren mit Kindern* ist es sogar die wesentliche Methode zur Bearbeitung von Sinnfragen.

Der Ethikunterricht wird in sechs Bundesländern von der 1. Klasse an als Ersatz bzw. Wahlpflichtfach zum Religionsunterricht angeboten: in Bayern, Hessen, Rheinland-Pfalz, Sachsen, Sachsen-Anhalt und Thüringen. In Brandenburg ist LER (Lebensgestaltung-Ethik-Religionskunde) in den Klassen 5/6 ein Pflichtfach für alle Kinder.

Mecklenburg-Vorpommern ist bisher das einzige Bundesland, das seit 1998 ab der 1. Klasse Philosophieren mit Kindern als Ersatzfach zum Religionsunterricht anbietet – in Schleswig-Holstein gibt es das Fach „Philosophie" ab der 1. Klasse seit 2012 (bisher noch nicht flächendeckend eingeführt – Stand 2014).

Die Rahmenpläne aller acht Bundesländer schreiben das Philosophieren mit Kindern als methodisches Unterrichtsprinzip nach dem Fünf-Finger-Modell vor. Vor allem in Mecklenburg-Vorpommern soll laut Rahmenplan von 2004, der unter der Leitung von *Silke Pfeiffer* nach den vier Grundfragen der Philosophie nach Immanuel Kant erarbeitet wurde (siehe III), die *Methodenkompetenz im Mittelpunkt des Unterrichts* stehen.

Einen Sonderstatus im Bereich des Ethikunterrichts nimmt Berlin ein. Dort wird in der Grundschule hauptsächlich *Lebenskundeunterricht* von der Klasse 1 bis 6 angeboten. Die ideengeschichtlichen Traditionen dieses Fachs reichen bis in die Weimarer Republik zurück. Damals veranlassten Bildungspolitiker in Berlin, dass alle Schülerinnen und Schüler, die nicht am Religionsunterricht teilnehmen, einen Unterricht in humanistischen Werten erhalten sollten (siehe Osuch 1994, S. 2). Ab Klasse 7 wird in Berlin das Fach „Ethik" für alle Schülerinnen und Schüler verbindlich unterrichtet – hier findet wie in Brandenburg die Bremer Klausel des Grundgesetzes Anwendung[1].

Eine Wahlpflichtfachregelung gibt es zum Beispiel auch in *Luxemburg*.

Dort hat *Rita Jeanty* die „Education morale et sociale" reformiert, die als Wahlpflichtfach zur Religion unterrichtet wird. Im Mittelpunkt des neuen Lehrplans steht als methodisches Prinzip das Philosophieren mit Kindern. Die Ausbildung erfolgt im Primarbereich berufsbegleitend, da es keinen eigenen Studiengang für das Fach gibt (Stand 2014).

Diejenigen Bundesländer, in denen Ethikunterricht in der Grundschule kein eigenes Fach ist, bieten Philosophieren mit Kindern in vielfältigen an-

---

[1] Die Bremer Klausel betrifft den Art 141 im GG, der besagt, dass Art 7./Abs. 3 des GG über den Religionsunterricht keine Anwendung findet, wenn vor dem 1.1. 1949 eine andere Regelung bestand. In Bremen existierte bereits vor 1949 eine andere Form von Religionsunterricht, die bekenntnismäßig nicht gebunden ist und vom Staat durchgeführt wird; das Fach heißt gegenwärtig „Biblische Geschichte". Brandenburg und Berlin haben sich mit dem Fach LER bzw. Ethik auf die Bremer Klausel berufen.

deren Formen an: als Unterrichtsprinzip im Sachunterricht, zum Beispiel in Hamburg und Nordrhein-Westfalen (siehe Schreier/Michalik 2006).

Kerstin Michalik von der *Universität Hamburg* beschäftigt sich seit mehreren Jahren mit dem fächerübergreifenden Philosophieren. Ihr Ansatz geht von der Idee aus, dass Kinder in allen Fächern Sinnfragen stellen, die als Grundlage von Nachdenk-Gesprächen fungieren sollen, weil sie nicht nur fachbezogene, sondern übergreifende Sinnzusammenhänge betreffen. Diese Fragen haben das Potential, Grundlage eines wissenschaftsorientierten Unterrichts zu sein, denn es geht darum „alle Fächer und Lernbereiche um eine Dimension der Nachdenklichkeit zu bereichern. Nachdenklichkeit als Unterrichtsprinzip ist nicht verbunden mit der Einführung neuer Inhalte, sondern es geht darum, Raum und Zeit zu gewähren für neue Zugänge zu den Gegenständen des Unterrichts. Die Vermittlung von Wissen wird verbunden mit Gesprächen über Fragen, auf die es keine klaren und eindeutigen Antworten gibt, sondern die offen sind für verschiedene Antwortmöglichkeiten, Sichtweisen und Deutungen“ (Michalik/Schreier 2006, S. 62). Kerstin Michalik hat gemeinsam mit *Hans-Joachim Müller* 2008 die „Gesellschaft zur Förderung des Philosophierens mit Kindern in Deutschland“ e.V. gegründet.

Andreas Nießeler von der *Universität Würzburg* erarbeitet Konzepte für das Philosophieren mit Kindern im Elementar- und Primarbereich, die insbesondere das Nachdenken über die Natur anhand von Projekten fördern sollen. So initiierte er 2013 den „Jaspers Club“ im Botanischen Garten von Würzburg, der das Nachdenken über die Natur mit der sinnlichen Anschauung verbindet (siehe auch V/1).

Philosophieren im Kindergarten

Als *Friedrich Fröbel* (1782-1852) im Jahr 1840 weltweit den ersten Kindergarten in Bad Blankenburg gründete, ging er von dem Konzept der Selbstbildung von Kindern aus. Durch das gemeinsame Spielen sollten sich Kinder unter Anleitung von Erzieherinnen zu selbst denkenden Menschen enzwickeln, die sich die Welt insbesondere über das Erforschen und Experimentieren mit Gegenständen erschließen – diese Idee hat die phänomenologische Methode des Philosophierens rezipiert (siehe I/4.1).

Obwohl Fröbel bereits vor mehr als 150 Jahren auf das selbständige Nachdenken von Kindern setzte, gibt es bis heute *kein bundesweit verbindliches Modul „Philosophieren“ für die Erzieherinnenausbildung* (Stand 2014), jedoch weltweit einzelne Modellversuche und Projekte. So bietet die *Akademie „Kinder philosophieren“* seit 2007 in Bayern Fortbildungsveranstaltungen mit verschiedenen Aufbaumodulen an, die Erzieher/innen Grundkenntnisse in Philosophie, den Grundmethoden des Philosophierens und Bausteine für die Praxis vermitteln (Wiesheu (Hrsg.) o. J. 102/103). In der Schweiz leitet *Eva Zoller* an den Pädagogischen Hochschulen Thurgau und Zug Kurse für den Elementarbereich. Sie sollen Erzieherinnen für Sinnfragen von jüngeren Kindern zu sensibilisieren und sie mit den Methoden des Philosophierens vertraut machen.

Außerschulisches Philosophieren

Viele Eltern lesen ihren Kindern Gute-Nacht-Geschichten vor, die auch zum Philosophieren anregen können. So spielen beispielsweise in Märchen ethische Probleme wie Gut und Böse oder Gerecht und Ungerecht eine große Rolle (siehe auch I/5). Eltern können diese Fragen aufgreifen und mit Ihren Kindern gemeinsam darüber nachdenken. Die Betonung liegt auf „gemeinsam“. Denn viele Kinder betrachten ihre Eltern manchmal als lebendiges Lexikon und gehen ganz selbstverständlich davon aus, dass Erwachsene immer alles wissen. Bei Fragen an die Welt sind aber alle Experten – keiner weiß auf Anhieb eine eindeutige philosophische Lösung. Deshalb sollten Eltern und Kinder gemeinsam nach Antworten suchen. *Barbara Brüning* hat bereits in den 1980er Jahren *eine Dissertation zum Philosophieren in der außerschulischen Erziehung* veröffentlicht, die Methoden und Möglichkeiten nichtinstitutionellen Nachdenkens mit Kindern in den Mittelpunkt stellt und insbesondere den Aspekt begrifflichen Arbeitens betont (siehe V/1 sowie I/4.2).

Neben den *Eltern-Kind-Gesprächen* gibt es als weitere Möglichkeit *gemischte Gruppen*, in denen Eltern gemeinsam mit ihren Kindern über wichtige Lebensfragen philosophieren. Auf diesem Gebiet sammelte u.a. *Daniela Camhy* aus Österreich in Zusammenarbeit mit verschiedenen Bildungseinrichtungen in Graz Erfahrungen; sie bietet beispielsweise Eltern-Kind-Gruppen als Nachmittagsbeschäftigung in der Schule an (siehe V/5).

Auch in organisierten *philosophischen Gesprächskreisen* können Kinder *auf freiwilliger Basis* im Rahmen ihrer Freizeitgestaltung philosophieren. Solche Kurse werden beispielsweise als Nachmittagsbetreuung im Hort angeboten und im Bereich der Hochbegabtenförderung, u.a. durch die *Gesellschaft für das hochbegabte Kind* (DGhK). Ein Pionier dieser Bewegung war *Hans-Ludwig Freese* von der *Freien Universität Berlin*, der als einer der Ersten außerschulische Philosophiekurse für Hochbegabte initiierte, die „ein großes, von der Schule weitgehend ungestilltes Bedürfnis empfanden, tiefer über grundlegende Fragen nachzudenken" (Freese 1989, S. 118). Freese hebt insbesondere die Komplexität der philosophischen Ideen von hochbegabten Kindern und Jugendlichen hervor, die auch naturwissenschaftliche Erkenntnisse mit in philosophische Diskussionen einbeziehen. In seinem Buch „Kinder sind Philosophen" schlägt Freese vor, das Nachdenken über Sinnfragen für alle Kinder und Jugendlichen im Bildungsbereich systematisch zu verankern.

Gegenwärtig arbeitet *Thomas Trautmann* von der *Universität Hamburg* in Kooperation mit der Karg-Stiftung an der Implementierung des Philosophierens mit Kindern im Bereich der inklusiven Begabtenförderung in der Grundschule. Er hat das Projekt „Philosophie und Naturwissenschaften", das von Kristina Calvert an verschiedenen Hamburger Grundschulen durchgeführt wurde, wissenschaftlich begleitet.

In Baden-Württemberg organisiert *Mechthild Ralla* seit Jahren Kurse für Kinder im privaten Bereich, insbesondere auch für Vorschulkinder. Sie gründete 1993 das „Spielforum Oberachern", in dem sie sowohl Kurse für Kinder als auch für Erwachsene anbietet. Ihr Arbeitsschwerpunkt ist der Zusammenhang zwischen sinnlicher Wahrnehmung, insbesondere dem Fühlen, und dem Philosophieren.

Außerschulische Gesprächsgruppen eröffnen im Unterschied zur Schule die Möglichkeit, dass Kinder ohne institutionelle Zwänge miteinander philosophieren können. Sie haben keine Lehrplanvorgaben zu erfüllen und können sich Zeit nehmen bei der Beschäftigung mit existentiellen Fragen, die sie interessieren. Eine Leistungsbewertung findet nicht statt, sodass der Zwang entfällt, gute Noten erreichen zu müssen.

In den letzten Jahren entstanden im außerschulischen Bereich auch *verschiedene Vereine* wie zum Beispiel *„Philosophieren mit Kindern e. V. in*

Hamburg" unter der Leitung von *Kristina Calvert* (siehe V/5). Dieser Verein will den Respekt vor den philosophischen Gedanken von Kindern in der Öffentlichkeit fördern und das Philosophieren mit Kindern als durchgängiges pädagogisches Prinzip im Bildungsbereich etablieren. Dazu finden verschiedene Workshops und Fortbildungsveranstaltungen statt, u.a. in Zusammenarbeit mit der Karg-Stiftung und dem Landesinstitut für Lehrerbildung und Schulentwicklung in Hamburg. Kristina Calvert hat insbesondere an der Schnittstelle zwischen naturwissenschaftlicher Bildung und Philosophieren mit Kindern gearbeitet und Projekte über Natur und Nachhaltigkeit initiiert (siehe V/4).

Ähnliche Ziele wie der Hamburger Verein verfolgt auch „*Paidosophos*", *ein Institut für das Philosophieren mit Kindern in Darmstadt* unter der Leitung von *Birgit Becker* und *Judith Pfeiffer*. Paidosophos umfasst die beiden griechischen Wörter Paideia mit dem Wortstamm Kind und Sophia, die Weisheit. Das Institut organisiert Neigungskurse und philosophische AG's im Bereich der außerschulischen Bildung sowie Fortbildungen, insbesondere für Erzieherinnen. Wesentliche Schwerpunkte sind Nachhaltigkeit und Umweltbildung (siehe V/4). Das pädagogische Konzept beruht u.a. auf dem pädagogischen Modell des amerikanischen Philosophen und Pädagogen *John Dewey* (1859-1952), dessen Grundpfeiler die Beziehungen zwischen Mensch, Natur und Umwelt bilden. Durch die Verbindung von Wissen, Erfahrung und Handeln – Paidosophos organisiert vor allem projektorientierte Philosophiekurse – sollen Kinder ihre philosophischen Gedanken in Zusammenhang mit ihrer Lebenspraxis entwickeln.

Philosophie in der Erwachsenenbildung

Im Bereich der Erwachsenenbildung bieten insbesondere auch *Volkshochschulen* regelmäßig Kurse in Philosophie an. Dabei stehen philosophiegeschichtliche Themen aber auch Seminare und Workshops im Sinne von Philosophie als Lebenskunst im Mittelpunkt. So eröffneten zum Beispiel verschiedene Volkshochschulen in Schleswig-Holstein innerhalb eines Wissenschaftlichen Forums 2008 ihren Hörerinnen und Hörern die Möglichkeit, einen viersemestrigen Philosophiekurs nach den vier Grundfragen der Philosophie von Immanuel Kant (siehe III) zu belegen und ein Zertifikat als Abschluss zu erwerben (siehe www.wissenschaftliches-forum.de).

Seit den 1980er Jahren üben Philosophinnen und Philosophen in Deutschland, Österreich und der Schweiz auch verstärkt eine Beratungstätigkeit aus. *Gerd B. Achenbach* gründete 1981 in Bergisch-Gladbach *die erste philosophische Praxis* mit dem Anspruch, von seinen philosophischen Dienstleistungen auch leben zu können.

In Abgrenzung zu einer psychologischen Therapie verstehen sich philosophische Praktikerinnen und Praktiker als Gesprächspartner, die mit ihren Klienten deren Probleme „produktiv mitdenken". Sie bieten eine philosophische Lebensberatung an, die helfen soll, den Hilfesuchenden ihre Probleme deutlich werden zu lassen und sie reflexiv zu bearbeiten. Inzwischen wurden mehrere Berufsverbände und Gesellschaften auf diesem Gebiet gegründet, u.a. die „Internationale Gesellschaft für Philosophische Praxis e.V." (siehe auch www.igpp.org).

Eine weitere Form des Philosophierens in der Erwachsenbildung sind *philosophische Cafés*. Sie fungieren *nach dem antiken Vorbild des philosophischen Salons*, der erstmals von Aspasia von Milet geführt wurde. Dort philosophierten viele einflussreiche Männer und gelegentlich auch ihre Ehefrauen, insbesondere der Philosoph Sokrates(siehe auch I/4.4), der von Aspasia in die Kunst der philosophischen Gesprächsführung eingeweiht wurde. Nach diesem antiken Vorbild finden philosophische Cafés international vor allem in Deutschland, Frankreich und den USA in der kulturellen Öffentlichkeit statt. Sie werden zu einem bestimmten philosophischen Thema veranstaltet, zu dem zunächst ein Impulsreferat gehalten wird, über das dann anschließend bei Speise und Trank eine Diskussion stattfindet, an der sich alle Anwesenden beteiligen können. Philosophieren soll so im öffentlichen Raum zu einer öffentlichen Angelegenheit werden.

3 Kurze Geschichte des Philosophierens mit Kindern

Das Philosophieren mit Kindern ist von Beginn an mit der Entwicklung der philosophischen Tradition verbunden. Bereits in der Antike wurde das eigene Nachdenken von Kindern als Wert für ihre Charakterbildung angesehen. Deshalb beschäftigte sich auch die *Pythagoreerin Theano von Kroton* in ihrem Brief über Kindererziehung im 6. Jahrhundert v. Chr. mit der Frage, wie Kinder zur *Einsicht über das eigene Verhalten* gelangen können. Theano wollte erreichen, dass bereits jüngere Kinder die Erfahrung machen, dass ein gutes Leben durch Anstrengungen körperlicher und geistiger Art erarbeitet werden muss (siehe Theano 2010, S. 26-28).

Für den griechischen Philosophen *Epikur* (490-430 v. Chr.) bedeutete Philosophieren eine Art lebenslanges Lernen. Niemand sei zu jung oder zu alt, um mit dem Philosophieren zu beginnen. Denn für den „Genuss der Guten" gäbe es keine Altersgrenzen. Darüber hinaus trage das Philosophieren zur seelischen Gesundheit bei – hier argumentiert Epikur ähnlich wie Theano: *Philosophieren* bedeute *geistige Beweglichkeit* und die benötigten sowohl die Jüngeren als auch die Älteren. Die einen müssten sich an das Nachdenken über Sinnfragen erst noch gewöhnen und die anderen sollten dieses Nachdenken wieder aktivieren (siehe Epikur 2002, S. 11-13).

An diese Überlegungen knüpfte nach mehr als 2000 Jahren der englische Philosoph *John Locke* (1632-1704) an, nachdem er einige Jahre als Hauslehrer in der Familie des englischen Lordkanzlers Shaftesbury tätig gewesen war. Er schrieb 1693 *das erste ethische Erziehungsbuch für Eltern* „Gedanken über Erziehung". Darin regte er an, dass Eltern ihre Kinder dazu ermuntern sollten, Fragen an die Welt zu stellen. Dabei sollten sie auf Belehrungen verzichten und Kinder stattdessen in regelmäßigen gemeinsamen Gesprächen anregen, selbst nach Antworten zu suchen. Nur dadurch könnten Kinder gute Gewohnheiten des Denkens (habbits of thinking) entwickeln. Für das gemeinsame Nachdenken empfahl Locke auch ungewöhnliche Methoden. So schlug er beispielsweise vor, ab und zu unbekannte Gegenstände auf dem Tisch zu gruppieren, damit Kinder dazu Fragen stellen können, insbesondere *Warum-Fragen*, durch die sie *den Dingen der Welt auf den Grund gehen*. Aus diesen Warum-Fragen können sich dann Gespräche entwickeln, die sowohl bei Eltern als auch bei Kindern ein Gefühl der Befriedigung hervorrufen; mit Kindern meinte Locke zur damaligen Zeit allerdings nur Jungen, wobei Theano von Kroton beide Geschlechter im Blick hatte (siehe Locke 1997, S. 151-154).

Lockes Idee, durch Gespräche über kindliche Sinnfragen gute Gewohnheiten des Denkens zu entwickeln, wurde in den 1970er Jahren von dem amerikanischen Philosophieprofessor *Matthew Lipman* (1922-2010) reaktiviert. Ihm war in philosophischen Seminaren an der Columbia University aufgefallen, dass Studierende die Ideen aus der philosophischen Tradition exzellent darstellen konnten, jedoch die eigene Reflexion und Urteilsbildung nur in Ansätzen ausgeprägt war, denn sie hatten das selbständige Nachdenken und Argumentieren in der Schule nicht gelernt. Lipman zog daraus den Schluss, das Nachdenken über die Welt und die *Entwicklung von Denkfähigkeiten* (thinking skills) bereits in der Grundschule zu fördern. Die von ihm intendierten Denkfähigkeiten umfassen *als Kern drei Komponenten*: *Reflexionsfähigkeiten* (reasoning skills), *Urteilsfähigkeiten* (judgement *skills)* und *metakognitive Fähigkeiten* (higher-order-thinking) – (siehe Lipman 1988, S. 139 ff.)

Die Entwicklung von *reasoning skills* bedeutet für Lipman, dass Menschen und insbesondere auch Kinder lernen können, in der Alltagspraxis Dinge und Situationen zu reflektieren und Selbstverständlichkeiten in Frage zu stellen bzw. weiterzudenken: „Warum gibt es böse Menschen auf der Welt?"

Über solche Fragen und Probleme entwickeln sich unterschiedliche Standpunkte, die es erfordern, sich zunächst ein eigenes Urteil zu bilden und dieses auch zu begründen, d.h. der Ausgangspunkt gemeinsamer Denkprozesse ist bei Lipman zunächst das eigenständige Denken, das sich zu einem Dialog entwickeln kann – Lipman spricht in diesem Zusammenhang von *dialogischen Fähigkeiten* (dialogical skills) – (siehe auch I/4.4).

Als dritte Komponente gehört zu Lipmans Konzept auch das higher-order-thinking, das die Fähigkeit zu einer kritischen Denkhaltung beinhaltet, wie zum Beispiel Selbstreflexivität, um das eigene Denken und Handeln zu untersuchen. Im Mittelpunkt stehen dabei Gesetzmäßigkeiten der formalen Logik wie deduktives und induktives Schließen – vom Allgemeinen zum Besonderen und umgekehrt – sowie das Aufstellen von Hypothesen im Sinne des Begründers der formalen Logik, des griechischen Philosophen *Aristoteles*. Dieser Bestandteil der metakognitiven Fähigkeiten hat Lipman teilweise den Vorwurf eingebracht, er wolle das Philosophieren mit Kindern auf logisch-argumentative Fähigkeiten reduzieren. Diese Kritik übersieht, dass das metakognitive Denken nur eine Komponente der Thinking skills darstellt. Dennoch kann zumindest hinterfragt werden, ob logisches Denken notwendigerweise eine Voraussetzung des Philosophierens darstellt. *Sybille Gerlach* (geb. 1965) steht der „Akzentuierung des

Logischen“ in Lipman Konzept kritisch gegenüber: „(...) obwohl Lipman das Kind als ganzheitlich erkennendes Wesen charakterisiert, richtet er doch sein Programm zur Förderung des Denkens stark syllogistisch aus. Formal logische Verfahren (...) stellen komplexe Anforderungen an das Denken“ (Gerlach 2003, S. 116).

Um sein Konzept der Denkfähigkeiten zu institutionalisieren, gründete Lipman 1974 in Montclair bei New York *das erste Institut für Kinderphilosophie* (Institute for the Advancement of Philosophy for Children) mit dem Ziel, Lehrerinnen und Lehrer in *„Philosophy for Children“(P4C)* fortzubilden und philosophische Textbücher für Kinder herauszugeben. Damit legte er den Grundstein dafür, das Philosophieren mit Kindern im Bildungsbereich der Grundschule zu verankern. Zu den bekanntesten Textbüchern gehört u.a. *„Das geheimnisvolle Wesen“* (der englische Titel ist „Pixie“) für das Grundschulalter (siehe Liman 2007, 2. Auflage und ein Textauszug unter IV/1/ Grundschule) und *„Harry Stottlemeiers Entdeckung“*. Dieses Textbuch führt Jugendliche ab 12 Jahren in Grundkategorien der aristotelischen Logik ein – Stottlemeier ist ein Sprachspiel mit Aristotle (Aristoteles). Alle Textbücher von Lipman wurden als *Denkgeschichten* aufgebaut, d.h. sie enthalten philosophische Probleme nach den vier Grundfragen der Philosophie und Handlungen im Bereich von Denken und Sprache; dadurch unterscheiden sich bewusst von herkömmlicher Kinderliteratur. Lipman verzichtete auch auf graphische Darstellungen, denn er wollte das Vorstellungsvermögen der Kinder nicht beeinflussen – sie sollen sich ihre eigenen Bilder im Kopf malen.

Zu jeder Geschichte wurden Lehrerhandreichungen (Manuels) entwickelt, die Erklärungen zu den im Textbuch dargestellten philosophischen Problemen beinhalten sowie Übungen im Bereich der Reflexionsfähigkeiten, der Urteilsfähigkeiten und des metakognitiven Denkens. Sie dienten Lipman als Grundlage für die Lehrerfortbildung. Er entwickelte sein Curriculum gemeinsam mit *Ann Margaret Sharp* (1926-2010). Sie war viele Jahre Co-Direktorin des IACP und hat mit ihrer Geschichte *„Elfie“ den Grundstein für das Philosophieren im Kindergarten gelegt*.

Gegenwärtig wird das Institut für Kinderphilosophie an der Montclair State University weitergeführt – seit 2010 existiert es nicht mehr als selbständige Institution (siehe V/5). Weltweit gibt es mehr als 40 philosophische Zentren, die nach der Philosophy for Children-Methode arbeiten; sie haben sich größtenteils im „*International Council of Philosophical Inquiry with Children*“ zusammengeschlossen. So sorgt das Institut für Kinderphilosophie „*PhARE“ in Belgien* beispielsweise für die Verbreitung von Lipmans Textbüchern im französischsprachigen Raum.

Die Philosophen *Gareth Matthews* (1929-2011) und *Ronald Reed* (1957-1998) arbeiteten eng mit dem IACP zusammen, stellten jedoch vorrangig nicht die Ausbildung von Denkfähigkeiten, sondern die *Entwicklung einer Gesprächskultur* in den Mittelpunkt ihrer Aktivitäten. Gareth Matthews philosophierte mit Kindern auf der Grundlage eigener Denkgeschichten – die berühmteste von ihnen heißt „Können Blumen glücklich sein?“ (V/1, Matthews 1989, S. 24). Er wertete in seinem Buch „Philosophische Gespräche mit Kindern“ die von ihm gesammelten Dialoge mit Kindern aus und verglich ihre Gedanken mit denen von Philosophinnen und Philosophen. In dem Buch „Denkproben jüngerer Kinder“ setzte sich Matthews darüber hinaus mit entwicklungspsychologischen Einwänden gegen das Philosophieren mit Kindern auseinander (siehe II/2).

Ronald Reed hat in seinem Buch „Talking with Children“ das philosophische (entdeckende) Gespräch von anderen Gesprächsformen wie dem emotionalen Gespräch oder der Unterhaltung abgegrenzt. Damit wollte er vor allem Eltern die Möglichkeit geben, sich bei Gesprächen mit ihren Kindern zu überlegen, worauf eine bestimmte Frage von Kindern zielen könnte: Möchte ein Kind nur eine Information bekommen, will es über seine Gefühle sprechen oder geht es um ein philosophisches Problem, beim dem auch Eltern keine Experten sind und gemeinsam mit ihren Kindern nach einer Lösung suchen sollten (siehe 1, Reed 1990). Reed führt in seinem Buch mehrere Beispiele von gelungenen und nicht gelungenen Gesprächen an – viele Gespräche sind nach seiner Ansicht nicht erfolgreich, weil Eltern manchmal nicht erkennen, worauf ihre Kinder eigentlich „hinaus wollen“.

Zu den europäischen Zentren, die eng mit dem IACP zusammenarbeiten, gehört auch die *Österreichische Gesellschaft für Kinderphilosophie*, die *Daniela Camhy* 1985 in Granz gegründet hat. Sie ist Träger des 1990 geschaffenen „Instituts für Kinderphilosophie“ und publizierte u.a. Lipmans Textbücher auf Deutsch. Das Institut organisiert Schulversuche mit Lipmans Materialien und erarbeitete auf der Grundlage von Lipmans Manuels ein Konzept für die Lehrerfortbildung. Seit 2013 führt das Institut gemeinsam mit der Universität Graz einen berufsbegleitenden kostenpflichtigen Studiengang zum Philosophieren mit Kindern durch, der zwei Semester dauert und aus 12 Modulen besteht. Er wurde speziell für Grundschullehrer/innen und Erzieher/innen konzipiert; ein Fach Ethik oder Philosophieren mit Kindern existiert in Österreich weder im Primar- noch im Sekundarbereich (Stand 2014).

In *Deutschland* war es vor allem *Ekkehard Martens*, emeritierter Professor für Philosophiedidaktik an der Universität Hamburg, der *1979 das erste Seminar zum Philosophieren mit Kindern in Deutschland* durchführte. In seinem Buch „Philosophieren mit Kindern“ hob Martens hervor, dass zum Philosophieren eine *Haltung der Offenheit und Neugier* gehört, d.h. Kinder müssen über etwas stolpern, etwas als ungewöhnlich empfinden, um dann weiter zu fragen. Zu diesem Weiterfragen gehören bestimmte Methoden (siehe das Fünf-Finger-Modell und I/4.4) und Inhalte, d. h wichtige Sinnfragen (siehe III). Martens hebt dabei in Anlehnung an die antike Dialektik *das dialogische Prinzip* hervor, das Philosophierenden einen Austausch ihrer Ideen ermöglicht. Dieser Idee folgt auch *Barbara Brüning*, die das sokratische Gespräch insbesondere für die Elementarerziehung weiterentwickelt hat (siehe Brüning 2010).

Eva Marsal von der Pädagogischen Hochschule Karlsruhe hat gemeinsam mit *Takara Dobashi* von der Hiroshima University 2005 eine „Deutsch-Japanische Forschungsinitiative zum Philosophieren mit Kindern“ ins Leben gerufen. Beide Wissenschaftler untersuchen vor allem, wie das Spiel/en mit dem Philosophieren kombiniert werden kann (siehe II/2).

Eva Zoller gründete 1987 *in der Schweiz „S'Käuzli – die Schweizerische Dokumentationsstelle für Kinder- und Alltagsphilosophie*“, die sie allein führt. Sie bietet in ihrem Haus Kurse für Eltern und Kinder an sowie Weiterbildungsmodule für Erzieherinnen und Primarlehrerinnen. Eva Zoller arbeitet beim Philosophieren insbesondere *mit Bilder- und Kinderbüchern*, in denen philosophische Fragen als Schatz verborgen sind, den Kinder durch eigene Denkbewegungen „heben“ müssen. In ihrer Dokumentationsstelle hat sie mehr als 1000 Kinderbücher gesammelt. Sie erzählen Geschichten, „die (fast) jedem Kind passieren könnten und sie tun es in einer Bildersprache, die Kindern nicht übersetzt zu werden braucht“ (V/1, Zoller 2010, S. 43).

Im *französischsprachigen Raum* koordiniert *Michel Tozzi* Projekte zum Philosophieren mit Kindern im Elementar- und Primarbereich – in Frankreich gibt es in der Grundschule kein eigenständiges Fach Ethik oder Philosophie. Die von ihm herausgegebene Zeitschrift „Diotime-L'Agora“ veröffentlicht regelmäßig neue Methoden zum Philosophieren mit Kindern. Tozzi selbst arbeitet beim Philosophieren *schwerpunktmäßig mit Mythen und Märchen*, um das philosophische Vorstellungsvermögen von Kindern zu fördern. Er unterhält engen Kontakt zu *Oscar Brenifier*, der als feier Philosoph in Frankreich Projekte für Kinder und weltweit Fortbildungskurse für Lehrerinnen und Lehrer anbietet. Mit seiner im Verlag Nathan erschienen Buchreihe „PhiloZenfants“ hat er den *Schwerpunkt auf das Fragenstellen* gelegt: Mithilfe von Comics und den dazugehörigen Fragen sollen sich Kinder tiefer in ein philosophisches Problem wie Glück oder Identität einarbeiten (Textauszug siehe IV/2/Grundschule).

Im englischsprachigen Bereich hat insbesondere *Philip Cam* von der *University of South Wales in Australien* zahlreiche Bücher zum Philosophieren mit Kindern wie „*Zusammen nachdenken*“ veröffentlicht. Sein Anliegen ist das *fächerübergreifende Philosophieren*, das Kinder anregen soll, in allen Fächern Sinnfragen zu entdecken und im Dialog zu bearbeiten. Philip Cam hat sich in Australien auch besonders dafür eingesetzt, ein entsprechendes Modul zum Philosophieren mit Kindern für die Ausbildung von Grundschullehrer/innen zu entwickeln (siehe V/2, Cam 2007).

Diese kurze Geschichte des Philosophierens mit Kindern kann weltweit nicht alle Aktivitäten auflisten. Auch wurde bewusst darauf verzichtet, die verschiedenen Ansätze zu konzeptualisieren. Denn in allen Zugängen sind Sinnfragen von Kindern der Ausgangspunkt des Philosophierens, die mithilfe verschiedener Methoden bearbeitet werden sollen. Wer tiefer in die Differenz bzw. die Schwerpunkte zwischen einzelnen Vertreterinnen und Vertretern eindringen möchte, sollte von *Stephan Englhart* „*Modelle und Perspektiven der Kinderphilosophie*“ lesen (siehe V/1, Englhart 1997) bzw. von Eva Marsal und Takara Dobashi „*Children Philosophize Worldwide*“ (siehe V/1,Marsal/Dobashi 2009).

4 Methoden des Philosophierens mit Kindern

Der griechische Begriff *Méthodos* heißt übersetzt „Den richtigen Weg entlang gehen“; zeitgemäß ausgedrückt: „Den Gang einer (philosophischen) Untersuchung planen“.

Für das Philosophieren mit Kindern gehören *fünf Methoden zum Grundrepertoire*, die insbesondere von Ekkehard Martens als Fünf-Finger-Modell des Philosophierens systematisiert wurden (siehe Martens 2009, 4. Auflage): die phänomenologische Methode, die hermeneutische Methode, die analytische Methode, die dialektische Methode und die spekulative Methode. Sie bilden den Kern verschiedener Rahmenpläne zum Ethikunterricht in der Grundschule (siehe z. B. Kultusministerium Rheinland Pfalz 2012, S. 13/14) und können auch in der Frühpädagogik eingesetzt werden (siehe V/2, Brüning Praxishandbuch, 2010).

Grundmethoden des Philosophierens

Phänomenologische Methode:	Wahrnehmen, beschreiben, unterscheiden
Hermeneutische Methode:	Verstehen von Gedanken und Symbolen
Analytische Methode:	Begriffe verstehen, Gründe anführen
Dialektische Methode:	Gesprächsführung, Konfliktlösung
Spekulative Methode:	Gedankenspiele, Fremder Blick

4.1 Die phänomenologische Methode

Der deutsche Philosoph *Edmund Husserl* (1859-1938) gilt als *Begründer der phänomenologischen Richtung der Philosophie*. In Auseinandersetzung mit den erkenntnistheoretischen Richtungen des Empirismus und Rationalismus (siehe Seite 106/107 in diesem Buch) vertrat er die These „Zurück zu den Sachen selbst“, d.h. der Ausgangspunkt philosophischer Reflexion sollten konkrete Gegenstände, Erfahrungen und sinnliche Wahrnehmungen sein. Diese Auffassung kommt dem kindlichen Interesse an Dingen und Personen seiner Umwelt sehr entgegen, denn Dinge sind greifbar und mehr-

Abb. 2: Mariella und Bastian untersuchen einen Stein

dimensional und sie fördern beim Philosophieren das Konkrete und sinnlich Anschauliche.

Die phänomenologische Methode hat das Ziel, die Beobachtungs- und Wahrnehmungsfähigkeit zu schärfen. Ein Gegenstand, eine Person, eine Situation oder eine Verhaltensweise wird mit allen Sinnen erfasst, beschrieben und von anderen Gegenständen unterschieden. Dabei lassen sich in der Arbeit mit jüngeren Kindern folgende fünf Schritte absolvieren: *Sammeln, wahrnehmen, beschreiben, unterscheiden und bewerten (siehe V/2, Brüning, Praxishandbuch 2010, S. 18.).*

Das Sammeln von Gegenständen ist schon bei Dreijährigen eine beliebte Beschäftigung. Kinder sammeln von sich aus nach dem Zufallsprinzip viele kleine Dinge, die sie in Schachteln oder Schubladen aufbewahren. Von Zeit zu Zeit werden diese Gegenstände hervorgeholt, aussortiert oder ergänzt. Diese Sammelleidenschaft kann für das Philosophieren bewusst genutzt werden. Sie stellt nach Ansicht von *Norbert Neuss* als forschendes Lernen eine Art Vorform wissenschaftlicher Tätigkeit dar: „Bildend am Sammeln ist zum Einen, dass die Aufmerksamkeit längerfristig auf den Sammelgegenstand gerichtet wird. Zum anderen wird die Sammlung dann unter bestimmten Gesichtspunkten geordnet. Durch den Vergleich der Sammelgegenstände entstehen verschiedene Ordnungskategorien: Farben, Formen, Größen, Muster, Besonderheiten oder Fundstellen. All das spielt bei der Erkundung, Erprobung und Entdeckung von Beziehungen zwischen den Dingen eine wichtige Rolle“ (Neuss 2007, S. 130-132).

Für das Philosophieren mit Gegenständen ist das Ordnen in der Gruppe wichtig. Die Kinder legen unterschiedliche Gegenstände in einen Kreis und ordnen sie nach bestimmten Kriterien wie dem Aussehen oder auch der Funktion. Anschließend kann mit den Gegenständen weitergearbeitet werden: Die Kinder lassen sie erzählen oder bauen mit ihnen einen Turm (siehe Phänomenkoffer).

Beim Philosophieren sollen vor allem auch *Gegenstände zu abstrakten philosophischen Problemen* wie zum Beispiel Freundschaft oder Glück gesammelt werden, damit diese Themen „greifbarer“ gemacht werden. Die Kinder sammeln diese Gegenstände gezielt und bringen sie in den Kindergarten oder in die Schule mit; je mehr Gegenstände sie sammeln, desto intensiver können diese dann untersucht, beschrieben, geordnet und verglichen werden.

Wenn es zu einem Thema wenig „greifbare“ Gegenstände gibt, dann können die Gegenstände auch aufgezeichnet oder in Form von Bildern gesammelt werden.

Mögliche Gegenstände zum Thema „Freundschaft“

Aussehen eines Freundes / einer Freundin (Foto mitbringen)

Lieblingsspielzeug des Freundes / der Freundin (mitbringen oder zeichnen)

Lieblingsfarbe des Freundes / der Freundin (zeichnen)

Lieblingstätigkeit (zeichnen)

besondere Eigenschaft (zeichnen)

Lieblingsspeise (mitbringen oder zeichnen)

Die gesammelten Gegenstände oder Zeichnungen zum Philosophieren sollten von jedem Kind in einen *Philo-Kasten*, zum Beispiel in einem bunt gestalteten Schuhkarton, aufbewahrt werden; sie lassen sich auf diese Weise jederzeit ergänzen oder, wenn das Thema erneut Gegenstand des Philosophierens wird, wieder herausholen.

Eine weitere Methode mit Gegenständen zu philosophieren, ist der *Phänomenkoffer*, der bei allen philosophischen Themen angewendet werden kann (der Begriff Phänomen meint hier im Sinne Husserls Gegenstand). Die Idee geht auf *John Locke* zurück, der in seinem Buch „Gedanken über Erziehung“ vorgeschlagen hat, Kinder öfter mit ungewöhnlichen Gegenständen zu konfrontieren, damit sie beginnen, Fragen dazu zu stellen.

Der Phänomenkoffer

1. Arbeit in der Gruppe

– *Kinder bringen Gegenstände zu einem philosophischen Thema mit* – *änliche Gegenstände in Gruppen zusammenlegen*	– Kinder formulieren Fragen – sie erzählen eigene Erlebnisse und Situationen – sie finden gemeinsame Merkmale – sie lassen die Gegenstände selbst erzählen

2. Selbständige Arbeit

Kinder sammeln Gegenstände zu einem philosophischen Begriff	einen Philo-Kasten anlegen, z.B. zum Begriff Freundschaft

3. Der Lehrerkoffer

– *Lehrkräfte legen sich einen Koffer zu, in dem sie Gegenstände zu einem wichtigen philosophischen Thema verstauen*	– Gegenstände im Koffer erraten lassen; einzeln herausnehmen und verdecken – fühlen lassen – Gegenstände erzählen lassen

Nachdem die Gegenstände nach der Methode des Phänomenkoffers gesammelt worden sind, werden sie von den Kindern *mit allen Sinnen wahrgenommen.*

Die fünf Sinne des Menschen wurden in der Philosophie von dem griechischen Philosophen *Demokrit* (ca. 460-370 v. Chr.) entdeckt und von dem Schweizer Philosophen *Jean- Jacques Rousseau* (1712-1778) in seinem Erziehungsroman „Emile“ ausführlich beschrieben. Sie bilden nach seiner Ansicht die ersten Fähigkeiten, die Kinder erwerben und sollten deshalb „sorgfältig gepflegt werden“. Denn Menschen können nach Ansicht von

Rousseau nur so sehen, hören oder fühlen, wie sie es gelernt haben (siehe Rousseau 1993, I. Buch).

Kindliche Wahrnehmungen beziehen sich nicht nur auf äußere Gegenstände, sondern auch auf *Eigenschaften und ethische Verhaltensweisen von Menschen*. In der Ethik wird dafür der *Begriff der Achtsamkeit* verwendet. Kinder schauen beispielsweise hin, wie sich jemand verhält, wenn er wütend ist: Der eine stampft mit dem Bein auf den Boden, der andere wirft sich ins Gras und der dritte fängt an zu weinen. Und wenn ein Kind böse ist, so zieht es andere an den Haaren oder tritt und haut. Kinder sollten deshalb schon sehr früh dafür sensibilisiert werden, genau hinzusehen, wie sich Menschen im Zusammenleben mit anderen verhalten, um daraus für das eigene Handeln zu lernen. Rousseau war davon überzeugt, dass Kinder auch das Böse öfter ansehen sollten, um ihre eigenen Erfahrungen damit zu machen. Erwachsene sollten dabei so wenig wie möglich eingreifen.

Fremdes und eigenes Verhalten zu beobachten, ist der erste Schritt zur Ausbildung eines Gewissens: Ich sehe hin, was andere machen. Danach schaue ich mich selbst an und vergleiche das, was ich tue mit den Handlungen der anderen. Daraus entwickeln sich Gedanken und Fragen: Warum machen sie das eigentlich und warum habe ich das auch getan?

Demokrit fand heraus, dass die Seele des Menschen umso mehr Proviant bekommt je mehr Wahrnehmungsbilder aufgenommen werden. Insofern sollten Kindergarten und Schule Kindern vielfältige Möglichkeiten eröffnen, so viele Gegenstände wie möglich ausführlich zu untersuchen und Fragen dazu zu stellen. Der Philosoph Georg Friedrich Wilhelm Hegel (1770-1831) nennt das „sinnliche Gewissheit" zu erlangen, dass ein Gegenstand existiert.

Erst danach beschreiben die Kinder, was sie wahrgenommen haben. Folgende Fragen können sie dabei unterstützen:

Fragen, die das Beschreiben fördern

- Was fällt dir an … einem Gegenstand wie zum Beispiel einem Stein besonders auf?
- Wie sieht er … aus? Wie fühlt er … sich an? Wonach riecht er … ? Gibt er … Geräusche von sich?
- Wenn du genauer hinsiehst, was kannst du daran entdecken?

Die Fähigkeit Gegenstände oder Personen in ihren Einzelheiten zu beschreiben, kann insbesondere in der Elementarerziehung aber auch in der 1. Klasse durch die *Guckloch-Methode* intensiviert werden.

In eine große Pappe wird ein Loch geschnitten, das Guckloch. Die Pappe kann von den Kindern als Philo-Guckloch farbig gestaltet werden. Dadurch hat sie einen hohen Symbol- bzw. Wiedererkennungswert Anschließend schauen die Kinder abwechselnd durch das Guckloch auf den betreffenden Gegenstand und sagen, was sie sehen können.

Durch die Guckloch-Methode werden Kinder angeregt, Gegenstände oder Teile von Gegenständen intensiver wahrzunehmen – sie richten ihren Blick konzentriert auf ein bestimmtes Detail.

Die Gegenstände einer philosophischen Sammlung regen Kinder auch an, die Fähigkeit zu entwickeln, *Gemeinsamkeiten und Unterschiede herauszufinden*:

- Das Lieblingsspielzeug meines besten Freundes ist ein kleiner Plüschelefant. Er hat graue, weiche Haut aus Stoff und Schlappohren. Sein Rüssel ist kurz.
- Ein Elefant im Zoo hat auch graue Haut, aber mit großen Falten. Er ist fast so groß wie ein Haus. Und sein Rüssel ist sehr lang. Die Ohren sind riesengroß und hängen herunter.

Dieses Beispiel zeigt, dass alle Elefanten eine graue Haut haben, einen Rüssel und Schlappohren. Ein Spielzeugelefant sieht also genauso aus wie ein Elefant aus dem Zoo – aber trotz dieser Gemeinsamkeiten gibt es auch Unterschiede, zum Beispiel hinsichtlich der Größe und der Beschaffenheit der Haut.

Beim Philosophieren kann der Blick der Kinder durch Fragen gezielt auf *Zusammenhänge und Unterschiede zwischen Gegenständen* gerichtet werden:

Fragen zu Gemeinsamkeiten und Unterschieden

- Welche Gegenstände gehören zusammen?
- Welche Gegenstände sind gleich?
- Welcher Gegenstand ist anders als die anderen? Warum ist er anders?

Unterschiede zwischen Gegenständen, insbesondere zu einem philosophischen Thema, lassen sich auch durch Vergleiche herausfinden:

Dieser Stein ist… größer – kleiner

Dieses Mädchen läuft... schneller– langsamer
Dieser Berg ist... höher – tiefer
Dieser Weg zur Schule ist... kürzer – länger

Die phänomenologische Methode schärft den Blick der Kinder für verschiedene Dinge, Personen und Verhaltensweisen ihrer Umwelt. Durch die Fähigkeit, Gemeinsamkeiten und Unterschiede herauszufinden, entwickelt sich die Kompetenz, den Dingen der Welt eine Bedeutung für das eigene Leben zu verleihen.

4.2 Die hermeneutische Methode

Kinder lernen sehr schnell, dass sie sich mithilfe der Sprache über Gegenstände in der Welt verständigen können, auch wenn diese in einem bestimmten Augenblick nicht anwesend sind. So können Mariella und Bastian auch noch über den Stein sprechen, wenn sie abends im Bett liegen und über ihren Tag nachdenken (siehe Foto auf der Seite 29). Dabei verleihen sie bestimmten Dingen ihrer Umwelt eine Bedeutung.

Wichtigen Dingen in der Welt eine Bedeutung zu verleihen, hat mit dem Begriff „Hermeneutik" zu tun. So heißt im Griechischen hermeneúein aussagen, auslegen und übersetzen. Diese Aufgabe übernahm in der griechischen Mythologie der Götterbote Hermes. Er gab die Botschaft der Götter an die Menschen weiter und sorgte mit Schrift und Sprache dafür, dass sie die Botschaft auch verstehen. Gegenstand der Hermeneutik als *Kunst der Weltdeutung* sind alle Lebensäußerungen wie zum Beispiel Texte, Kunstwerke Musikstücke, Handlungen oder sprachliche Äußerungen; traditionell ist die Hermeneutik in der Philosophie vorwiegend *Textauslegung*.

Im Mittelalter war die Hermeneutik insbesondere die Kunst, das Alte und Neue Testament auszulegen. Erst durch *Friedrich Schleiermacher* (1768-1834) wurde sie im 19. Jahrhundert zur allgemeinen „Kunstlehre des Verstehens", die sich nicht mehr nur auf Texte bezog. *Wilhelm Dilthey* (1833-1911) sah in ihr die methodologische Grundlegung der Geisteswissenschaften überhaupt, mit deren Hilfe symbolische Sinnzusammenhänge sprachlicher Ausdrücke, Handlungen und Erlebnisse verstanden werden können: „Wir nennen den Vorgang, in welchem wir aus Zeichen, die von außen sinnlich gegeben sind, ein Inneres erkennen: Verstehen“ (Dilthey, Band V 1961, S. 318).

Beim Philosophieren mit jüngeren Kindern kommt es insbesondere darauf an, *Gedanken zu verstehen.* Was meint jemand beispielsweise damit, wenn er sagt, Freunde sollten einander helfen? Erwachsene können Kinder anregen, ihr Verständnis von eigenen und fremden Gedanken durch Beispiele zu veranschaulichen.

In der Grundschule arbeiten Kinder auch mit Texten, die unterschiedlich lang und schwierig sein können (siehe V/3, Balasch/Brüning 2013). Um die in ihnen enthaltenen Gedanken zu verstehen, gibt es *mehrere didaktische Möglichkeiten der Texterschließung*. Unabhängig davon, ob etwas vorgelesen oder selbst gelesen wird, können die Kinder am Schluss angeregt werden, *selbständig Fragen zu* einem *Text* oder einer Geschichte zu *stellen*. Damit geben sie ihre eigene Denkrichtung vor: Was interessiert uns an der Geschichte?

Abb. 3: Fragewürfel

Wo gibt es ein Problem, das gelöst werden muss? Wie handeln bestimmte Personen?

Die Fragen der Kinder sollten entweder an der Tafel oder dem Smartboard gesammelt werden – Eltern und Erzieher/innen können auch einen *Fragekasten* anlegen, aus dem dann die einzelnen Fraugen gezogen und bearbeitet werden, zum Beispiel in einem philosophischen Gespräch(siehe I/4.4).

Um das Fragenstellen mit Kindern generell zu üben – die Schule erwartet meistens Antworten von Kindern – kann auch ein *Fragewürfel* eingesetzt werden (siehe Seite 35). Die Kinder bilden kleine Gruppen und würfeln. Sie stellen dann mit dem Fragewort, das angezeigt wird, verschiedene Fragen zu einem Text oder auch ganz allgemein zu einem Thema.

Eine weitere Möglichkeit der Texterschließung besteht darin, dass die *Lehrpersonen inhaltliche Fragen an die Kinder stellen.* Dies können Fragen nach der Bedeutung eines Begriffes sein, der in dem Text eine wichtige Rolle spielt: „Ronja Räubertochter ist mutig – was versteht ihr unter dem Wort „mutig“?“

Die Fragen können sich auch auf wichtige Gedanken richten: „Der griechische Philosoph Aristoteles sagt, es gibt beste Freunde und andere Freunde. Wie meint er das?“

Auch das gesamte Textverständnis kann durch gezieltes Nachfragen erschlossen werden: „Ihr habt einen Text über das Mitgefühl gelesen. Warum sollten Menschen mit anderen Menschen mitfühlen? Was steht dazu im Text?“

Die *Fragemethode* mithilfe von *Leitfragen* hat insbesondere *Matthew Lipman* in seinen Lehrerhandbüchern in den Mittelpunkt der didaktischen Konzeption gestellt (zu Lipman siehe auch I/3). In seiner Kindergeschichte „Das geheimnisvolle Wesen“ sagt Isabel gleich im ersten Kapitel über ihre Freundin Pixie, dass sie manchmal so aussieht, als würde sie im Unterricht träumen (siehe Lipman 2007, 2. Auflage, S. 14/15). Lipman versucht anhand von möglichen Leitfragen (Diskussionsplan), die Lehrerinnen und Lehrer Kindern stellen können (aber nicht müssen), den Begriff „Träumen“ zu differenzieren und von anderen Begriffen abzugrenzen (siehe auch I/4.3).

1. Was ist der Unterschied zwischen Tagträumen und Träumen im Schlaf?
2. Kannst du dich an deine Träume erinnern?
3. Kannst du dich an deine Tagträume erinnern?
4. Kannst du spielen und gleichzeitig tagträumen?
5. Kannst du fernsehen und gleichzeitig tagträumen? (...)
9. Kommst du gewöhnlich in deinen Tagträumen vor?

10. Träumst du in deinen Tagträumen von einem Abenteuer, das du erlebst?
11. Werden Tagträume jemals wahr? (...)
16. wärst du sehr unglücklich darüber, wenn du niemals tagträumen könntest?
17. Hast du jemals etwas aus deinen Tagträumen gelernt? (...)" (Lipman 2007, 2. Auflage, S. 29/30).

Lipman hat ähnliche Diskussionspläne zu allen relevanten philosophischen Gedanken und Begriffen in seinen Geschichten zusammengestellt. Sie sollen den Lehrkräften ermöglichen, Kinder an das Verständnis philosophischer Probleme heranzuführen, ohne ihnen die Interpretationsvarianten vorzugeben. Der Diskussionsplan zu den Tagträumen umfasst zwanzig Fragen, die nicht alle diskutiert werden können. Aus einer ersten spontanen Beschäftigung mit einem Text können Lehrkräfte jedoch erkennen, welche der Probleme Kinder mehr als andere interessieren.

Mithilfe der Fragemethode kann ein *Text* auch im *Partnerinterview selbständig von den Kindern erschlossen werden*, speziell in den Klassen 3 und 4. Die Kinder lesen zunächst einen Text und stellen sich gegenseitig Fragen dazu: Eine/r beginnt, und der anderer antwortet. Der oder die Fragensteller/in notiert die Antwort in Stichworten. Danach stellt der- oder diejenige, die geantwortet hat, die nächste Frage und notiert wiederum in Stichworten die Antwort. Nach dieser Ping-Pong-Methode wird ein Text in seine wichtigsten Gedanken zerlegt – die Partner entscheiden selbständig, ob die Antworten richtig sind. Zur Ergebnissicherung kann dann die Partnerarbeit in Plenum ausgewertet werden. Diese Methode sollte nur eingesetzt werden, wenn die Kinder schon über vielfältige Erfahrungen im Umgang mit Texten verfügen (siehe Wittschier 2010, S. 86-88).

Eine weitere Methode der Texterschließung ist die *situative Rollenbefragung*, die *Hans-Joachim Müller* für einen kreativen Umgang mit Texten vorschlägt.

Aus einer Geschichte wird eine Hauptfigur bestimmt, die vor der Klasse auf einem Stuhl sitzt – sie kann dafür kurz verkleidet werden. Anschließend wird die Geschichte bis zu jener Stelle vorgelesen, an der die Rollenbefragung durchgeführt werden soll (szenische Leerstelle). Anschließend treten einige Kinder hinter die Figur und sprechen einen Satz mit einem Gedanken, den die Figur an dieser Stelle denken könnte. Müller schlägt vor, alle

Kinder, die sich beteiligen wollen, einen Gedanken äußern zu lassen, mit einer Einschränkung: Gedanken-Wiederholungen werden nicht zugelassen.

Wenn alle Gedanken geäußert wurden, könnten sie wiederholt und vertieft werden. Dazu stellt sich die Lehrkraft vor die Kinder und zeigt abwechselnd auf einige von ihnen, damit sie ihren Gedanken aussprechen – sie können ihn dann auch mehrmals wiederholen. „So entsteht ein Stimmenorchester oder eine Stimmenskulptur, je nachdem, wie viel Interpretationstalent die Kinder bei ihren Vorträgen beweisen" (Müller 2005, S. 85).

Die Hauptfigur auf dem Stuhl kann dann in einem zweiten Schritt einige Gedanken, die ihr wichtig erscheinen, nach vorn holen, d.h. in einer zweiten Runde werden wichtige Gedanken zuerst wiederholt.

Diese Methode lässt sich auch als *Textheater* nach der Lektüre eines Textes oder einer Geschichte in kleinen Gruppen spielen: Jeder sucht sich einen wichtigen Gedanken aus dem Text aus und die gesamte Gruppe führt dann ihre Deutung des Textes vor. Insbesondere in der Arbeit mit jüngeren Kindern hat diese Methode einen großen Stellenwert, weil jedes Kind sich einen Gedanken aussucht, den es für wichtig hält.

Zum Philosophieren mit Texten kann auch die Methode der *Schreibkonferenz* genutzt werden, d.h. die *Kinder verfassen eigene Texte* zu einer philosophischen Frage. Diese Frage kann entweder zu einem bestimmten Thema wie Glück oder Freundschaft von den Kindern selbst gewählt werden oder sich auf ein Problem aus einer Geschichte bzw. einem Text beziehen. Die Präsentation der Texte erfolgt dann mithilfe eines Gesprächs (siehe I/4.4). Die Kinder äußern ihre begründete Meinung zu der Geschichte/ zu dem Text und geben Anregungen, was eventuell verändert werden könnte (siehe Potthoff u.a. 2008, S. 51-54).

Bei der Erschließung von Texten zum Philosophieren sollte immer das gedankliche Verständnis im Mittelpunkt stehen. Dazu eignen sich im Wesentlichen drei Schritte.

Drei Schritte zur Texterschließung

1. Texte jüngeren Kindern laut in mehreren Sinnabschnitten vorlesen und schwierige Gedanken und Begriffe mit der Fragemethode klären.
2. Die Kinder für jeden Sinnabschnitt nach einer passenden Überschrift suchen lassen (Überschriften an der Tafel oder dem Smartboard festhalten).

3. Am Schluss der Textarbeit die Kinder zusammenfassen lassen: Was war der wichtigste Gedanke in diesem Text? Sage ihn mit wenigen Worten.

Die Zusammenfassung dient insbesondere zur Ergebnissicherung der Texterschließung. Die Kinder sollen sich noch einmal an die wichtigsten Gedanken erinnern und sie mit eigenen Worten darstellen. Dadurch festigt sich das Verständnis des Gelesenen.

4.3 Die analytische Methode

Die Deutung von Gedanken steht in einem engen Zusammenhang mit der analytischen Methode. Sie soll Kinder anregen, philosophische Begriffe wie Gerecht oder Ungerecht zu verstehen und den eigenen Sprachgebrauch dieser Begriffe zu reflektieren.

Die *Begriffsanalyse* wurde erstmals von dem griechischen Philosophen *Platon* angewendet. Er lässt in seinen Dialogen wie zum Beispiel „Laches“ Sokrates und mehrere Schüler über den Gebrauch schwieriger Begriffe wie Gerechtigkeit oder Tapferkeit nachdenken. Dabei stellt Sokrates gezielte Fragen an seine Gesprächspartner, die ihnen helfen sollen, philosophische Begriffe zu verstehen. In ihren Antworten verwenden die Gesprächspartner Argumente, um ihre Meinungen darzustellen – deshalb setzt sich die *analytische Methode* aus der *Begriffsklärung* und der *Argumentation* zusammen. Sie ist seit der Antike eine wesentliche Methode der philosophischen Tradition, die insbesondere in der Sprachphilosophie (siehe III/1) eine wichtige Rolle spielt.

Abstrakte Begriffe kommen jedoch nicht nur in der wissenschaftlichen Philosophie vor, sondern auch in Sinnfragen von jüngeren Kindern. Sie tauchen darüber hinaus in vielen Märchen und Kinderbüchern personifiziert als „der böse König“ oder die „gerechte Fee“ auf. Wenn man mit Kindern darüber spricht, zeigt sich manchmal, dass es unterschiedliche Vorstellungen über die Bedeutung von Begriffen wie gerecht oder böse gibt. Deshalb sollte das Philosophieren ab und zu unterbrochen werden, um über einen abstrakten Begriff gemeinsam nachzudenken und ihn zu klären.

Der zu klärende Begriff muss dabei nicht unbedingt von den Erwachsenen vorgegeben werden. Die Kinder können ihn auch selbst finden, indem nach der Lektüre einer Geschichte oder eines Märchens die Frage gestellt wird: „Welches Wort in unserem Märchen ist das wichtigste Wort für euch? Oder: Welches Wort aus der Geschichte ist für euch ein schwieriges Wort?"

Zur Intensivierung des begrifflichen Nachdenkens lassen sich beim Philosophieren mit jüngeren Kindern folgende Methoden anwenden:

Methoden der Begriffsanalyse

Eröffnung eines Wortfeldes (*Begriffserläuterung*):	Sucht nach Wörtern, Gegenständen oder Symbolen, durch die sich ein schwieriger Begriff näher beschreiben lässt, z.B. Begriffsblume, Begriffsmobile
Ordnen von Begriffen nach ihrer Wichtigkeit für die Erklärung eines philosophischen Begriffs (*Begriffsexplikation*):	Begriffsturm, Begriffsmolekül, Begriffsigel
Neue Begriffe erfinden:	freies Assoziieren und Kombinieren von Begriffen zu einem neuen Begriff

Die Klassikergeschichte „Können Blumen glücklich sein?" von Gareth Matthews (siehe V/1, Matthews 1989, S. 24) regt Kinder an, darüber nachzudenken, ob Glück nur eine Eigenschaft von Menschen oder auch von anderen Lebewesen wie Tieren und Pflanzen ist. Nachdem die Kinder eine Zeitlang dazu assoziiert haben, sollte die Diskussion unterbrochen werden, um den Begriff „Glück" zu klären, bevor eine endgültige Antwort auf der Frage der Geschichte gefunden wird. Dazu lässt sich beispielsweise eine *Wortfelduntersuchung* durchführen. Sie ermöglicht, *inhaltliche Bestimmungen eines Begriffes herauszufinden*.

Bei einer Wortfelduntersuchung erhalten die Kinder im Kindergarten die Aufgabe, auf ein Blatt einen Gegenstand oder ein Erlebnis zu malen, die sie mit einem schwierigen Begriff wie „Glück" verbinden (sie können die entsprechenden Gegenstände auch mit in den Kindergarten oder die Schule bringen.) Die Zeichnungen oder Gegenstände werden anschließend in einen Kreis gelegt und zwar in Form einer Blume; es können auch mehrere Blumen gelegt werden.

In die Mitte der *Begriffsblume* wird von den Erzieher/innen ein Symbol für Glück gelegt, zum Beispiel ein Hufeisen. Es kann aber auch das Wort „Glück oder glücklich“ auf einen Kreis aus Pappe in die Mitte geschrieben werden, für diejenigen Kinder, die schon lesen können. Die Zeichnungen werden dann als Blütenblätter um das Hufeisen herum gelegt. Sie sollen den Kindern verdeutlichen, dass ein Begriff durch andere Begriffe beschrieben wird.

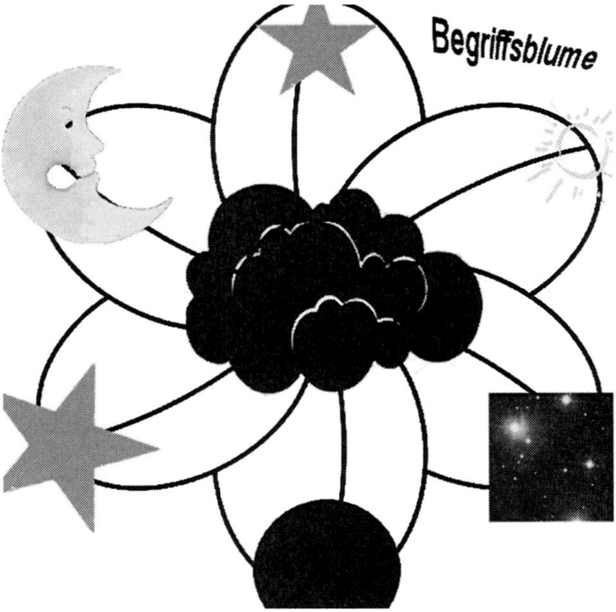

Abb. 4: Begriffsblume zum Begriff Universum

Nachdem die Blume gelegt worden ist, erraten die Kinder dann, was alles zum Glück dazu gehört. Sie sollten den Ausdruck „Wortblume“ oder „Begriffsblume“ in ihr sprachliches Repertoire aufnehmen. Dadurch verinnerlichen sie, dass Wortblumen zum Philosophieren dazu gehören. Es ist auch möglich, die Wortblumen mit Gegenständen zu legen oder als Stillarbeit, d.h. jedes Kind arbeitet für sich allein auf einem Blatt Papier.

Schulkinder können anstelle der Zeichnungen auch *Wortkärtchen* gestalten: Jedes Kind schreibt auf ein Kärtchen ein Wort, das ganz wichtig ist, um ein schwieriges Wort wie Glück zu erklären: Zufrieden sein, sich wohlfühlen, sich freuen, Freunde haben, Wünsche usw. Die Kärtchen werden anschließend in einen Kreis gelegt und sortiert: „Welche Kärtchen gehören zusammen? Legt eine Glücksgeschichte mit diesen Kärtchen."

Manchmal schreiben oder malen Kinder etwas, das ganz offensichtlich nicht zum Wesen eines Begriffes gehört, wie zum Beispiel glücklich sein ist dasselbe wie sich ärgern. Ein solcher Begriffsaspekt bietet einen Anlass zum Philosophieren, d.h. die Erzieher/innen und Lehrkräfte fragen nach: „Warum meinst du, dass jemand der sich ärgert, glücklich ist?" Diese Nachfrage regt dazu an, zu begründen, wie ein Kind auf diese Begriffsbestimmung gekommen ist. Denn begriffliches Arbeiten gehört zum Philosophieren und ist ein Prozess, an dessen Ende ein geklärter Begriff steht oder auch ein begrifflicher Dissens. Dann muss an geeigneter Stelle weiter über den Begriff nachgedacht werden. Bei einem Dissens über einen Begriffsaspekt sollte dieser aus dem weiteren Nachdenkprozess herausgenommen werden: „Wir sind uns nicht einig, ob jemand, der sich ärgert auch glücklich sein kann. Deshalb wollen wir diesen Gedanken in unserer Begriffsblume nicht weiter beachten."

Nachdem die Kinder eine Wortblume oder einen Kärtchenkreis gestaltet und darüber weitgehend Einigkeit erzielt haben, werden folgende Nachdenk-Impulse gegeben:

Nachdenk-Impulse zur Wortfelduntersuchung

- Warum gehört für euch … (Gegenstand aus den Zeichnungen oder Wörter aus den Wortkärtchen einsetzen) *zum Glück*?
- Kennt ihr noch andere Wörter, durch die ihr das Wort „Glück/glücklich" beschreiben könnt?
- Gibt es ein Wort in unserer Glücksblume/in den Glückskärtchen, *das* nicht zum Glück dazu gehört? Warum? Warum nicht?

Eine weitere Möglichkeit, mit Kindern ein Wortfeld zu eröffnen, ist das *Begriffsmobile*. Damit kann vor allem zu Hause oder in kleinen Gruppen begrifflich gearbeitet werden. Die Kinder basteln zu einem philosophischen Begriff verschiedene Gegenstände und hängen sie an das Mobile.

Anschließend kann über die Auswahl der Gegenstände gemeinsam nachgedacht werden. Die Kinder können zu den Gegenständen ihrer Mobiles auch kleine Geschichten erzählen.

In der Schule oder im Kindergarten kann auch ein vereinfachtes Begriffsmobile verwendet werden, *das gezeichnete Mobile*. Auf ein Blatt wird entweder von den Kindern oder den Erwachsenen in die Mitte der Seite der Anfangsbuchstabe des zu klärenden Begriffs geschrieben, zum Beispiel G für Glück. Anschließend werden an den Buchstaben mit kleinen gezeichneten Fädchen bestimmte Gegenstände angehängt. Durch Fragen nach der Auswahl der Gegenstände kann dann das Philosophieren initiiert werden: „Warum gehört für dich ein Herz zum Glück?"

Nachdem die Kinder über den Inhalt eines Begriffs nachgedacht haben, können sie ihre Erkenntnisse festigen, indem sie zu den gefundenen Begriffsbestimmungen einer Wortblume oder eines Mobiles *entgegengesetzte Begriffe* in Form eines Sprachspiels suchen. Ein Kind sagt beispielsweise einen Begriff zu einem philosophischen Thema wie Glück und die anderen Kinder versuchen das Gegenteil zu finden:

sich wohlfühlen – sich schlecht fühlen
sich freuen – traurig sein
zufrieden sein – unzufrieden sein

Durch den Umgang mit entgegengesetzten Begriffen sollen Kinder angeregt werden, Begriffsgrenzen zu finden: Sie untersuchen, welches Bedeutungsfeld ein Begriff inhaltlich nicht abdeckt.

Zur Wortfelduntersuchung in der Vor- und Grundschule gehören auch *nonverbale Ausdrucksformen*. Sie dienen in erster Linie dazu, inhaltliche Bedeutungen eines Begriffs durch Bewegung darzustellen. Bei dieser Gestaltungsform muss jemand genauso wie bei einer verbalen Ausdrucksform darüber nachdenken, was ihm an einem Begriff wie Glück wichtig ist. So kann ein Kind sagen, dass es sich wohlfühlt, wenn es glücklich ist – es kann diesen Zustand auch mithilfe von Mimik und Gestik darstellen, zum Beispiel durch ein Lächeln oder einen Luftsprung. Ähnlich wie bei der verbalen Begriffsbestimmung muss sich ein Kind vor der nonverbalen Gestaltung überlegen, wie es welchen Begriffsaspekt ausdrücken will.

Die bekannteste Form des nonverbalen begrifflichen Arbeitens ist die

Pantomime. Durch sie werden ohne Verwendung von Sprache oder Zeichnungen philosophische Begriffe dargestellt. Die Kinder suchen nach Situationen, die für einen Begriff typisch sind und gestalten sie durch Körperbewegungen. Hierzu gehören beispielsweise Bewegungsqualitäten wie schnell oder langsam, Körperhaltungen wie aufrecht oder gebückt sowie Mimik und Gestik. Alle diese Elemente des körperlichen Ausdrucks werden so kombiniert, dass die wesentliche Bedeutung eines Begriffes ausgedrückt wird.

Eine *spezielle Form der Pantomime* ist die das *Hand-Theater*. Durch die Bewegungen ihrer Hände, d.h. der einzelnen Finger, stellen die Kinder philosophische Begriffe dar. Sie überlegen sich, wie sie durch die Kombination ihrer Finger wichtige Bedeutungen ausdrücken können.

Die verschiedenen Formen der Wortfelduntersuchung dienen dazu, dass Kinder lernen, Begriffe inhaltlich zu präzisieren: Wie verstehe ich den Begriff (das Wort) Glück und was gehört alles dazu?

Die gefundenen Begriffsbestimmungen sind gleichrangig – es gibt keine Rangfolge zwischen ihnen wie zum Beispiel die erfüllten Wünsche sind für das Glücklich-Sein viel wichtiger als die guten Freunde.

In einem zweiten Schritt kann deshalb auf eine Wortfelduntersuchung eine *Begriffsexplikation* folgen. Sie ermöglicht den Kindern, *wichtige begriffliche Bestimmungen besonders hervorzuheben*. Im Kindergarten kann dazu vor allem die *Turm-Methode* genutzt werden. Die Kinder kombinieren ihre Zeichnungen zum Inhalt eines Begriffes nicht in einer Begriffsblume, sondern bauen damit einen Turm: Die Wörter Herz, Kuscheltier, vierblättriges Klebblatt und Kussmund werden als Glücksturm gelegt: oben steht das wichtigste Wort und unten diejenigen Wörter, die nicht so wichtig sind. Dabei können auch mehrere Wörter/gezeichnete Wörter nebeneinander stehen, d.h. den gleichen Rang bekommen:

Glück

Herz

vierblättriges Kleeblatt

Kuscheltier Kussmund

Die Begriffs-Türme sollten in kleinen Gruppen gelegt werden. Die Kinder müssen sich darüber verständigen, was oben oder unten stehen soll. Dabei findet ein Nachdenk- und Kommunikationsprozess über die Wichtigkeit bestimmter Aspekte eines Begriffs statt. Wenn keine Einigung erzielt werden kann, sollten die Erzieher/innen oder Eltern Hilfestellung geben. Der Turm kann natürlich auch zusammenbrechen, wenn kein Kompromiss erzielt wurde.

Ein Turm kann auch die Form einer Pyramide haben, wie auf unserer Zeichnung.

Eine weitere Methode der Begriffsexplikation ist das *Begriffsmolekül*, das insbesondere in der Grundschule eingesetzt werden kann. Es wird aus Styroporkugeln gebaut und dient ebenso wie der Begriffst-Turm dazu dazu, die unterschiedlichen Bedeutungen von Begriffen zu systematisieren. Es wird in drei Phasen realisiert.

Zunächst sammelt jedes Kind einen oder mehrere wichtige Begriffe (Wörter) oder Symbole, durch die ein philosophischer Begriff wie Glück näher bestimmt werden kann und schreibt bzw. malt sie auf einen Zettel (Erstellung eines Wortfeldes). Die Kinder sollten sich vorher darauf einigen, ob Symbole oder Wörter gesucht werden sollen.

Danach bilden die Kinder kleine Gruppen und tauschen sich über ihre Wortfelder aus. Sie müssen sich genau überlegen, welcher Begriff/welches Symbol aus ihren Wortfeldern mit einem anderen kombiniert werden kann, um den Begriff „Glück“ näher zu bestimmen. Dabei wird die Dreidimensionalität eines plastischen Moleküls genutzt.

Beim Bau des Begriffsmoleküls wird an eine zentrale große Kugel des Moleküls der zu klärende Begriff – in unserem Fall Glück – mit einem selbstklebenden Zettel geheftet. Die Gruppenmitglieder überlegen anschließend gemeinsam, an welche Stellen des Moleküls weitere Begriffe/Symbole auf selbstklebenden Zetteln geheftet und welche Verbindungen zu anderen Begriffen geschaffen werden sollen. Die einzelnen Schritte werden hierbei in der Gruppe diskutiert. Die Verbindung zwischen den Kugeln verschiedener Größe (steht für wichtig oder nicht ganz so wichtig) erfolgt mit Holzstäbchen.

Das folgende Foto zeigt ein Begriffsmolekül zum Thema „Glück“.

Abb. 5: Begriffsmolekül zum Begriff Glück

Nach dem Bau des Moleküls stellte in Kind aus der Gruppe das fertiggestellte Begriffsmodell vor; die anderen Kinder ergänzen die Ausführungen. Dabei sollte auf Begründungen für die Anordnung der Kugeln mit den verschiedenen Begriffen geachtet werden (siehe hierzu Brüning (Hrsg.) 2011, S. 72/73).

Zum Bau eines Begriffsmoleküls werden folgende Materialien gebraucht:

- Styroporkugeln in verschiedenen Größen aus dem Bastelladen
- Holzstäbchen (Zahnstocher und Schaschlikstäbchen)
- selbstklebende Zettel (Notizblöcke)
- dicke Filzstifte

Für Kindergartenkinder oder Schülerinnen und Schüler in der ersten Klasse kann das Begriffsmolekül zu einem *Buchstabenigel* vereinfacht werden. Dafür benötigen die Kinder Knetmasse und Stäbchen (s.o.) sowie zweifarbiges (z. B. rotes und blaues) selbstklebendes Papier.

Nachdem die Kinder gemeinsam eine Begriffsblume angefertigt haben (siehe Seite 41), kann jedes Kind für sich zur Vertiefung der Arbeit am Begriff einen Buchstabenigel basteln.

Bastelanleitung für einen Buchstabenigel

1. Jedes Kind formt aus Knetmasse den Körper des Igels (eine Kugel).

2. Jedes Kind formt weitere kleine Kügelchen, an die später die selbstklebenden Zettel geheftet werden.
3. Jedes Kind schreibt nun auf die Zettel die Anfangsbuchstaben der Wörter oder Gegenstände aus der Begriffsblume. Vorher wird allerdings die Aufgabe gestellt, diejenigen Buchstaben der Wörter, die ganz wichtig sind, auf rotes Papier zu schreiben, d.h. die Kinder müssen überlegen und entscheiden, welche Wörter sie am wichtigsten finden. Die restlichen Buchstaben werden auf anders farbiges Papier geschrieben, zum Beispiel „blau".
4. Wenn die Buchstaben auf den Zetteln stehen, werden zunächst die kleinen Kugeln aus Knetmasse auf die Stäbchen gesteckt. Anschließend werden diese in den Körper des Igels gebohrt.
5. Die Kinder befestigen dann die selbstklebenden Zettel an den kleinen Kugeln der Stäbchen: die roten mit den wichtigen Wörtern werden in der Mitte des Igels angebracht.
6. Anschließend stellt jedes Kind seinen Buchstabenigel vor und erklärt den anderen Kindern, warum es zum Beispiel das H (für Herz) in die Mitte des Igels gestellt hat. Die anderen Kinder können dazu Fragen stellen. Daraus kann sich dann ein Gespräch entwickeln (siehe I/4.4).

Begriffsmoleküle und Buchstabenigel sind sehr aufwendige Verfahren der Begriffsanalyse, für die Materialien bereit gestellt werden müssen. Ein schnelleres Verfahren für Schulkinder der dritten und vierten Klasse ist der *Begriffskreis* (siehe Seite 48).

Die Kinder erhalten auf einem DIN-A 4 Blatt zwei vorgedruckte Kreise in den beiden oberen Dritteln der Seite. Sie schreiben oben auf das Blatt den Begriff, über den sie nachdenken wollen, in unserem Beispiel „Glück". Im unteren Drittel eröffnen sie ein Wortfeld, d.h. sie schreiben Wörter auf, die für den Begriff „Glück" wichtig sind. Anschließend werden die Wörter in einem zweiten Schritt sortiert. In den Innenkreis werden diejenigen Wörter geschrieben, die den Kern des Begriffs bilden; in den Außenkreis kommen die Wörter, die das Begriffsumfeld bilden, d.h. nicht ganz so wichtig sind.

Eine weitere Methode des begrifflichen Arbeitens ist das *Erfinden neuer Begriffe*, d.h. die Kinder betätigen sich als Sprachschöpfer und gestalten aus ihnen bekannten Begriffen neue Kombinationen mit neuen Bedeutungsinhalten, denn Sprache ist veränderbar: Darauf hat insbesondere der deutsche Sprachforscher und Märchensammler *Wilhelm von Humboldt* (1767-1835) hingewiesen. Sprache ist nicht nur *ergon*, im Sinne eines fertigen Werks, sondern sie ist vor allem *energeia*, also aktive Tätigkeit. Jeder spre-

Abb. 6: Schema zum Begriffskreis

chende Mensch fügt sich nach Ansicht von Humboldt nicht nur passiv in eine fertige Sprache ein, sondern entwickelt durch sein Sprechen die Sprache mehr oder weniger weiter (siehe Humboldt 1973, S. 36) In diesem Sinne sind auch Kinder „kleine Wortmacher", die durch ihren *kreativen Umgang mit Sprache* neue Wörter erfinden können. Ähnlich wie der Begriffserläuterung und –explikation ist auch die Sprachschöpfung ein traditionelles Verfahren der Philosophie, das seine Wurzeln in der Antike hat. Der Begriff „Philosophie" entstand erst im 6. Jahrhundert v. Chr. als einige Männer und Frauen in Griechenland begannen, sich nur noch der geistigen Arbeit zu widmen und fortan Philosophen, d.h. Freunde der Weisheit zu werden.

Neue Wörter zu erfinden bedeutet zunächst, dass Kinder zu einem philosophischen Thema Wörter, die sie bereits kennen, mit neuen Bezeichnungen versehen. In dem philosophischen Märchen „Prinzesin Lara und der kleine Saurier" (siehe Brüning 2010) bezeichnet der kleine Saurier, der gemeinsam mit Lara als unsichtbarer Gast die Menschenwelt kennen lernen möchte, das Fernsehgerät als flimmernde Kiste, Autos als Blechkisten und die Häuser der Menschen als bunte Höhlen. Ähnlich wie der kleine Saurier sind alle Kinder in ihren alltäglichen Spielen Wortmacher: Sie erfinden Geheimsprachen, Babysprachen oder einfach nur Fantasiewörter. Diese Eigenschaft soll für das begriffliche Arbeiten bewusst genutzt werden.

Wenn Kinder Wortmacher sein wollen, so können sie sich zunächst auf ihre Wortfelduntersuchungen wie Begriffsblumen oder Begriffsmoleküle stützen und die dort gesammelten Wörter zu neuen Wort-Kreationen kombinieren.

In unserer Glücksblume standen für den Begriff „Glück" die folgenden Wörter: Herz, Kuscheltier, vierblättriges Kleeblatt und Kussmund. Daraus lassen sich folgende *Wortkombinationen* ableiten: Kuscheltierherz, vierblättriges Kleeblattherz, Kuscheltierkussmund etc.

Beim Erfinden neuer Bgriffe sollte sich jedes Kind eine solche Wort-Kreation ausdenken. Sie wird im Stuhlkreis präsentiert, und die anderen Kinder müssen erklären, was sie sich darunter vorstellen.

Neue Begriffe lassen sich auch in Form von Zeichnungen kombinieren, d.h. die Kinder können auch ein Kuscheltierherz zeichnen und gegenseitig ihre Kreationen erraten.

Als Vorbereitung für Wortschöpfungen beim Philosophieren sollte mit neuen Tierkreationen wie Saurierfant (Saurier + Elefant) oder Schlangengiraffe in mündlicher oder schriftlicher Form begonnen werden.

Das Erfinden von Begriffen eröffnet Kindern einen neuen Denk-Horizont. Sie erfahren, dass Sprache beliebig erweitert und kombiniert werden kann.

Bereits während der Begriffsanalyse müssen Kinder begründen, warum sie bestimmte Wortfelder eröffnet oder Begriffszuordnungen vorgenommen haben. In der philosophischen Tradition werden zwei *Grundformen des Argumentierens* unterschieden: *empirische* und *nichtempirische Argumente*.

Empirische Gründe umfassen Tatsacheninformationen, die gegebenenfalls nachgeprüft werden können; sie dienen dazu, die *Angemessenheit von einzelnen Handlungen auf der Grundlage von Fakten zu erklären:* Ich bin zu spät in der Schule gekommen, weil wir verschlafen haben. Der Wahrheitsgehalt dieser Aussage kann im Zweifelsfall nachgeprüft werden, indem Lehrerinnen und Lehrer in der Familie nachfragen, ob das wirklich so stimmt.

Einen größeren Schwierigkeitsgrad hinsichtlich ihrer Überzeugungskraft weisen nichtempirische Gründe auf, die das Hauptinstrumentarium der philosophischen Tradition darstellen. Sie sind begriffliche Konstruktionen, die nicht an Fakten überprüft werden können: „Kinder brauchen Freunde, weil man in der Not nicht gern allein ist.“ Das Argument „weil man in der Not nicht gern allein ist“ kann nicht anhand von Fakten überprüft werden. Denn bei nichtempirischen Gründen handelt es sich um sogenannte *Verstehensargumente*, die das *Verständnis einer Handlung bzw. eines Urteils „verbessern“* sollen. Sie erklären, warum jemand eine bestimmte Handlung ausgeführt hat bzw. warum er gerade diese (und keine anderen) Konsequenzen daraus zieht.

Verstehensargumente können sich beispielsweise auf einen tradierten Moralkodex (System von Normen, im Sinne sogenannter „höherer Wahrheiten“) beziehen, der für eine bestimmte soziale Gruppe einen mehr oder weniger stillschweigend anerkannten Regelkatalog bildet und von allen Mitgliedern anerkannt wird, wie z.B. allgemeine Menschenrechte, Kinderrechte oder Regeln in der Familie: „Vor dem Essen sollst du dir die Hände waschen.“

Der britisch-amerikanische Philosoph *Stephen Toulmin* (1922-2009) hat in seinem Buch „Der Gebrauch von Argumenten“ in der Tradition der antiken Logik des Aristoteles und der juristischen Argumentationspraxis allgemeine Grundlagen entwickelt, wie der Prozess einer Argumentation abläuft. Jemand stellt eine Behauptung (Meinung) auf, zu deren Erklärung er eine Begründung anführt. Toulmin nennt die Behauptung in der Sprache der Logik „Schlussfolgerung“ und die Gründe „Daten“. Diese beiden Bestandteile bilden das Grundschema einer philosophischen Argumentation (siehe Toulmin 1996, 2. Auflage, S. 89/70).

Grund	→	*Meinung*
D (Datum)		Deshalb K (Konklusion = Schlussfolgerung)
D Niemand ist in der Not gern allein.	→	Deshalb K Kinder brauchen Freunde

Die Gründe (Daten) für eine Meinung können in der philosophischen Argumentationstheorie überprüft werden, indem *warrants*, sogenannte Rechtfertigungen, angeführt werden. Man bildet sie durch die Frage: „Wie kommst du darauf zu behaupten, dass Menschen Freunde brauchen, damit sie in der Not nicht allein sind?“ Die Antwort lautet dann „aufgrund von“ … zum Beispiel Erfahrungen, Regeln usw.

Eine Rechtfertigung ist kein neuer Grund, sondern eine rationale Überprüfung der Überzeugungskraft des angeführten Grundes. Lässt sich kein *warrant* finden, so muss nach neuen Argumenten gesucht werden.

Jüngere Kinder sollten noch keine *warrants* bilden, jedoch angeregt werden, ihre Meinungen zu begründen. Allmählich können sie lernen, für ihre Meinungen mehr als nur einen Grund anzuführen:

D (Grund)	→	*Deshalb K (Meinung)*
G 1: Niemand ist in der Not gern allein *G 2*: Sie möchten jemandem Geheimnisse anvertrauen *G 3*: Sie wollen mit jemandem Quatsch machen		Kinder brauchen Freunde

Im Laufe einer Begriffsklärung oder eines philosophischen Gesprächs können Kinder immer wieder ermutigt werden, Argumente anzuführen. Dazu dienen die folgenden Argumentationsfragen:

Argumentationsfragen

- Warum meinst du, dass … Kinder Freunde brauchen?
- Kannst du begründen, warum … Blumen glücklich sein können?
- Welche Gründe gibt es noch dafür, dass … Ronja Räubertochter mutig handelt?
- Habt ihr alle Gründe genannt, die dafür sprechen, dass … Pippi Langstrumpf klug ist?
- Welcher der genannten Gründe überzeugt euch am meisten?

Begriffliches Arbeiten und Argumentieren sind Methoden des Philosophierens, die auch wichtige Bestandteile philosophischer Gespräche sind. Denn wenn Kinder im Kindergarten oder in der Schule eine Antwort auf eine Sinnfrage suchen, dann müssen sie sich zunächst um begriffliche Klarheit bemühen und ihren eigenen Standpunkt mit Argumenten stützen, bevor sie dann auf Meinungen von anderen Kindern reagieren.

4.4 Die dialektische Methode

Die 9jährige Alina beobachtete durch das Küchenfenster, wie ihre große Schwester Jenny eine Rose aus dem Familiengarten abpflückt. Die Blume blühte in einer prächtigen tiefroten Farbe und hatte ihre Blüten zum Licht hin ausgerichtet. Jenny wollte mit der Rose Oma zum Geburtstag eine Freude machen und legte sie als Schmuck über das Geschenkpaket. Doch plötzlich fiel das Blütenköpfchen in sich zusammen und die Rose sah gar nicht mehr so schön rot aus.

Alina war darüber traurig und sagte zu ihrer großen Schwester, dass die Rose nun nicht mehr so glücklich aussieht wie vorher. Jenny war etwas überrascht und fragte nach: „Wieso meinst du denn, das Blumen glücklich oder traurig sein können?“ Alina betrachtete noch einmal die Rose auf dem Geschenk und dann sagte sie leise: „Vorher hatte die Rose Sonne und Erde. Und jetzt ist sie abgerissen. Sie lebt nicht mehr und deshalb ist sie auch nicht mehr so schön rot.“ „Aber eine Blume weiß doch gar nicht, dass sie lebt“, antwortete Jenny und sah ihre kleine Schwester fragend an. „Woher willst du das wissen, dass eine Rose das nicht weiß?“ meinte Alina. „Vielleicht fühlt sie das ja“ (zu diesem Gespräch siehe auch die II/4).

Alina und Jenny haben gemeinsam über das Leben einer Blume nachgedacht und miteinander ein kleines Gespräch geführt. Eine Antwort, die beide akzeptieren können, haben sie vorerst nicht gefunden.

Begonnen wurde das Gespräch durch Alinas Beobachtung, dass eine abgepflückte Rose ihre Farbe verändert und ihr Köpfchen senkt. Und aus dieser Alltagserfahrung entwickelte sich dann ein kurzes Gespräch zwischen den Schwestern, das sich mit der Frage beschäftigte, ob eine Blume ähnlich wie wir Menschen weiß, dass sie lebt. Eine zufällige Beobachtung wurde so zum Ausgangspunkt für ein Gespräch über eine „große“ philosophische Frage.

Die griechische Philosophin *Aspasia von Milet* war im 5. Jahrhundert vor Chr. die erste Frau, die in Athen in ihren abendlichen Salons bei Wein und gutem Essen Dialoge über philosophische Fragen initiierte. Zu ihren Schülern gehörte u. a. Sokrates.

Der Begriff „Dialog" hat seine Wurzeln in dem griechischen Wort *dialegesthai,* das auf Deutsch die Bedeutungen „überlegen" bzw. „sich unterhalten" hat. Die *dialektike techne* war in Griechenland die „Kunst der Unterredung", die von *Sokrates* zu höchster Meisterschaft geführt wurde. Er philosophierte auf der Agora, dem Marktplatz von Athen, und war auch die Hauptperson in den Dialogen seines Schülers Platon, in denen die Dialektik als Methode von These und Gegenthese entwickelt wurde.

In einem *sokratischen Gespräch* wird versucht, alltäglich verwendete Begriffe *von* anderen Begriffen abzugrenzen und durch eine umfassende Begriffsanalyse zu klären (siehe I/4.3). Dieser Klärungsprozess erfolgt durch gezieltes Nachfragen des Sokrates, der in den Gesprächen mit seinen Schülern dominiert, d.h. er ist derjenige, der fragt, begriffliche Bedeutungen einkreist und somit seine Gesprächspartner zwingt nachzudenken bzw. den von ihm vorgetragenen Gedanken mitzudenken und die Begründungen nachzuvollziehen.

Die sokratische Methode verläuft dabei in zwei Schritten: Sokrates hält sich zunächst mit seiner Meinung zurück und geht auf die Ansichten seiner Gesprächspartner ein. Dabei stellt er sich meistens unwissend und lässt sich sogar belehren. In einem zweiten Schritt versucht er durch „Kreuz- und Querfragen" die Behauptungen seiner Gesprächspartner „auseinanderzunehmen" oder Folgerungen daraus zu ziehen. Dabei werden Widersprüche offengelegt, die zu einem Prozess des reflexiven Nachdenkens führen – am Ende wird aber wie in dem Gespräch zwischen Alina und Jenny keine eindeutige Antwort gefunden. Der Prozess ist das Ziel: Die Philosophierenden sollen *selber denken* lernen, indem sie Begriffe klären und argumentieren (siehe I/4.3).

Das Motto „Selberdenken" nahm der Göttinger Philosophieprofessor *Leonard Nelson* (1882-1927) in den 1920er Jahren auf und entwickelte die sokratische Methode für den Bildungsbereich als *neosokratisches Gespräch* weiter. Er gründete 1922 eine Philosophisch-politische Akademie, die in Analogie zu den Sophisten in Griechenland philosophische Bildung und politisches Engagement kombinierte, insbesondere gegen die sich damals abzeichnende nationalsozialistische Machtergreifung; Nelsons Akademie wird heute in der Friedrich-Ebert-Stiftung weitergeführt (siehe V/5).

Die Philosophisch-politische Akademie war auch die Trägerin eines Landerziehungsheims bei Walkemühle, in dem Kinder und junge Erwachsene nach der sokratischen Methode in allen Fächern lernten; 1933 gingen die Lehrerinnen und Lehrer nach Dänemark ins Exil (siehe Nielsen 1999).

Nelson hat die sokratische Gesprächsmethode weiter ausgearbeitet und als wesentliches Element die *Konsensorientierung* eingeführt, d.h. die Teilnehmerinnen und Teilnehmer werden im Laufe des Gesprächs ermutigt, am Schluss der Diskussion eine gemeinsame Antwort auf eine (philosophische) Frage zu finden. Sie sollten sich in einer einfachen und klaren Sprache ausdrücken, die allen Teilnehmenden verständlich ist, Begriffe klären und argumentieren. Als oberstes Gebot gilt dabei die „Aufrichtigkeitsregel": Alle nehmen einander ernst und sprechen alles aus, was zu Sache gehört. Jeder sollte nur diejenigen Gedanken in die Diskussion einbringen, von denen er überzeugt ist, mit dem Ziel andere argumentativ davon überzeugen zu wollen (Nelson 1946, S. 21-35).

Die Aufrichtigkeitsregel lässt sich nach *Matthew Lipman* vor allem in einer *Community of inquiry* verwirklichen, einer philosophischen Denkgemeinschaft. Sie impliziert die bewusste und aktive Teilnahme aller Gesprächspartner an der Lösung eines zur Diskussion stehenden philosophischen Problems, denn jeder weiß von vornherein, dass ein philosophisches Problem gemeinsam gelöst werden soll. „Eine Dialoggemeinschaft ist eine reflexive Gemeinschaft, die sich mit philosophischem Denken befasst. Das bedeutet, ihre Überlegungen stellen keine bloßen Unterhaltungen oder Gespräche dar, sondern logisch disziplinierte Dialoge" (Lipman 1988, S. 209). Der von Lipman hervorgehobene Akzent einer logischen Strukturierung intendiert nicht, dass eine Dialoggemeinschaft Regeln der formalen Logik folgen soll, sondern dass sie sich selbst bestimmte Diskussionsregeln bzw. -voraussetzungen auferlegt, mit dem Ziel, innerhalb des gemeinsamen Reflexionsprozesses ein philosophisches Problem klären zu wollen und zu einem Ergebnis zu gelangen. Dieses Ergebnis kann beispielsweise die Antwort auf eine ungelöste Frage oder die Zusammenfassung unterschiedlicher begründeter Meinungen beinhalten, d.h. die Diskussion kann wie in den platonischen Dialogen auch mit einem offenen Ausgang beendet werden.

Für Lipman steht nicht Nelsons Konsensorientierung im Mittelpunkt des gemeinsamen Gesprächs, sondern der Prozess des gemeinsamen Philosophierens.

In vielen Grundschul-Bildungsplänen der Bundesländer wird die von Lipman intendierte Gesprächsfähigkeit von Kindern bzw. die mündliche Kommunikation als eigenständiger Lernbereich geführt (siehe Potthoff u. a 2008, S. 9-11), d.h. einige Gesprächsformen, die Kinder auch beim Philosophieren nutzen können, kennen sie fächerübergreifend. Dazu gehören:

Gesprächsformen zum Philosophieren

Das Blitzlicht:	freies Assoziieren von Gedanken zu einer Sinnfrage
Die Standpunktrede:	begründete Meinungsäußerung zu einer Sinnfrage
Die Pro und Kontra-Diskussion:	Diskussion und Debatte mit These- und Gegenthese zu einer Streitfrage
Das philosophische Gespräch:	*auf der Basis der sokratischen Methode* mithilfe einer Community of inquiry und des Metagesprächs
Das Schreibgespräch:	freies Schreiben zu einer Sinnfrage oder zur Vor- und Nachbereitung eines philosophischen Gesprächs

Der erste Schritt, eine eigene Stellungnahme zu einem philosophischen Problem zu formulieren, ist das *Blitzlicht*, mit dem insbesondere im Kindergarten begonnen werden sollte. Die Kinder äußern zu einer Sinnfrage, was ihnen gerade durch den Kopf geht – in welcher Reihenfolge muss durch Gesprächsregeln festgelegt werden. Das Blitzlicht kann auch für nicht so gesprächsfreudige Kinder schriftlich durchgeführt werden. Dabei wird in die Umrisse eines Kopfes auf einem Blatt Papier, das die Lehrkraft als Kopie austeilt, an die Stelle des Gehirns (Stirnseite) ein Gegenstand gemalt oder in Stichworten ein Gedanke aufgeschrieben. Die Blitzlichter werden dann angepinnt oder in einen Kreis gelegt und können so als Ausgangspunkt für ein philosophisches Gespräch fungieren. Das Blitzlicht „erhellt" die verschiedenen Aspekte einer Sinnfrage wie ein kurzer Lichtschein und verdeutlicht den Kindern, welche Aspekte eine Sinnfrage umfasst.

Eine erweiterte Form des Blitzlichts besteht darin, dass ein Kind beginnt, einen Gedanken zu äußern und der oder die nächste geht direkt auf den Gedanken ein, sodass eine *Gedankenkette* entsteht.

1. Kind: „Alle Menschen brauchen Freunde."
2. Kind: „Ich habe zum Beispiel auch eine beste Freundin".
3. Kind: „Ich habe keine beste Freundin, aber vier gute Freunde".

Die Gedankenkette ist eine Vorbereitung auf das philosophische Gespräch, in dem die Kinder nicht nur ihre eigene Meinung äußern, sondern auch aufeinander Bezug nehmen sollen.

Ein zweiter Schritt der philosophischen Gesprächskompetenz stellt die *Standpunktrede* dar. Die Kinder überlegen sich mündlich oder schriftlich einen eigenen Standpunkt (Meinung) zu einer Sinnfrage wie „Warum brauchen Kinder Freunde?" und formulieren eine Begründung. Anschließend geben sie dazu ein Beispiel, um den Grund zu konkretisieren.

Die Standpunktrede kann auch zur Vorbereitung eines philosophischen Gesprächs oder einer Pro- und Kontra-Diskussion dienen, denn bevor gemeinsam in der Gruppe nach einer Lösung gesucht wird, kann sich erst einmal jeder selbst seine Meinung überlegen. Das folgende Schema könnte beispielsweise an die Tafel oder das Whiteboard geschrieben werden.

Die Standpunktrede

1. Schritt: die eigene Meinung sagen:	*Ich bin der Meinung, dass …* Kinder Freunde brauchen …
2. Schritt: eine Begründung geben:	*weil* ich meinem Freund Geheimnisse erzählen möchte
3. Schritt: ein Beispiel geben:	*So kann ich zum Beispiel …* meinem Freund erzählen, dass ich Mama ein tolles Geburtstagsgeschenk gekauft habe

Blitzlicht und Standpunktrede haben die Funktion, den eigenen Standpunkt zu klären und auf das Gespräch in der Gruppe vorzubereiten. In einer *Pro- und Kontra-Diskussion* (Debatte) treffen nun die verschiedenen Standpunkte aufeinander, d.h. es werden Meinungen und Gegen-Meinungen vertreten und argumentativ gestützt. Dabei soll dann am Schluss, zum Beispiel durch Abstimmung in der Klasse, eine Entscheidung getroffen werden: „Müssen wir immer die Wahrheit sagen oder darf unter Umständen auch mal gelogen werden?“

Die Pro- und Kontra-Diskussion stammt aus dem politisch-ethischen Bereich und bezieht sich beim Philosophieren vorrangig auf Handlungsalternativen; sie setzt intensive Gesprächserfahrungen voraus uns kommt deshalb in den Klassen 3 und 4 zum Einsatz. Für *Kerstin Michalik* und *Helmut Schreier* ist das Debattieren „eine Übung zum freien Sprechen, zur plausiblen Argumentation und zur Vertretung eines klaren Standpunktes. Die Kinder lernen zuzuhören, auf andere Argumente einzugehen und auf Positionen und Argumente anderer Kinder fair zu reagieren“ (Michalik/Schreier 2006, S, 149).

Die Pro- und Kontra-Diskussion wird in zwei Gruppen geführt, die ungefähr aus 3-5 Kindern bestehen und etwa gleich stark sein sollten. Die übrigen Kinder sind die Zuhörer. Wenn die Kinder schon über bestimmte Erfahrungen mit dieser Gesprächsform verfügen, sollte ein Kind auch die Gesprächsleitung übernehmen. Es liest dann die Frage vor und erteilt den Gruppen abwechselnd das Wort, d.h. die beiden Gruppen sagen in einer Art Ping-Pong-Spiel ihre Meinung und begründen diese. Während des Meinungsaustauschs sollten sie auch versuchen, auf die Argumente und Meinungen der Gegen-Gruppe einzugehen. Am Ende des Gesprächs hat jede Gruppe ein Schlusswort, bevor der oder die Gesprächsleiter/in die Abstimmung leitet (zur Durchführung siehe Potthoff u.a. 2008, S. 56-58).

Im Gegensatz zu einer Pro- und Kontra-Diskussion zu Sachfragen wie „Soll der Müll getrennt gesammelt werden?“ muss bei philosophischen Fragen nicht notwendigerweise eine Vorbereitungsphase vorgeschaltet werden, in der Informationen gesammelt werden. Die Gruppen sollten lediglich mehrere Argumente für ihre Position zusammenstellen.

Vor und nach der Debatte kann eine Abstimmung stattfinden, die in Form eines Spiels durchgeführt wird.

Die Kinder verteilen sich in vier Ecken des Raumes (die Bezeichnungen für die Ecken werden entweder an die Tafel geschrieben oder mit Zetteln in den entsprechenden Ecken angepinnt):

1. Ecke: Ich bin dafür.
2. Ecke: Ich bin unentschieden, aber eher dafür.
3. Ecke: Ich bin unentschieden, aber eher dagegen.
4. Ecke: Ich bin dagegen.

Der oder die Gesprächsleiter/in notiert an der Tafel vor der Debatte die Ecken-Verteilung. Nach dem Gespräch wird noch einmal abgestimmt und das Stimmverhalten verglichen. Dieser Vergleich bietet den Anlass, in ein philosophisches Gespräch einzutreten.

Anstelle der Eckenverteilung kann auch mit Gesprächskärtchen abgestimmt werden, welche die Kinder dann häufiger verwenden können. Jeder erhält vier Kärtchen mit unterschiedlichen Farben. Jeder Farbe wird eine der oben beschriebenen Positionen zugeschrieben.

Das Blitzlicht, die Sandpunktrede und die Debatte sind eigenständige Formen des Philosophierens, ersetzen aber nicht das philosophische Gespräch. Seine besondere Aufgabe besteht darin, auf eine philosophische Frage durch gemeinsames Nachdenken in der Gruppe oder Klasse eine Antwort zu finden.

Zunächst wird dazu im Sinne von Matthew Lipman eine Community of Inquiry gebildet, d.h. die *Kinder kennen bestimmte Rituale*, die sie vor Beginn des Gesprächs aktivieren: sie stellen beispielsweise Gesprächsregeln auf oder wiederholen sie und bilden einen Stuhlkreis. Jedem Kind sollte durch diese Rituale bewusst werden, dass ein philosophisches Gespräch beginnen wird, dessen Struktur die folgenden Merkmale umfassen sollte, die sich an die sokratische Gesprächsmethode anlehnen.

Besonderheiten eines philosophischen Gesprächs mit jüngeren Kindern

1. Im Mittelpunkt des Gesprächs steht ein philosophisches Problem (eine Frage, eine Meinung eines Kindes, ein Bild usw.), über das gemeinsam nachgedacht werden soll, zum Beispiel wie bei Alina und Jenny: Kann eine Blume noch glücklich sein, wenn sie abgerissen wurde?
2. Das Problem muss eine enge Verbindung zur Lebenswelt der Kinder haben und darf ihren Erfahrungshorizont nicht übersteigen: Die Frage, ob eine abgerissene Blume glücklich sein kann, ist eng mit dem Alltagsleben der Kinder verbunden, weil Kinder häufig selbst Blumen pflücken. Eine Frage, die nicht auf Erfahrungen beruht, wie zum Beispiel „Was ist Glück?“, wäre zu abstrakt.

3. Jeder, der an einem philosophischen Gespräch teilnehmen will, darf seine Meinung frei äußern. Erwachsene dürfen Kinder nicht zu einer bestimmten Meinung „zwingen".
4. Alle Philosophierenden verpflichten sich im Sinne der „Aufrichtigkeitsregel" von Leonard Nelson, einander nicht zu täuschen und immer ihre wahre Meinung zu sagen: Strategien wie: „Ich sage einfach, dass Blumen glücklich sein können, damit ich eine gute Note bekomme", würde der Verpflichtung nach Wahrhaftigkeit zuwiderlaufen.
5. Die Philosophierenden streben an, eine gemeinsame Antwort auf ihre philosophische Frage zu finden (Konsens). Falls dies jedoch nicht möglich sein sollte, bleiben verschiedene Meinungen nebeneinander stehen (Dissens). Keiner kann dann für sich in Anspruch nehmen, die „richtige" Antwort gefunden zu haben. Im Falle eines Dissens' sollten die Gesprächsleiter/innen oder die Kinder selbst eine Zusammenfassung der verschiedenen Meinungen geben.
6. Ein philosophisches Gespräch soll durch eine/n Gesprächsleiter/in moderiert werden. Er oder sie fasst verschiedene Meinungen zusammen, stellt Fragen und gibt Denkimpulse, zum Beispiel mithilfe von Beispielen. Die eigene Meinung sollte möglichst zurückgehalten werden.
7. Während eines philosophischen Gesprächs findet auch die analytische Methode Anwendung (siehe I/4.3): Es werden Begriffe geklärt und Argumente ausgetauscht: In unserem Beispiel sagt Alina: „Die Rose ist nicht glücklich, weil sie nicht mehr lebt".
8. Wichtigstes Ziel eines philosophischen Gesprächs ist im Sinne von Leonrad Nelson das Selbstdenken. Jeder macht sich Gedanken und bringt seine Ideen ein: ein „Denken-lassen" durch andere, wie Zum Beispiel „die Erwachsenen sagen, was richtig ist", soll ausgeschlossen werden.

Ähnlich wie bei anderen Gesprächsformen lässt sich ein philosophisches Gespräch auch in mehrere Phasen unterteilen. In der *Vorbereitungsphase* geht es darum, mögliche Arbeitsstrukturen wie die Gesprächsleitung oder die Sitzordnung festzulegen. Auch sollten Gesprächsregeln aufgestellt oder wiederholt und wenn nötig Informationen bzw. Zusatzmaterial zu der philosophischen Frage beschafft werden, zum Beispiel Bilder, Fotos oder Sprichwörter (zu Gesprächsregeln siehe Potthoff u.a. 2008, S. 5-71). Beim Thema Natur- oder Tierethik könnten beispielsweise Informationen über den Natur- und Tierschutz für das anschließende Gespräch hilfreich sein.

Eine weitere Form der Vorbereitung könnte darin bestehen, dass jede/r seine Meinung und mindestens einen Grund dafür aufschreibt, um für die anschließende Diskussion gesprächsbereit zu sein.

Die *Hauptphase* umfasst das Gespräch über das zu klärende philosophische Problem. Hierzu ist eine Gesprächsleitung erforderlich.

Ekkehard Martens hebt hervor, dass ein solches Gespräch insbesondere durch eine Haltung der Offenheit gekennzeichnet sein sollte, d.h. alle suchen gemeinsam nach einer Lösung, wissen aber, dass neue Überlegungen zu ganz anderen Einsichten und Ergebnissen führen können. Martens nennt das „Dialog-Handeln", weil ein philosophisches Gespräch durch Sprechakte wie definieren, argumentieren oder bezweifeln gekennzeichnet ist. „Das Dialog-Handeln des einzelnen gewinnt ferner durch den konkreten Austausch mit anderen Subjekten an Reibung und Bereicherung, etwa in der allmählichen Bildung einer Dialoghaltung in der Schulklasse, indem die Schüler zunehmend lernen oder üben, aufeinander einzugehen, wechselseitige Andersheiten zu tolerieren, gemeinsame Interpretationen durchzuspielen und die eigenen Vorstellungen zu klären" (Martens 1999, S. 188).

Während des philosophischen Gesprächs kann auch ein *Metagespräch* stattfinden, indem zwischenmenschliche Probleme geklärt werden, wie Störungen des Gesprächs, wenn zum Beispiel jemand ständig hineinredet, ohne sich zu melden. Das philosophische Gespräch wird deshalb unterbrochen und anschließend fortgesetzt. Die Gesprächsleitung sollte beim Wiedereinstieg den letzten Gedanken wiederholen oder vor dem Metagespräch an die Tafel oder das Whiteboard schreiben. Sie hat für das gesamte Gespräch eine große Verantwortung, denn sie muss die Übersicht über alle Gesprächsfäden behalten, Denkimpulse setzen und Begriffsklärungen vornehmen. Deshalb ist es wichtig, über ein *philosophisches Grundwissen* zu verfügen, um an wichtigen Stellen gezielt nachzufragen, damit die Kinder ihre Gedanken entwickeln und präzisieren können (siehe III.). Trotz dieses Grundwissens, das der Gesprächsvertiefung dient, haben Erwachsene keinen Wissensvorsprung, was die Klärung philosophischer Probleme anbelangt. Denn auch in der philosophischen Tradition wurden Sinnfragen unterschiedlich beantwortet, sodass niemand für sich in Anspruch nehmen kann, die richtige und eindeutige Antwort geben zu können (siehe I/1). Diese Rolle steht insbesondere bei Lehrerinnen und Lehrern konträr zu ihrer sonstigen Position, in der ihnen eine Expertenrolle aufgrund ihres Wissensvorsprungs zukommt.

Aufgaben der Gesprächsleitung

- Moderation des philosophischen Gesprächs
- gezieltes Nachfragen während des Gesprächs (Anregung zu Meinungsäußerungen, Begriffsklärungen und Argumentationen)
- Zusammenfassen verschiedener Positionen (Zuspitzen von unterschiedlichen Meinungen)
- Rückführung des Denkprozesses auf das ursprüngliche philosophische Problem, falls zu große Themensprünge auftreten (jeder erzählt, wann er glücklich ist und ob Oma auch glücklich ist)
- Koordinierung der verschiedenen Denk- und Gesprächsstile der Kinder; d.h. es sollten die Gesprächs-Dominanz einzelner Kinder vermieden und Impulse für „stille" Kinder gegeben werden
- auf die Einhaltung der aufgestellten Gesprächsregeln achten
- Zusammenfassung der Ergebnisse am Schluss der Diskussion
- Sammeln von Vorschlägen für die Weiterarbeit

Die verschiedenen Aufgaben der Gesprächsleitung zeigen, dass ein Schüler oder eine Schülerin diese Position nicht in vollem Umfang übernehmen kann. Dennoch besteht bei entsprechenden Gesprächserfahrungen in der dritten oder vierten Klasse die Möglichkeit, auch einem Kind die Gesprächsleitung zu übertragen. Falls das Gespräch ins Stocken gerät, können Lehrerinnen und Lehrer Hilfestellung geben. Ein philosophisches Gespräch kann zum Beispiel nur 5 Minuten dauern oder auch eine Stunde. Wesentlich ist, wie lange die Kinder Interesse daran haben, eine philosophische Frage zu beantworten.

Nach Ansicht von *Michel Tozzi* können *Kinder* während eines philosophischen Gesprächs verschiedene *aktive Rollen* übernehmen. So kann zum Beispiel ein Kind, das sich selbst nicht am Gespräch beteiligt, am Schluss eine Zusammenfassung der wichtigsten Gedanken mit eigenen Worten geben; dadurch wird die Gesprächsleitung entlastet. Ein anderer Schüler oder eine andere Schülerin, die ebenfalls einen Beobachterstatus haben, unterbreiten anschließend auf der Grundlage der Zusammenfassung Vorschläge für die Weiterarbeit: Welche Fragen sind offen geblieben? Welche wichtigen Gedanken wurden nicht ausführlich diskutiert? Die beiden Beobachter notieren sich diese Gedanken schon während des Gesprächs in Stichworten. Tozzi schlägt vor, dafür standardisierte Formulare zu entwerfen, die bei philosophischen Gesprächen immer wieder verwendet werden (vgl. Tozzi 2006, S. 31-36).

Nach der Hauptphase sollte in der *Nachbereitungsphase* entschieden werden, wie mit den Ergebnissen eines philosophischen Gesprächs umgegangen wird. Es empfiehlt sich hier insbesondere die *Methode des rückblickenden Schreibens*. Jedes Kind schreibt nach dem Gespräch aus eigener Erinnerung auf, welche Fragen (aus einer Geschichte etc.) geklärt wurden und welche noch offen sind. Die Gruppe kann dies natürlich auch gemeinsam an der Tafel oder dem Whiteboard machen.

Eine andere Möglichkeit besteht darin, wichtige Gedanken schon während des Gesprächs in Stichworten an der Tafel zu notieren, in Analogie zu den Vorschlägen von Tozzi, d.h. die als Beobachter ausgewählten Kinder übernehmen diese Aufgabe. Jedes Kind kann sich anschließend ein Stichwort aussuchen und einen weiterführenden Gedanken dazu notieren. Diese werden dann als Gedankenkette vorgetragen (siehe Blitzlicht) und bilden möglicherweise den Anlass für ein neues Gespräch.

4.5 Die spekulative Methode

Beim Philosophieren wird nicht nur nachgedacht und argumentiert, sondern auch die Fantasie entwickelt. Denn Kinder lieben es, Geschichten zu erfinden, Bilder im Kopf zu malen und sich ungewöhnliche Dinge vorzustellen. Diese Spiele mit der Fantasie nutzt auch die Philosophie, die sich seit der Antike mit *Gedankenexperimenten* beschäftigt hat. Dabei wird eine Idee im Kopf durchgespielt, wobei ähnlich wie bei einem naturwissenschaftlichen Experiment anfänglich nicht klar ist, was anschließend dabei herauskommt: ein neuer Gedanke, eine Begriffspräzisierung oder eine völlig andere Sichtweise auf die Welt.

Das *erste berühmte Gedankenexperiment der philosophischen Tradition* war der „Ring des Gyges", das der Philosoph *Platon* in seinem Buch „Der Staat" (Politeia) erzählt.

Der junge Hirte Gyges ist mit seiner Schafherde unterwegs. Plötzlich zieht ein Gewitter auf, und er flüchtet in eine Erdspalte, die sich vor ihm auftut. Vorsichtig steigt er hinab und findet einen goldenen Ring, den er sich an den Finger steckt. Als er einige Tage später mit anderen Hirten zusammentrifft, spielt er mit seinen neuen Ring herum. Gyges dreht ihn hin und her, und plötzlich entdeckt er, dass ihn der Ring, wenn er ihn einer bestimmten Art und Weise gedreht wird, unsichtbar macht. Diese Möglichkeit nutzt der junge Gyges zu seinem persönlichen Vorteil aus, um den König zu beseitigen und selbst an die Macht zu kommen.

In Platons Buch fragt daraufhin der Schüler Glaukon, der seinem Lehrer Sokrates dieses Gedankenexperiment erzählt, ob wir nicht alle zu unseren persönlichen Vorteil handeln würden, wenn wir die Möglichkeit hätten, unsichtbar zu sein? (siehe Platon 1974, 2. Buch, S. 121/22).

Die Intention dieser Frage zielt darauf, warum Menschen moralisch handeln sollen? Platon nutzt das Gedankenexperiment, um zu zeigen, dass ein moralisch guter Mensch unter allen Umständen das Gute tut, nicht nur, wenn es jemand sieht. Eine Variante dieser Geschichte erzählt Helmut Engels für die Sekundarstufe I in seinem Buch „Blaue Schokolade“, das 2008 erschienen ist.

Bei Gedankenexperimenten wird von der Wirklichkeit abstrahiert, indem die Philosophierenden Gegenstände, Situationen oder Erlebnisse zu neuen Gedanken kombinieren, die in der Realität so nicht vorkommen, aber vielleicht vorkommen könnten*, oder gar* sollten, wie zum Beispiel: „Wie würdest du dich verhalten, wenn du nur für einige Minuten unsichtbar sein könntest?“

Gedankenspiele ermöglichen auch Kindern, für kurze Zeit die Wirklichkeit zu verlassen, um sich eine ganz neue oder wünschenswerte Realität vorzustellen: „Wenn ich für kurze Zeit unsichtbar sein könnte, würde ich in meiner Klasse Heinzelmännchen spielen und alle anderen Kinder überraschen. Ich würde zum Beispiel Svenjas Schultasche aufräumen und Görkans verloren gegangene Turnschuhe wiederbringen.“

Gedankenexperimente haben immer *die Form von Was wäre, wenn (nicht) oder Stellt euch mal vor-Kombinationen* und lassen sich schnell am Ende oder während eines philosophischen Gesprächs ohne große Vorbereitung in die Diskussion einbringen: „Was wäre, wenn du wie Pippi Langstrumpf alleine leben würdest? Was wäre dann anders in deinem Leben?" Sie tragen dazu bei, viele (selbstverständliche) Dinge auf der Welt, mit anderen Augen zu sehen und weiter bzw. neu zu denken.

Beim Philosophieren mit Gedankenexperimenten können Kinder frei assoziieren (siehe Blitzlicht auf der Seite 55) oder auch ein philosophisches Gespräch führen. Die Gesprächsleiter/innen sollten abwarten, welche Gedankenfäden die Kinder entwickeln und ob sich daraus ein größeres Gespräch entwickeln kann. Es besteht auch die Möglichkeit, ein Gedankenexperiment schriftlich in Stillarbeit durchzuspielen.

Formen von Gedankenexperimenten frei nach Helmut Engels

Die allgemeine fiktive Annahme
regt Kinder an, sich etwas vorzustellen, das es (so) in der Wirklichkeit nicht oder noch nicht gibt: „Was wäre, wenn du keine Freunde hättest?"

Die fiktive Verneinung
stellt Dinge oder Situationen, die Kinder kennen, in Frage: „Stell dir vor, du hättest kein Kuscheltier?"

Die Umkehrung bestehender Tatsachen
setzt Fakten ins Gegenteil: „Stellt euch vor, niemand würde mehr auf der Welt sterben – wie sehe die Welt dann aus?"

Die fiktive Addition von Eigenschaften
stattet Menschen, Tiere oder Pflanzen mit Eigenschaften aus, die sie in Wirklichkeit nicht haben: „Stellt euch vor, Kuscheltiere könnten plötzlich schreiben? Was würden sie wohl aufschreiben?"

Die fiktive Subtraktion von Eigenschaften
denkt wichtige Eigenschaften von Menschen, Tieren oder Pflanzen „weg": „Nehmen wir mal an, du könntest nicht lachen und nicht weinen, würde dir dann etwas fehlen?"

Die fiktive Verallgemeinerung
regt Kinder an, sich zu überlegen, wie sich die Wirklichkeit verändern würde, *wenn* plötzlich alle Menschen bestimmte Dinge machen würden: „Stellt euch vor, alle Menschen würden immer nur lügen und keiner würde mehr die Wahrheit sagen, wie würde sich dann unser Leben verändern?"

Diese Form des Gedankenexperiments geht auf den Philosophen *Immanuel Kant* (1724-1804) zurück, der mit seinem „Kategorischen Imperativ“ die Menschen aufgefordert hat, bei allen ihren Handlungen darüber nachzudenken, was passieren würde, wenn sie allgemeines Gesetz würden.

Gedankenexperimente mit der Zeit
Hierbei handelt es sich um eine Art Zeitreise in die Vergangenheit *oder* Zukunft: Die Kinder verlassen die Gegenwart und stellen sich zum Beispiel beim Betrachten eines Fotos vor, wie es früher einmal war, als Oma in die Schule gegangen ist. Was war damals anders als heute? Sahen die Menschen anders aus? Hatten sie andere Kleidung an, wohnten sie in anderen Häusern?
Im Gegenzug können Kinder aber auch vorausdenken: „Wie stelle ich mir meine Schule in 100 Jahren vor?“ (siehe Engels 2001, S. 17).

Eine spielerische Möglichkeit, Gedankenexperimente in der Gruppe durchzuführen, ist die *Gedankenkette*. Dabei sitzen die Kinder im Kreis. Zu einem philosophischen Thema wie Träumen wird eine Kette gefädelt. Jemand beginnt:

Träume sind wie ...

- Geschichten, die durch meinen Kopf huschen...
- bunte Bilder im Kopf...
- Schiffe, die in ein fernes Land fahren...

Die Kette bricht ab, wenn alle Kinder einmal dran gewesen sind oder jemand nichts mehr dazu sagen kann. Keiner darf wiederholen, was ein Kind vorher schon gesagt hat. Dann wird die Kette auch unterbrochen. Wenn die Kette nicht abbrechen soll, dann geben die Kinder, die nichts mehr dazu sagen können, einen Pfand ab. Das Einlösen des Pfands sollte mit dem Thema verbunden werden: zum Beispiel eine Traumgeschichte erzählen etc (siehe hierzu auch die Seite 55/Blitzlicht).

Die spekulative Methode umfasst auch *den fremden Blick*. Kinder probieren ihn sehr gern aus, da sie Erfahrungen mit Fantasie-Gestalten haben. Diese imaginären Figuren sind für sie Freunde, Beschützer oder einfach nur Träger von Wünschen und Sehnsüchten, mit denen sie auch kommunizieren. Beim Philosophieren kommt es nun darauf an, das Denken und Handeln dieser Fantasie-Gestalten bzw. anderer Menschen oder Lebewesen (Pflanzen und Tiere) näher zu untersuchen, sich sozusagen in sie hineinzuversetzen.

Der fremde Blick ist in der philosophischen Tradition eine Methode der *fiktiven Betrachtung unserer Welt* durch einen Nicht-Menschen oder Außerirdischen, der erzählt, was ihm besonders auffällt. Diese fiktive Betrachtung hat zwei Funktionen: Zum Einen ermöglicht sie, bestimmte Eigentümlichkeiten unseres Lebens und Handelns zu entdecken, die vorher niemand bemerkt hat: Melanie trägt immer ein blaues Käppi, aber keiner hat das bisher bewusst wahrgenommen. Bastian erzählt gern von seiner kleinen Schwester Jana, aber niemandem ist das bisher aufgefallen.

Die zweite Funktion besteht in der *Einübung des Perspektivwechsels*: Die Kinder treten aus ihrer Sichtweise heraus und schlüpfen in die Haut von jemand anders, zum Beispiel eines Tieres, einer Pflanze oder eines Außerirdischen, mit deren Augen sie die Welt betrachten. Dadurch entwickelt sich die Fähigkeit zur Empathie, des Hineinversetzens in andere Sicht- und Denkweisen (siehe hierzu ausführlich II/4).

Der fremde Blick wurde in der philosophischen Tradition insbesondere von dem französischen Aufklärungsphilosophen *Voltaire* (1694-1778) angewendet, der in seinem Roman „Mikromega“ (Kleiner Großer) die Methode des fremden Blicks angewendet hat. Mikromegas stammt von einem Planeten, der den Sirius umkreist (ähnlich wie zum Beispiel Alf aus der gleichnamigen amerikanischen Fernsehserie) und betrachtet die Erdbewohner mit den Augen eines Riesen. Voltaire stützte sich auf diese Fantasie-Gestalten, um die Zensur im absolutistischen Frankreich zu umgehen.

Damit sich Kinder an den fremden Blick gewöhnen, können auch Spiele durchgeführt werden:

Fantasy-Gestalten erfinden

Die Kinder sitzen im Stuhlkreis. Jedes Kind denkt sich mindestens eine „phantastische Märchengestalt“ als Kombination von zwei Märchen aus, wie zum Beispiel: Dornstilzchen (Dornröschen und Rumpelstilzchen) oder Froschröschen (Froschkönig und Dornröschen)

Die anderen Kinder erzählen dann, welche besonderen Eigenschaften diese Gestalt haben könnte.

Eine besondere Form von Gedankenexperimenten sind *Utopien*. Der Begriff „Utopie“ setzt sich aus den griechischen Worten „ou“ in der Bedeutung von „nicht" und „Topos" in der Bedeutung von Ort zusammen, was auf Deutsch „Nirgendwo" heißt. Damit wird in Anlehnung an die Schrift „Nirgendwo" des englischen Philosophen *Thomas Morus* (1478-153) eine Richtung in der Philosophie bezeichnet, die sich mit Entwürfen einer wünschenswerten gerechten Gesellschaft beschäftigt. Sie ist durch Gerechtigkeit, Freiheit und das friedliche Zusammenleben ihrer Mitglieder gekennzeichnet (siehe hierzu III/3).

Beim Philosophieren können Lehrerinnen und Lehrer philosophische Utopien erzählen oder die Kinder anregen, ihre eigene Utopien zu entwerfen. Sie müssen sich nicht auf die gesamte Gesellschaft beziehen, sondern können auch nur einzelne Institutionen wie die Schule betreffen. So lässt *Matthew Lipman* in seinem Textbuch „Harry Stottlemeiers Discovery" Harry, Maria und Mark darüber nachdenken, wie sich die Schulen verändern könnten, wenn sie von Kindern geleitet würden. Dabei gehen Harry und seine Freunde von gegenwärtigen Schulsituationen aus, und diskutieren darüber, wie sie sich verändern könnten. Dadurch antizipieren sie bestimmte gesellschaftliche Zustände und entwerfen ebenso wie die Philosophinnen und Philosophen ihre Wunsch-Welt (siehe V/4 Lipman 2009, 2. Auflage, S. 36-42).

Eigene Utopie-Entwürfe fördern die partizipatorischen Fähigkeiten von Kindern, die Welt von heute zu reflektieren und Veränderungsvorschläge für die Welt von morgen zu unterbreiten.

5 Medien des Philosophierens

Der deutsche Philosoph *Ernst Cassirer* (1874-1945) hat in seinem Buch „Philosophie der symbolischen Formen" untersucht, wie Menschen mithilfe von Symbolen die Welt erschließen können. Er unterteilte die Symbole in zwei größere Gruppen: *diskursive und präsentative Symbole* (vgl. Cassirer 1994, I. Teil, S. 158 ff). Diese Einteilung hat auch für das Philosophieren mit Kindern eine große Bedeutung.

Diskursiv bedeutet nacheinander und eindimensional, d.h. die Urteile über die Welt werden in Sätzen mit einer bestimmten grammatisch-syntaktischen Struktur formuliert: „Blumen können glücklich sein, weil sie

Gefühle haben". In Sätzen wie diesem reihen sich die Zeichen nacheinander wie Perlen auf einer Kette auf; die Begriffe und Satzelemente sind frei kombinierbar und unterliegen einer Logik der Folgerichtigkeit, d.h. man könnte auch sagen: „Glücklich können Blumen sein..." Die verwendeten Begriffe wie zum Beispiel „Blumen" haben in der Regel festgelegte Bedeutungen, die auf gesellschaftlichen Konventionen der Sprachverwendung beruhen; abstrakte philosophische Begriffe wie Glück müssen geklärt werden (siehe I/4.3).

Philosophiert werden kann aber auch mit künstlerisch gestalteten Produkten wie Zeichnungen, Theaterszenen oder Märchen, die philosophische Gedanken mit präsentativen Zeichen als visuelle, musikalische, sprachliche oder gestische Bilder ausdrücken. Präsentativ heißt, dass die Bedeutungen nicht nacheinander wie bei den diskursiven Symbolen aufgebaut werden, sondern simultan und mehrdimensional „als Gesamtdarbietung". Sie müssen beim Philosophieren diskursiv in einzelne Elemente zerlegt werden – bei Bildern zum Beispiel in Proportionen und Farbmuster – um ihre Bedeutung zu erschließen. Festgelegte Bedeutungen wie bei Begriffen existieren nicht.

Beim Philosophieren mit jüngeren Kindern kann sowohl mit diskursiven Medien als auch mit präsentativen Medien gearbeitet werden. Wichtig ist, dass die ausgewählten Medien möglichst schnell erfasst werden können, weil ihre wesentliche Funktion darin besteht, Kinder zum eigenen Nachdenken über wichtige Sinnfragen anzuregen.

Wichtige Medien beim Philosophieren

Diskursive Medien:	Sachtexte, kurze Dialoge, Rätsel
Präsentative Medien:	Märchen, Fabeln, Kinderbücher, Fotos Zeichnungen, Kunstwerke, Rollenspiele

Beim Philosophieren mit jüngeren Kindern kann bereits mit kleineren *Sachtexten* gearbeitet werden (siehe I/4.2). Sie informieren Kinder in verständlicher Form über naturwissenschaftliche oder gesellschaftliche Sachverhalte, die in philosophischen Fragen oder Geschichten eine wichtige Rolle spielen. Wenn Kinder zum Beispiel die Frage stellen „Woher kommen die Menschen?“, dann sollte ihnen dazu eine sachgerechte Information gegeben werden, wie das folgende Beispiel aus dem Kinderbuch „Prinzessin Lara und der kleine Saurier“ zeigt:

> „Mit einer gewaltigen Explosion entstand vor rund 13 Milliarden Jahren das Weltall. Wie du schon erfahren hast, besteht es aus vielen, vielen Sternstraßen.
>
> Das neugeborene Weltall kühlte langsam ab und dabei bildete sich aus den Überresten der Explosion eine dicke Weltraumsuppe. In dieser Brühe schwammen riesige Gesteinsbrocken, die sich nach und nach zu Himmelskörpern verklumpten. So entstand erst die Sonne und später unsere Erde. Und dort begann ein großes Abenteuer: die Entstehung von Lebewesen. Das war vor ungefähr 4 Milliarden Jahren.
>
> Die ersten Lebewesen waren Bakterien. Das sind die winzigen Wesen, die dich manchmal ärgern, wenn du zum Beispiel Halsweh hast. Später kamen dann Pflanzen hinzu und noch viel später Tiere. Und zu diesen Tieren gehörten auch Affen, aus denen sich dann im Laufe von vielen, vielen Jahren Menschen entwickelten. Der Mann, der das vor ungefähr 150 Jahren als erster herausgefunden hat, hieß Charles Darwin. Er war Naturforscher und beobachtete auf vielen Inseln der Welt das Leben der Tiere. Das hat er übrigens schon als Kind getan: damals sammelte er jeden Tag Pflanzen und untersuchte sie.
>
> Die ersten Menschen sahen ganz anders aus als wir heute und lebten in Afrika. Sie hatten am ganzen Körper Haare, einen breiten Mund und wulstige Knochen über den Augen.
>
> Einige Knochenreste des ältesten Menschen der Welt wurden im Jahr 2000 in Kenia in Afrika gefunden“ (Brüning 2010, S. 29).

Solche *Informationen* können Kinder auch *über das Leben von Philosophinnen und Philosophen* erhalten, wenn deren Gedanken zu wichtigen Sinnfragen wie Freundschaft oder Glück während einer Diskussion vorgestellt werden sollen (siehe V/3 Balasch/Brüning 2013/14 – Lehrbücher für alle Klassenstufen).

Insbesondere in der Grundschule kann auch schon als Vorbereitung auf ein philosophisches Gespräch mit *Musterdialogen* gearbeitet werden. Darin führen mindestens zwei Personen ein Gespräch über ein philosophisches Problem wie „Gerecht oder ungerecht“ in Form eines Dialogs, d.h. mit Rede- und Gegenrede (siehe I/4.4). Solche Dialoge können aus Kinderbüchern entnommen oder aber auch selbst geschrieben werden.

Sie macht's gut
Ich mach's schlecht.
Sie macht's euch
immer recht.

Sie ist leise,
ich bin laut,
und ich bin es,
der sie haut.

Ich mach's anders,
sie macht's so,
ich mach euch zornig,
sie euch froh.

Sag ich nein,
sagt sie ja,
und wer lieb ist,
Ist doch klar.

Immer sie,
niemals ich.
Und ich frag:
Wer mag mich?

(Schwarz 1996, S. 12)

So wie in diesem Gedicht sind Anschaulichkeit und Bildhaftigkeit wichtige Kriterien für die Auswahl von Medien, die Kinder zu philosophischem Nachdenken anregen sollen. Diese Funktion erfüllt insbesondere eine der ältesten literarischen Genres: *das Märchen*.

Durch die Beschäftigung mit Märchen wird *das anschauliche Denken gefördert,* denn Märchen regen in besonderem Maße zu „phantasierendem Denken" an. Durch den häufigen Bilderwechsel, d.h. den Umschwung eines Bildes in ein anderes durch Verwandlung oder Vergrößerung wird die Phantasie der Kinder in Bewegung gehalten und ihr Vorstellungsvermögen gefördert. Die im Märchen vermittelten Bilder stellen durch ihre allegorischen und metaphorischen Sprachelemente eine wertvolle Ergänzung zum logisch-argumentativen Sprachgebrauch des diskursiven Philosophierens dar.

Darüber hinaus stützen sie sich auf eine lange Erzähltradition, durch die vielfältige Lebenserfahrungen von Generation zu Generation weitergegeben worden sind. Märchen sind deshalb auch so etwas wie eine „Tradition philosophischer Weisheit", weil in ihnen seit Jahrtausenden wichtige Sinnfragen wie Gut und Böse in symbolischer Form präsentiert und erzählt werden.

Das Märchenerzählen aktiviert alle Sinne der Kinder. Es vereint leibliche und geistige Momente sowie verbale und nonverbale Kommunikation.

In diesem Sinne fördern Märchen auch das mimisch-gestische Ausdrucksvermögen der Kinder.

- sind eine Quelle für Fragen der Kinder: Ist Rumpelstilzchen böse?
- präsentieren ethische Kategorien: gut und böse

Märchen

- geben Anregungen für Gespräche: Warum ist Rumpelstilzchen böse?
- fördern Phantasietätigkeit: Was würde ich machen, wenn ich Rumpelstilzchen wäre?

Auch *Fabeln* eignen sich aufgrund ihrer Schmucklosigkeit und Kürze zum Philosophieren mit jüngeren Kindern, insbesondere über *ethische Verhaltensweisen*. Die kurze knappe Darstellung der wesentlichen Gedanken oder Handlungen lässt viel Raum für eigene Deutungen der Kinder (siehe hierzu auch I/4.2). Fabeln verfügen darüber hinaus über eine *dialogische Grundstruktur*, die dem philosophischen Gespräch sehr ähnlich ist: Es passiert etwas, so kräht zum Beispiel der Hahn. Dann erfolgt eine Gegenhandlung: Es nähert sich ein Fuchs, der den Hahn mit schönen Worten umschmeichelt. Und ehe sich der Hahn versieht, springt ihn auch schon der Fuchs an. Aber – die Katze geht dazwischen und rettet den Hahn – das ist das Ergebnis (Conclusio) der Fabel. Und die Moral von der Geschicht' – der Fachausdruck heißt Epimythión: „Sei froh, dass du gute Freunde hast, die dir in der Not beistehen."

Insbesondere Fabeln, die eine *moralische Wahrheit (Epimythión)* beinhalten, können von Kindern hinterfragt bzw. weitergedacht werden (siehe Calvert Heinsberg 2001).

Das trifft auch auf *Bilderbücher* zu. Zum Philosophieren eignen sich vor allem solche Bilderbücher, die anhand von Bildern ethische Verhaltensweisen wie Freundschaft oder Hilfe in der Not thematisieren. Sie geben Kindern die Möglichkeit, *über die dargestellten Situationen zu erzählen* und dabei auch eigene Erfahrungen einzubringen; der Fachausdruck dafür ist *narratives Philosophieren*, das auch bei der Beschäftigung mit Märchen und Fabeln zu beachten ist: Die Lehrkräfte sollten immer auch den Selbst-

Abb. 7: Bastian liest der Puppe vor

bezug fördern: „Könntest du dir vorstellen, dass du auch wie Rumpelstilzchen böse sein kannst? Wie verhältst du dich, wenn du böse bist? Erzähle uns davon."

Wie mit Bilderbüchern philosophiert werden kann bzw. welche Probleme der philosophischen Tradition in ihnen dargestellt werden, hat *Hans-Bernhard Petermann* in seinem Buch „Kann eine Hering ertrinken" systematisch analysiert (Petermann 2007).

Auch *Kunstwerke und Fotos* fördern das narrative Philosophieren. Dabei werden alle fünf Grundmethoden des Philosophierens angewendet, wobei durchaus Schwerpunkte auf einzelne Methoden gelegt werden können.

Mit Bildern philosophieren

Phänomenologische Methode: Erste Eindrücke des Bildes beschreiben
Was sehe ich?
Was geht mir durch den Kopf?
Was fühle ich?

Analytische Methode: Erschließung wichtiger Bildelemente
Wie ist das Bild aufgebaut?
Welche Dinge und Personen gibt es auf dem Bild?
Fallen mir bestimmte Dinge oder Personen besonders auf?

Hermeneutische Methode: Deutung des Bildes
Was sagt mir das Bild?
Welche Informationen gibt mir der Bildtitel?
Welche philosophische Frage verbinde ich mit dem Bild?

Dialektische Methode: Dialog zwischen Bild und Betrachter
Was ist *mir* wichtig an dem Bild?
Was bewegt mich besonders?
Was denken die anderen Kinder über das Bild?

Spekulative Methode: Eigene Gedanken zum Bild äußern
Wie kann ich das Bild weiterdenken/weitermalen/szenisch gestalten?
Wie würde sich das Bild verändern, wenn eine Figur oder ein Ding herausgenommen wird?
Welche ähnlichen Bilder kenne ich?

(Nach Brigitte Wiesen 2007; S. 97/98)

Ein Zusammenspiel von Bild und Text erfolgt auch in *Kinderbüchern*, die vielfältige Geschichten über wichtige Lebensprobleme erzählen. Zum Philosophieren sollten immer nur Ausschnitte gewählt werden, in denen ein philosophisches Problem dargestellt wird, über das die Kinder dann gemeinsam nachdenken bzw. miteinander ins Gespräch kommen, wie zum Beispiel ein Ausschnitt aus „Pippi Langstrumpf", in dem Pippi Annika und Thomas erzählt, dass sie allein lebt, mit ihrem Pferd und Herrn Nilsson. Daraus ergibt sich dann „von selbst" die Frage, ob Kinder allein ohne Eltern leben können und was daran gut sein könnte und was sie vielleicht vermissen.

Ein Kinderbuch kann auch vollständig in verschiedenen Etappen vorgestellt werden; dann sollte dafür allerdings auch mehr als eine Philosophiestunde eingeplant werden. Für jede Etappe sollten sich die Lehrkräfte vorher eine Stelle oder ein Bild heraussuchen, das als Gesprächsimpuls dienen könnte, falls die Kinder von sich aus keine Fragen stellen (siehe hierzu auch Brüning 2011).

Ein Zusammenspiel von diskursiven und präsentativen Symbolen im Kontext von Handlungsorientierung und Emotionalität findet auch in *Spielen* statt, die für das Philosophieren gezielt genutzt werden können (siehe ausführliche Darstellung unter II/5.)

Der Einsatz von Medien sollte beim Philosophieren immer dem konkreten Ziel verpflichtet sein, die Kinder zu eigenen Gedanken über eine oder mehrere Sinnfragen anzuregen.

Quellenverzeichnis für dieses Kapitel

Aristoteles: Metaphysik. Stuttgart 1984.

Brüning, Barbara: Prinzessin Lara und der kleine Saurier. Troisdorf: 2010.

Brüning, Barbara (Hrsg.): Handbuch zu Respekt 1. Berlin: 2011.

Brüning, Barbara: Philosophieren in der Sekundarschule. Weinheim: 2015, 2. Auflage.

Brüning, Barbara: „Darf ich auch mal böse sein?" Philosophieren mit jüngeren Kindern. In. Armin Krenz (Hrsg.): Handbuch für ErzieherInnen in Krippe, Kindergarten, Kita und Hort. München: Heft 64, September 2011, Teil 6, S. 1-18).

Calvert, Kristina: Philosophieren mit Fabeln. Heinsberg 2001.
Capelle, Wilhelm (Hrsg.): Die Vorsokratiker. Stuttgart: 2008, 9. Auflage.
Cassirer, Ernst: Philosophie der symbolischen Formen. I. Teil: Darmstadt 1994.
Demokrit, in: Wilhelm Capelle (Hrsg.): Die Vorsokratiker. Stuttgart 1968. insbesondere die Seiten 441-470.
Dilthey, Wilhelm: Gesammelte Werke Band V. Stuttgart: Reclam 1961.
Engels, Helmut: Überlegungen zum Gedankenexperiment im Unterricht. In: Ethik und Unterricht, Heft 3, 2001.
Epikur: Brief an Menoikus. In: Josef M. Werle (Hrsg): Epikur für Zeitgenossen. München: 2002.
Freese, Hans-Ludwig: Kinder sind Philosophen. Weinheim 1989.
Gerlach, Sybille: Nachdenklichkeit lernen. Philosophische Wurzeln – Entwicklungspsychologische Bedingungen – Pädagogisches Handeln. München: 2003.
Humboldt, Wilhelm: Von der Sprache hrg. von Michael Böhler. Stuttgart: 1973.
Lipman. Matthew: Philosophy in the Classroom. Philadelphia: 1988.
Lipman, Matthew: Das geheimnisvolle Wesen. Herausgegeben und übersetzt von Daniela G. Camhy. Sankt Augustin 2007, 2. Auflage.
Locke, John: Gedanken über Erziehung, Stuttgart 1980.
Martens, Ekkehard: Philosophieren mit Kindern. Stuttgart: 1999.
Martens, Ekkehard: Methodik des Ethik- und Philosophieunterrichts. Hannover 2004.
Michalik, Kerstin/Schreier, Helmut: Wie wäre es, einen Frosch zu küssen? Philosophieren mit Kindern im Grundschulunterricht. Braunschweig 2006.
Müller, Hans Joachim: Die Semantik jenseits des Diskursiven entdecken – Szenisches Interpretieren als Methode des Philosophierens. In: Hößle, C./ Michalik, K. (Hrsg.) Philosophieren mit Kindern und Jugendlichen. Baltmannsweiler 2005.
Nelson, Leonard: Von der Kunst zu philosophieren. Hannover: Verlag Hahn 1946.
Neuss, Norbert: Eine neue Sicht auf Selbstbildungsprozesse bei Kindern. In: Bildung und Lerngeschichten im Kindergarten, hrsg. Von Nobert Neuss. Berlin 2007.
Nielsen, Birgit: Erziehung zum Selbstvertrauen. Weinheim: Beltz 1999.
Osuch, Bruno: Lebenskunde ist kein Ersatzfach. Berliner Zeitung vom 1. September 1994.
Petermann, Hans-Bernhard: Kann ein Hering ertrinken. Weinheim 2007.
Platon: Politeia. Stuttgart: 1974.
Potthoff, U./Steck/Lüschow. A./Zitzke, E.: Gespräche mit Kindern. Berlin: 2008.
Rousseau, Jean-Jacques: Emile oder über die Erziehung. Stuttgart 1993.
Rullmann, Marit (Hrsg.): Philosophinnen. Bd I. Frankfurt am Main: 1998.

Schwarz, Regina: meine Schwester und ich. In: Gelberg, Hans-Joachim (Hrsg.), Überall und neben mir. Weinheim 1986.

Stiegler, Ingrid: Philosophiedidaktik von ca. 1800 bis 1972 – Findung, Konsolidierung und Modifikation ihrer „pädagogischen Identität". In: Rehfus, Wolf D./Becker, Horst (Hrsg.), Handbuch des Philosophie-Unterrichts. Düsseldorf: 1986, bes. S. 27.

Toulmin, Stephen: Der Gebrauch von Argumenten. Weinheim: 1996, 2. Auflage.

Tozzi, Michel: Débattre à partir des mythes. À l'école et ailleurs. Lyon : 2006.

Wiesen, Brigitte: Bilder zeigen den ganzen Menschen. In: Barbara Brüning/ Ekkehard Martens (Hrsg.): Anschaulich philosophieren. Weinheim: 2007Weinheim: 1996, 2. Auflage, S. 97/98.

Wiesheu, Roswitha (Hrsg.): Praxisleitfaden „Kinder philosophieren" für Kindertageseinrichtungen und Schulen, München o. J.

Wittschier, Michael: Textschlüssel Philosophie. München 2010.

II

Kognitive, entwicklungspsychologische und emotionale Voraussetzungen des Philosophierens mit Kindern

Abb. 8: Bastian erklärt Jana die Welt

1 Kognition und Kindheitsentwicklung

Nachdem Matthew Lipman sein Programm „Philosophy for Children“ in den 1970er Jahren entwickelt und publiziert hatte, beschäftigte die Wissenschaft und Öffentlichkeit auch die Frage, *ob Kinder von ihren kognitiv-entwicklungspsychologischen Voraussetzungen* her überhaupt *in der Lage sind zu philosophieren*?

Zur Beantwortung dieser Frage sind zwei Aspekte von Bedeutung: der *Philosophiebegriff* und das *Verständnis von Kognition* bzw. die *Bewertung des kognitiven Repertoires von Kindern*.

Die Frage, wie Philosophie definiert werden kann, wird seit Beginn der philosophischen Tradition nicht einheitlich beantwortet. Wenn man jedoch versucht, einen gemeinsamen Nenner der verschiedenen Auffassungen zu finden, so ist die Philosophie eine Problem- und Reflexionsdisziplin, die sich mit Sinnfragen über die Welt und das Selbstverständnis des Menschen beschäftigt (vgl. I/1). Da auch Kinder solche Sinnfragen stellen, sind sie in der Lage, ohne komplexe Abstraktionen darauf zu antworten. Aber reichen einfache Antworten aus oder braucht man für das Philosophieren die Fähigkeit abstrakt und in größeren Zusammenhängen zu denken, eine Kompetenz, über die jüngere Kinder noch nicht verfügen? Welcher Maßstab sollte angelegt werden?

Die philosophische Tradition hat sich mit der *Unterscheidung zwischen esoterischen und exoterischer Philosophie* klar positioniert, d.h. das wissenschaftliche Denken ist nicht die Voraussetzung, um philosophische Gedanken zu entwickeln (siehe I/1.). Der deutsche Philosoph *Karl Jaspers* hat dazu festgestellt: „Ausgearbeitete Philosophie ist zwar an die Wissenschaften gebunden. Sie setzt die Wissenschaften in dem fortgeschrittenen Zustand voraus, den sie in dem jeweiligen Zeitalter erreicht haben. Aber der Sinn der Philosophie hat einen anderen Ursprung. Vor aller Wissenschaft tritt sie auf, wo Menschen wach werden. (. . .) Das eigene Menschsein, das eigene Schicksal und die eigene Erfahrung gelten als genügende Voraussetzung. (. . .) Wer sammeln würde, könnte eine reiche Kinderphilosophie berichten. Der Einwand, die Kinder hätten das vorher von Eltern oder anderen gehört, gilt offenbar gar nicht für die ernsthaften Gedanken“ (Jaspers 1998, S. 10/11).

Aus fachphilosophischer Sicht sind Kinder also in der Lage ernstzunehmende Antworten auf fundamentale Probleme menschlicher Existenz zu geben, diskutiert wird jedoch weiterhin, welche kognitiven Voraussetzungen sie dafür benötigen.

Der *Begriff der Kognition* wird interdisziplinär von verschiedenen Wissenschaften untersucht, u. a. von der Psychologie, der Neurobiologie und der Neurophilosophie. Unter Kognition wird dabei die Erforschung mentaler Prozesse und Strukturen des Menschen verstanden, insbesondere des menschlicher Gehirns und seiner neuronalen Verbindungen. Auf diesem Gebiet hat vor allem die moderne Hirnforschung und Psychologie neue Erkenntnisse über die kognitiven Potenzen von jüngeren Kindern zusammengetragen. Die amerikanische Kinderpsychologin *Alsion Gopnik* (geb. 1955) betont in ihrem Buch „Kleine Philosophen. Was wir von unseren Kindern über Liebe, Wahrheit und den Sinn des Lebens lernen können", dass die kontinuierliche erfahrungsbedingte Umorganisation des kindlichen Gehirns jüngere Kinder zu flexiblem spekulativen Denken befähigt, das eine wichtige Voraussetzung des Philosophierens darstellt (siehe hierzu I/4.5 und II.3).

Wichtige Merkmale der Kognition

Wahrnehmen	*Denken*	*Wollen*	*Introspektion*	*Lernen*
Sinnliches Erfassen der Welt	– erinnern – planen – argumentieren – urteilen – Probleme lösen	ohne Zwang handeln und frei wählen	über das Denken und das eigene Selbst nachdenken (Metaebene des Denkens)	Aneignen und Speichern von Wissen mithilfe des Langzeitgedächtnisses

Die kognitiven Potenzen von Kindern werden auch von der *Entwicklungspsychologie* untersucht. Der Schweizer Psychologe *Jean Piaget* (1898-1980) hat bereits in den 1930er Jahren ein Stufenmodell der kognitiven Entwicklung ausgearbeitet, das von drei wesentlichen Stufen ausgeht. Es beginnt mit der Geburt und reicht über die Kindheit bis hin zum Erwachsenenalter. Kognition ist bei Piaget ein Prozess, der in Anlehnung an die Erkenntnistheorie Immanuel Kants (1724-1804) auf erfahrungsunabhängigen Prinzipien wie Raum und Zeit bzw. Kausalität beruht, die sich im Laufe der menschlichen Entwicklung progressiv entfalten. Sein Modell, das er u.a. in dem Buch „Das Wachsen des logischen Denkens von der Kindheit bis zur Pubertät" darstellt, bildet auch für das Philosophieren mit Kindern einen Kompass, der aufzeigt, welche Lernvoraussetzungen gegeben sein müssen und wie die weitere Entwicklung der Fähigkeiten, sich Wissen anzueignen verlaufen könnte.

2 Entwicklungspsychologische Besonderheiten des Philosophierens

Piaget unterscheidet drei Stufen bzw. vier Phasen der kognitiven Entwicklung, die sich als Interaktion zwischen Subjekt und Objekt (Welt) vollzieht. Die Stufen gelten universell in allen Kulturen und sind sozusagen eine Art Entwicklungslogik des Menschenseins, denn die dritte Stufe gilt auch für alle Erwachsenen.

Der geistige Reifungsprozess ist nach Piaget durch zwei wesentliche Merkmale gekennzeichnet: durch *Assimilation* (Angleichung) und *Akkomodation* (Anpassung). Mithilfe der Assimilation werden äußere Objekte in die inneren kognitiven Strukturen übernommen, während sich durch die Akkomodation die kognitiven Strukturen so verändern, dass sie auf eine besondere äußere Situation reagieren können. Assimilation und Akkomodation bilden ein System von Austauschprozessen und streben nach *Äquilibration* (Gleichgewicht). Das Gleichgewicht ist beispielsweise gestört, wenn die vorhandenen Strukturen nicht ausreichen, um eine neue Situation zu bewältigen. Auf der Stufe der sensomotorischen Operationen findet noch keine scharfe Trennung zwischen Assimilation und Akkomodation statt, da Kinder aufgrund ihres egozentrischen Verhaltens noch nicht deutlich zwischen Subjekt und Objekt unterscheiden können.

Das Streben nach Äquilibration ist das wichtigste Merkmal des entwicklungspsychologischen Konzepts von Piaget, das sich durch einen stufenförmigen Aufbau auszeichnet.

Die *erste Stufe* der kognitiven Entwicklung *umfasst zwei Phasen: das sensomotorische Denken (0-2 Jahre) und das präoperative Denken* (2 bis 7 Jahre). In der sensomotorischen Phase entwickeln Kinder vor allem Wahrnehmungs- und Handlungskompetenzen, die ihnen ermöglichen, sich in ihrer unmittelbaren Umwelt zu orientieren und äußere Objekte in innere Verhaltensstrukturen zu integrieren.

In dieser Phase entstehen auch schon erste gedankliche Vorstellungen von der Welt. Mit knapp zwei Jahren sind Kinder in der Lage, sich Handlungen und Dinge ihrer Umwelt gedanklich vorzustellen bzw. mit ihnen zu operieren, auch wenn diese Dinge selbst nicht unmittelbar anwesend sind. Piaget spricht hier vom Übergang zum begrifflichen Denken. So ist der zweijährige Bastian bereits in der Lage, abends im Bett von den Elefanten im Zoo zu erzählen, ohne dass sie unmittelbar anwesend sind.

Die präoperative Phase ist vor allem durch den Spracherwerb gekennzeichnet. In ihr liegt der Beginn des begrifflichen und logischen Denkens. Die Kinder verfügen über ein Repertoire an Strukturierungsregeln, die sie in die Lage versetzen, das eigene Tun aktiv zu steuern, unabhängig von äußeren Situationen. Sie verwenden Kategorien für äußere Sachverhalte, treffen Unterscheidungen und Vergleiche, bleiben jedoch in dieser Phase verstärkt an die konkrete Objekte und Situationen gebunden. So sagte zum Beispiel die vierjährige Amelie in einer philosophischen Diskussion über das Glück: „Ich bin glücklich, wenn Mama mit mir in den Zoo geht" – Amelie definiert Glück als konkrete Situation und nicht abstrakt nach allgemeingültigen Merkmalen.

Ein weiteres *Charakteristikum* der präoperativen Phase bildet der *Egozentrismus*. Er geht davon aus, dass jüngere Kinder zwischen Ich und Umwelt keine deutlichen Grenzen ziehen und demzufolge auch nicht die Perspektivität ihres eigenen Standpunktes einschätzen können. Sie betrachten sich als „Mittelpunkt der Welt" und beurteilen alles aus der Ich-Perspektive, d.h. eine Kommunikation ist nur eingeschränkt möglich. So wissen zum Beispiel schon Dreijährige, dass sie eine Schwester oder einen Bruder haben, umgekehrt vermögen sie jedoch nicht zu erkennen, dass sie selbst Bruder oder Schwester sind.

Diese Art der Reversibilität – eine Situation von der Umkehrung her zu denken – entwickelt sich in Ansätzen erst auf der *Stufe der konkreten Operationen*. Dann beginnen Kinder, sich teilweise von der Fixierung auf konkrete Gegenstände und Situationen zu lösen. Sie sind zunehmend in der Lage, *Gruppen zu bilden* und dafür selbständig Kriterien zu finden, wie zum Beispiel das Ordnen nach Größe, Farbe oder geografischen Gegebenheiten: „Alle Menschen, die in Athen leben, werden Athener genannt." Auch entwickelt sich erst dann die Fähigkeit, Handlungsalternativen zu gestalten und Probehandlungen auszuführen, jedoch nicht die Kompetenz, hypothetisch zu denken, im Sinne eines „Was wäre, wenn … ", die der spekulativen Kompetenz beim Philosophieren entspricht (siehe Piaget 1973, S. 130 ff).

Reversibilität, hypothetisches Denken und Selbstreflexivität sind Merkmale, die der *Stufe der formalen Operationen* entsprechen (ab 11/12 Jahren). Auf dieser Stufe kann sich das Denken vollständig von der konkreten Anschauung lösen. Auch formal-logische Denkoperationen wie zum Beispiel syllogistisches Denken (siehe Lipman 2009, 2. Auflage) sind möglich. Jugendliche sind darüber hinaus in der Lage, Denkergebnisse systematisch zu ordnen und auf einer Metaebene zu hinterfragen – bei Lipman beispielsweise metakognitives Denken wie higher-order-thinking (siehe I/3).

Für das Philosophieren mit jüngeren Kindern gilt nach dem Konzept von Piaget, dass die philosophischen Gedanken von Kindern konkret-anschaulich sind, situations- und objektgebunden, nicht spekulativ und dass es Kindern bis 6 Jahren aufgrund ihres egozentrischen Weltbildes schwerfällt, die Perspektive anderer Kinder zu verstehen bzw. selbst einzunehmen.

Gareth Matthews hat diese Position in seinem Buch *„Denkproben jüngerer Kinder"* kritisiert (zu Matthews siehe auch I/3) In Auseinandersetzung mit Piagets Buch „Das Weltbilld des Kindes", in dem vor allem auch philosophische Gedanken von jüngeren Kindern zu Themen wie Denken, Träumen und Sprache präsentiert werden, äußert Matthews *Zweifel an Piagets methodischem Vorgehen*. Er hebt hervor, dass Piaget Kindern standardisierte Fragen gestellt und diese nach standardisierten Antwortmustern ausgewertet habe – denn sein Anspruch sei es gewesen, kognitive Entwicklung zu generalisieren. Wenn Kinder statt der erwarteten Antworten Gedankenfäden gesponnen und über Gott und die Welt erzählt hätten, so wurde diese Aktivität von Piaget als „Fabulieren“ bzw. Phantasieren bezeichnet. Matthews betont, dass aber Fabulieren und Spekulieren wesentliche Elemente des Philosophierens darstellen, die seit der Antike die philosophische Tradition prägen; sie spielen jedoch in Piagets Untersuchung der intellektuellen Fähigkeiten von Kindern nur eine untergeordnete Rolle (siehe Matthews 1991, S. 57), weil sie nicht in die generalisierenden Antwortmuster passen.

Matthews *kritisiert auch die Zuordnung philosophischer Gedanken von Kindern zu den verschiedenen Stufen* kognitiver Entwicklung – erst auf der dritten Stufe sei formal-abstraktes und entmaterialisiertes Denken ohne Bezug zu konkreten Inhalten möglich.

In Piagets Untersuchungen zum Begriff des Denkens sagt ein jüngeres Kind zum Beispiel, dass Denken eine „innere Stimme im Kopf“ sei – diese Äußerung wird der Stufe der konkreten Operationen zugeordnet. Matthews hält diese Einordnung und Bewertung für fragwürdig, da sie suggeriere, dass philosophisches Denken vom Konkreten zum Abstrakten „aufsteige“ und einem Prozess des Fortschritts unterliege. Matthews verweist darauf, dass Sokrates in Platons Dialog „Theatet“ das Denken als „Gespräch der Seele mit sich selbst“ charakterisiert habe. Matthews schlussfolgert daraus, dass Platons Gedanken nach Piagets Konzeption ebenfalls der zweiten Stufe zugeordnet werden müssten, was impliziert, dass sein Denken noch nicht entmaterialisiert ist und aus diesem Grund nicht auf dem höchsten Niveau steht (siehe Matthews 1991, S. 60-62). Matthews betont durch den Rekurs auf Platon, *dass Philosophieren auch konkret und bildhaft sein kann*, unabhängig davon, ob es der wissenschaftlichen Philosophie zugeordnet wird oder dem kindlichen Denken. Für Matthews zählt lediglich die Originalität einer philosophischen Idee und nicht der Grad ihrer Formalisierung. Er hebt darüber hinaus hervor, dass viele materialistische philosophische Theorien, wie zum Beispiel die vorsokratische Philosophie mit ihrer Anschauung von einem konkreten Urstoff als kleinstem Baustein der Welt, nicht der dritten Stufe Piagets entsprechen würden (siehe hierzu III/1). Wenn also ein Kind sagt, dass Denken eine innere Stimme sei, dann lässt Piaget „keinen Zweifel daran, dass dies für ihn einen Mangel des Begriffs, den das Kind vom Denken hat, darstellt, ein Mangel, der auf einer späteren Stufe korrigiert werden müsste. (...) Daraus scheint zu folgen, dass ein Philosoph wie Geach[1], der versucht Denken als inneres Sprechen zu deuten, geistig retardiert oder unnatürlich in seiner geistigen Entwicklung stehen geblieben ist (Matthews 1991, S. 63).

Sybille Gerlach ergänzt in ihrem Buch „*Nachdenklichkeit lernen*" (siehe V/1) Matthews' Kritik durch zwei zusätzliche Aspekte. Einerseits erlaube die Theorie der Äquilibration nur Lernprozesse, wenn ein Ungleichgewicht auftritt. Denn: „Im wesentlichen handelt es sich um eine Abfolge von Momentaufnahmen geistiger Entwicklung, bei der *unklar bleibt, in welcher Weise die verschiedenen Phasen ineinander übergehen* (herv. die Verf.): Ein Kind *ist* eben in der präoperationalen Phase oder in der Phase der konkreten Operationen. Welche Reifungs- oder Lernprozesse, vor allem in Hinblick auf die Bedingungen und Ursachen der Übergänge zwischen den einzelnen Phasen stattfinden, bleibt unbeleuchtet. Dies wäre aber auch eine notwendige Voraussetzung dafür, dass in differenzierter Weise über Förderungsmaßnahmen zur Entwicklung des Denkens nachgedacht werden könnte" (Gerlach 2003, S. 145). Dies betrifft Fragen des individuellen Lernens genauso wie auch das Tempo der geistigen Entwicklung. So bleibt zum Beispiel ungeklärt, ob Kinder, die gezielt gefördert werden, die dritte Stufe möglicherweise schon früher erreichen könnten. Das Philosophy-for-Children-Programm zielt in diese Richtung, da *Matthew Lipman* vor allem metakognitives Denken schon in frühem Alter ausbilden will.

Sybille Gerlach weist noch auf einen anderen Aspekt hin, der in einem engen Zusammenhang damit steht. Sie kritisiert, das Piaget davon ausgeht, dass Kinder auf der präoperationalen Stufe kein Verständnis für Kausalität hätten. Aus ihrer Sicht hängt „dieser Mangel" mit einem Wissensdefizit von Kindern zusammen. Sie könnten viele Ursachen nicht erklären, weil ihnen das nötige Vorwissen dazu fehle (Gerlach 2003, S. 149). Deshalb sei zu prüfen, wie sich der Zuwachs an Sachwissen auf die kognitiven Fähigkeiten auswirkt.

Zusammenfassend lässt sich feststellen, dass die Entwicklungspsychologie dem Philosophieren mit Kindern nicht entgegensteht. Denn selbst

[1] Peter Thomas Geach (geb. 1916) ist ein britischen Philosoph und Logiker. In seinem berühmten Buch „Mental Acts" hat er sich auch mit dem Zusammenhang zwischen Sprache und Denken beschäftigt.

wenn man der Stufenlogik Piagets folgt, sind Kinder in der Lage, auf ihrer jeweiligen Stufe philosophische Gedanken zu äußern, die aber konkret und bildhaft sein können und nicht immer ein hohes Maß an Abstraktion aufweisen.

3 Intellektuell-kreative Fähigkeiten von Kindern

Zu Beginn des 21. Jahrhunderts hat insbesondere die Hirnforschung neue Erkenntnisse über die intellektuellen Fähigkeiten von Kindern gesammelt. So betont Alison Gopnik, dass Babys und Kleinkinder einen längeren Prozess der Reifung und Umweltanpassung durchlaufen als andere Lebewesen. Die *spezifische menschliche Fähigkeit der Weltoffenheit*, auf die bereits der Philosoph Arnold Gehlen hingewiesen hat (siehe Seite 139 in diesem Buch) erfordert einen längeren Prozess des Lernens, auf den sich das kindliche Gehirn eingestellt hat. Es zeichnet sich insbesondere durch „Neuroplastizität" aus und unterliegt einer kontinuierlichen erfahrungsbedingten Umorganisation. Damit wird zum Ausdruck gebracht, dass das, was im Gehirn abgebildet wird, auf der Interaktion zwischen Mensch und Umwelt beruht. Dieser neuronale Zustand der Plastizität ist gerade bei Kindern stärker ausgeprägt als bei Erwachsenen. Er zeigt sich insbesondere im präfrontalen Kortex, dem die Anlagen zum Denken, Planen und Kontrollieren zugeordnet werden (siehe Gopnik 2011, S. 20). In diesem Areal ist die Anzahl der neuronalen Bahnen bei Kindern sehr hoch (hohe „Konnektivität"), ehe sie sich im Erwachsenenalter in geringerer Zahl verstetigt haben. Die Folge davon ist, dass der Mensch in der frühen Phase der Hirnentwicklung sehr viel offener ist als in einem späteren Stadium seiner Entwicklung.

Kindliches Gehirn:	– hohe Konnektivität (mehr neuronale Bahnen als bei Erwachsenen) – flexibler und schneller veränderbar

Die Offenheit des kindlichen Gehirns fördert nach Gopnik *insbesondere flexibles und kontrafaktisches Denken*. Denn Kinder sind keine „unvollkommenen Erwachsenen", sondern eine eigenständige „Erscheinungsform des homo sapiens“ (Gopnik 2011, S. 18). Sie können sich insbesondere auch Dinge vorstellen, die es in der Wirklichkeit nicht gibt – das entspricht beim Philosophieren der spekulativen Kompetenz, die beispielsweise das Nachdenken über die Welt in Form von Gedankenexperimenten umfasst (siehe I/5. 5): „Zwischen Kindern und Erwachsenen herrscht eine Art evolutionärer Arbeitsteilung. Kinder sind die Abteilung für Forschung und Entwicklung der menschlichen Spezies – die Phantasten, die fürs Brainstorming zuständig sind. Erwachsene hingegen sind für Produktion und Vertrieb zuständig“ (Gopnik 2011, S. 19).

Eine besondere Fähigkeit von jüngeren Kindern ist nach Gopnik auch die Kontrafaktizität, eine Art antizipierendes Vorstellungsvermögen, das von realen Dingen auf der Welt abstrahiert und neue Sinnzusammenhänge schafft, die so in der Wirklichkeit nicht existieren. So können zum Beispiel schon jüngere Kinder „kontrafaktisch“ in die Zukunft schauen und jenseits der Realität spielerisch Gedanken entwickeln, wie zum Beispiel die Konstruktion einer Zeitmaschine, mit der man in die Zukunft fliegen kann. Gopnik nennt als Bedingung des kontrafaktischen Denkens von Kindern, dass sie wissen müssen, worum es geht, d.h. Kinder denken nur Dinge weiter, die in ihren Welterfahrungen vorkommen (Gopnik 2011, S. 101). Jüngere Kinder sind darüber hinaus auch in der Lage, die Perspektive zu wechseln und sich in andere Lebewesen hineinzuversetzen (siehe Matthews 1991, S. 72). In der Philosophiedidaktik nennt man diese Methode „den fremden Blick“ (siehe I/5.5). Sie erfordert von Kindern u.a. Operationen der Reversibilität.

4 Philosophieren und Empathie

Die verschiedenen Gesprächsformen beim Philosophieren setzen voraus, dass die Gesprächspartner aufeinander eingehen und versuchen, die Position des jeweils anderen zu verstehen (siehe dialektische Methode unter I/4.4). Dabei ist es insbesondere wichtig, sich auch als Persönlichkeiten ernst zu nehmen und Verständnis für unterschiedliche Sichtweisen, Gedanken und Gefühle zu entwickeln. Diese *Fähigkeit des „Sich-Hineinversetzens in andere*“ wird in der Psychologie und Philosophie *Empathie* genannt.

Alison Gopnik hat die psychologischen Grundlagen der Empathie untersucht. Sie betrachtet die emphatische Verbindung zu anderen Menschen als angeborenes Einfühlungsvermögen. Bereits Babys hätten ein inneres Wissen davon, welche Gefühlszustände Mimik und Gestik anderer Menschen widerspiegeln. Mit drei Jahren sei Kindern bereits klar, dass andere Menschen genauso funktionieren wie sie selbst und diese Erkenntnis der Ähnlichkeit setze voraus, dass man sich fremde Gefühle zu eignen macht: „Ahmt man eine Gefühlsäußerung, eine Handlung oder eine Absicht nach, eignet man sich Gefühl, Handlung oder Absicht an – man handelt, als hätte man diesen Gemütszustand selbst erlebt und nicht nur beobachtet. Wenn Kinder sehen, dass jemand Trauer zeigt (...), dann werden sie ebenso fühlen und handeln“ (Gopnik 2011, S. 238).

Alison Gopnik hebt insbesondere *das altruistische Verhalten jüngerer Kinder* hervor, das durch eine enge Bindung an das soziale Umfeld gefördert wird. Diesen Aspekt der Bindung erfüllt beispielsweise beim sokratischen Dialog die Community of Inquiry, die Kinder an das philosophische Problem und die Gemeinschaft mit anderen Kindern heranführt. In der Gruppe wird eine schwierige philosophische Frage geklärt, wobei der gemeinsame Reflexionsprozess bei den Kindern eine Art Zusammengehörigkeitsgefühl hervorrufen soll (siehe I/4.4).

Die amerikanische Philosophin *Martha Nussbaum* (geb. 1946) sieht die Entwicklung von Empathie allerdings durch verschiedene gesellschaftliche Faktoren gefährdet (siehe Nussbaum 2012, S. 53-55). Wenn Kinder nicht von klein auf lernen, Verantwortung für sich selbst und ihr Denken zu übernehmen und sich kritiklos an Autoritäten orientieren, wird Empathie nicht ausgebildet. Verschiedene soziale Experimente wie das Milgramexperiment hätten diese Annahme bestätigt[2]. Deshalb sollten Kinder insbesondere in der Grundschule ermutigt werden, auch gegen vorherrschende Meinungen einen eigenen kritischen Standpunkt zu entwickeln. Dieses Verhalten

---

[2] Das Milgram-Experiment wurde 1961 von dem amerikanischen Psychologen Stanley Milgram durchgeführt, um herauszufinden, inwieweit Menschen Gehorsam gegenüber Autoritäten zeigen oder auf ihr eigenes Gewissen hören. Die Versuchspersonen sollten andere Versuchspersonen (Schauspieler) auf Anweisung eines Versuchsleiters (ebenfalls ein Schauspieler) bei Fehlern in der Zusammensetzung von Wortpaaren mit Stromstößen bestrafen und diese je nach Fehlern steigern.

würde nach Nussbaum dazu beitragen, die Ausgrenzung bestimmter gesellschaftlicher Gruppen, Kulturen oder Religionen zurückzudrängen, denen in der Gesellschaft keine Empathie entgegengebracht wird. Die Schule habe deshalb die Aufgabe, Vorurteile wie „schmutzig“ oder „minderwertig“ gegenüber Randgruppen oder Minderheiten zu hinterfragen (Nussbaum 2012, S. 62).

Die Fähigkeit zur Kritik wird nach Ansicht von Martha Nussbaum vor allem durch das Philosophieren mit dem Kern der sokratischen Pädagogik gefördert. Das gemeinsame Gespräch, in dessen Mittelpunkt die Fähigkeit des Argumentierens steht, bilde *propositionales Denken* aus, d. h. die Fähigkeit sich zu artikulieren und gleichzeitig die Welt aus der Perspektive anderer zu sehen. Zusätzlich entwickelten sich auch Fähigkeit zum Fragenstellen und zur Selbstkritik wie auch die Ablehnung von Autoritätsgläubigkeit. „Sokratisches Denken ist soziale Praxis. Im Idealfall sollte es die Funktionsweise vieler sozialer und politischer Institutionen prägen. Doch da unser Thema die schulische und universitäre Bildung ist, können wir in ihm auch ein Unterrichtsfach sehen. Es kann als Teil eines Schul- oder Unicurriculums gelehrt werden. Es wird jedoch nur dann richtig gelehrt, wenn die Unterrichtsmethoden und das gesamte Ethos der Schule davon durchdrungen sind. Jeder Schüler und Student ist als ein Individuum zu behandeln, dessen geistige Kräfte sich entfalten und von dem erwartet wird, dass es während des Unterrichts einen aktiven und kreativen Beitrag zu den Diskussionen leistet. Diese Art von Pädagogik braucht aber kleine Klassen oder zumindest regelmäßige Treffen von kleinen Gruppen innerhalb größerer Klassenverbände“ (Nussbaum 2012, S. 73).

In Deutschland ist diese Forderung von Martha Nussbaum in der Grundschule in doppelter Hinsicht realisiert worden: zum Einen als selbständiges Fach Ethik bzw. Philosophieren mit Kindern in acht Bundesländern und als fächerübergreifendes Prinzip (siehe hierzu I/2, S . . .).

Zur Förderung von Empathie beim Philosophieren hat *Ann Margaret Sharp* (1936-2010) das *Konzept des Caring Thinking* mit entwickelt (Sharp 2007, S, 206-208). Es umfasst neben Reflexionsfähigkeiten auch personale und soziale Kompetenzen wie Rücksichtnahme und kooperatives Lernen sowie Gefühle und die aktive Partizipation von Kindern an der Gestaltung ihres gesellschaftlichen Umfelds.

Ann Sharp betrachtet als *Kern des Caring Thinking* das *wertschätzende Denken*, das *die eigene Urteilsbildung* in Bezug auf Alltags-, Wert- und Sinnfragen umfasst. So brachte Alina in dem Gespräch mit ihrer Schwester über das Glück der Blumen zum Ausdruck, dass sie Blumen mag (siehe Seite 52). Sie hat sich auch Gedanken darüber gemacht, warum sie diese Lebewesen wertschätzt und sie gegenüber ihrer Schwester mit guten Argumenten verteidigt: „Blumen blühen so schön, weil sie Sonne und Erde haben“ ... Weitere Ausdrücke einer Wertschätzung sind beispielsweise: „Das ist mir nicht wichtig, weil ... Ich wünsche mir das ... (und nicht jenes); ich bevorzuge das (und nicht jenes)“, wobei die Begründungen für die Wahl der wertgeschätzten Objekte und Personen wichtig sind.

Wertschätzendes Denken betrifft darüber hinaus auch Einstellungen, Verhaltensweisen oder persönliche Eigenschaften von Menschen. Kinder sollten lernen, Werte, die ihnen wichtig sind, bewusst wahrzunehmen und für ihr eigenes Handeln zu nutzen. Denn die Vergewisserung der eigenen Wirklichkeitswahrnehmung ist die Voraussetzung dafür, auf andere Menschen zuzugehen. So hat Alina in dem Gespräch mit ihrer Schwester auch eine bestimmte Einstellung dem Leben gegenüber zum Ausdruck gebracht. Blumen sollten nicht aus der Erde herausgerissen werden, weil sie dann ihr Leben verlieren und nicht glücklich sein können. Auch ihre Schwester Jenny hat eine Wertschätzung des Lebens gegeben, allerdings mit der Einschränkung, dass Leben für sie nur dann wertvoll ist, wenn es bewusst gelebt wird (die Blumen wissen nicht, dass sie leben). Jenny hat darüber hinaus Skepsis bezüglich des Glücksempfindens von Blumen geäußert. Aristoteles würde ihr in diesem Punkt zustimmen, für ihn können nur Lebewesen glücklich sein, die über ein bestimmtes Wissen ihres Glücks verfügen (siehe Aristoteles 2006, S. 17).

Wertschätzendes Denken beinhaltet als dritten Aspekt auch eine interkulturelle Dimension, d.h. den Blick auf andere Gesellschaften und Kulturen. Jemand, der wertschätzend denkt, besitzt nicht nur eine geschärfte Sensibilität für die eigenen Werte, sondern auch für die Werte anderer Menschen. Er versucht sie zu verstehen – auch wenn er sie nicht akzeptieren will.

Eine zweite Form des Caring Thinking ist das affektive Denken, im Sinne der Ausbildung moralischer Gefühle wie Empathie und moralischer Motivation. So haben Kinder zum Beispiel ein ausgeprägtes Gerechtigkeitsempfinden. Sie reagieren auf Ungerechtigkeiten in ihrem Umfeld oftmals emotional, bevor sie darüber nachdenken.

Dieses Gerechtigkeitsempfinden sollte nach Ann Margaret Sharp stärker in eine schulische Werteorientierung eingebunden werden. Denn wenn sich ein Kind über die ungerechte Behandlung eines anderen Kindes empört („Oliver hat gar nicht an der Schlägerei auf dem Schulhof teilgenommen und soll trotzdem bestraft werden"), beginnt es an einer gerechten Lösung zu arbeiten. Deshalb lassen sich nach Ansicht des schottischen Philosophen *David Hume (1771-1776)* Kriterien und Beweggründe moralischen Handelns verstärkt in der „Sphäre der Affekte" finden (zu Hume siehe auch Seite 106/107). Menschen brauchen einen „*Moral sense*", um zu moralischem Handeln motiviert zu werden: Für Hume ist deshalb die entscheidende Frage hinsichtlich des moralischen Handelns: Kann ich mit dem Verhalten von jemandem sympathisieren oder nicht? (siehe Hume 1978, S. 210). Deshalb gehören Tätigkeiten wie mitfühlen, nacherleben, erinnern oder antizipieren zu personalen Kompetenzen, die in der Schule gefördert werden sollen. Es geht darum, selbst erlebte, aber auch nicht selbst erlebte Gefühle nach- und mit zu empfinden, sie zu deuten und für das eigene Handeln zu aktivieren. Von den Methoden des Philosophierens ist hier insbesondere die spekulative Methode von Bedeutung, weil sie die Fähigkeit des Perspektivwechsels und der Empathie entwickelt. Fachlich gesehen, sollten insbesondere im Ethik- und Philosophieunterricht in der Grundschule verstärkt auch (moralische) Gefühle ein Thema sein. So berücksichtigt beispielsweise der neue Teilrahmenplan Ethik aus Rheinland-Pfalz in seinem inhaltlichen Orientierungsrahmen verschiedene Formen von Gefühlen, insbesondere jedoch moralische Gefühle (siehe Kultusministerium 2012, S. 16-18).

Zur Entwicklung von Perspektivwechsel und Empathie empfiehlt Ann Margret Sharp in den Schulen ein hohes Maß an Partizipation zu ermöglichen. Kinder sollten bei allen Entscheidungen, die sie betreffen, ein Mitspracherecht erhalten, wie dies die UN-Deklaration über die Rechte des Kindes vorsieht. „Wichtig ist, dass Kinder lernen, alle Seiten einer Angelegenheit zu diskutieren, indem sie die in der Gruppe vorhandenen vielfachen Perspektiven berücksichtigen und darauf achten, wie der Einzelne durch Sprache und Verhalten der andern beeinflusst wird" (Sharp 2007,

S. 208). Die *Idee einer Partizipation an gesellschaftlichen Problemen* geht zurück auf den amerikanischen Philosophen *John Dewey (1859-1952)*, für den der Klassenraum eine Verlängerung des öffentlichen Raumes war, der Kindern Demokratie-Erfahrungen ermöglichen sollte (siehe Dewey 1905, S. 116-131).

Eine *dritte Form des Caring Thinking* umfasst – ebenfalls in Anlehnung an John Dewey – *das aktive problemlösende Denken*. Wenn Kinder wie Alina und Jenny auf eine schwierige Frage wie das Glück einer Blume nicht sofort eine Antwort finden, der sie beide zustimmen können, dann sollten sie trotzdem nicht resignieren: „Das hat doch keinen Sinn, dass wir weiter über diese Frage sprechen, wir finden ja doch keine Lösung.“ Stattdessen sollten sich die Kinder auf die Suche nach einer Lösung begeben. Problemlösendes Denken bedeutet, dass sie lernen müssen, mit sich und anderen Geduld zu haben – eine Sache gelingt nicht immer gleich im ersten Moment. Auf diese Haltung hat bereits vor fast 2500 Jahren Theano von Kroton hingewiesen (siehe I/2). In einem Brief an ihre Freundin Eubule hob sie hervor, dass Kinder lernen sollten Geduld aufzubringen und eine Sache, die sie angefangen haben auch zu Ende führen. Zum Leben und Philosophieren gehöre auch die Anstrengung.

Die *vierte Form des Caring Thinking* bezieht sich auf die *Entwicklungvon normativem Denken*. Kinder sollten lernen, das tatsächlich Vorhandene – den Ist-Zustand – mit einer Norm oder einem Wert – dem Soll-Zustand – zu vergleichen und Strategien entwickeln, wie sie dorthin gelangen können: Alina möchte nicht, dass ihre Schwester für Geburtstagsgeschenke Rosen abpflückt (Ist-Zustand), weil Blumen Lebewesen sind und Leben sollte erhalten bleiben (Norm). Sie muss nun eine Strategie entwickeln, ihren Wunsch durchzusetzen. Einen ersten Schritt hat sie bereits unternommen, indem sie mit ihrer Schwester ein Gespräch darüber geführt und Argumente ausgetauscht hat – weitere Schritte müssen nun folgen.

Das normative Denken betrifft insbesondere auch das eigene und fremde Rollenverhalten sowie die globalen Probleme auf der Welt wie zum Beispiel Klima-, Umwelt- und Tierschutz. Hier ist es wichtig, den Ist-Zustand zu analysieren, um herauszufinden, ob er ein wünschenswerter Zustand ist bzw. was ein wünschenswerter Zustand sein könnte.

Alle vier Formen des Caring Thinking sollen nach Ansicht von Ann

Margaret Sharp dazu beitragen, *Mitgefühl, Gerechtigkeitssinn, Nachdenklichkeit und Kommunikationsfähigkeit* im Dialog mit anderen Kindern in der Grundschule zu entwickeln. Diese Werte sind unerlässlich für das Zusammenleben von Menschen verschiedener Kulturen und Religionen. Sie sollten deshalb beim Philosophieren in der Grundschule ein stärkeres Gewicht erhalten.

5 Spielen und Philosophieren

Der englische Philosoph und Hauslehrer *John Locke* (1632-1704) beobachtete beim Spielen den Entdeckergeist von Kindern. Wenn sie zum Beispiel „einen Kreisel peitschen“, führen sie diese Spielhandlung freiwillig, unabhängig und mit Freude aus, d.h. ihre Neugier treibt sie dazu, sich spielerisch die Welt anzueignen. Dabei sind Lerneffekte möglich, aber eher zufällig und nicht von vornherein beabsichtigt. Würde man Kinder allerdings dazu zwingen, das Spielen zur Pflicht zu machen, dann würden sie dieser Tätigkeit bald überdrüssig (siehe Locke 1997, S. 88).

Lockes *Charakteristik des Spiels* durch *Eigenschaften wie Freiwilligekeit, Neugier, Freude und Weltaneignung* wird auch von anderen Philosophen und Pädagogen wie *Jean-Jacques Rousseau* (1712-1778) oder *Johann Heinrich Pestalozzi* (1746-1827) geteilt. Letztere betonen insbesondere die Ganzheitlichkeit des kindlichen Spiels (mit allen Sinnen tätig sein) und seinen Wert für den individuellen Lebensvollzug: Kinder führen beim Spielen „Als-ob-Handlungen aus, d.h. sie konstruieren fiktive Situationen oder Rollen und üben dadurch auch Alltagsroutinen ein. An diese Fiktionalität des Spiels können beim Philosophieren vor allem Abenteuer- oder Gedankenspiele anknüpfen, die das spekulative Potential von Kindern fördern (siehe auch I/4.5).

Die *Kombination von Spielen, Weltaneignung und Sprache* wurde auch von dem österreichischen Philosophen Ludwig Wittgenstein (1889-1951) hervorgehoben. Er betrachtete die Sprache als eine der wesentlichen menschlichen Tätigkeiten, die unsere Lebensform prägen und als Werkzeug, um zu spielen (siehe III/1, S. 111). Darauf wird auch in den *Bildungsplänen für die Kitas verschiedener Bundesländer* hingewiesen. *Margarete*

Blank-Mathieu hat in ihrem Online-Beitrag „Kinderspielformen und ihre Bedeutung für Bildungsprozesse“ (Handbuch „Kindergartenpädagogik“) in den Bildungsplänen verschiedener Bundesländer recherchiert. So hebt insbesondere der Berliner Bildungsplan „das selbstbestimmte Lernen mit allen Sinnen“ hervor und setzt auf die Entwicklung von Fantasie und Vorstellungsvermögen.

Die Bildungspläne differenzieren auch zwischen *freiem und angeleitetem Spielen* – philosophische Spiele gehören zu den angeleiteten Formen, bei denen gezielt ein Lerneffekt erreicht werden soll. Beim freien Spielen entscheiden die Kinder selbst, was und wie sie spielen (freie Gestaltung des Spiels), wobei nicht auszuschließen ist, dass sie dabei auch philosophieren.

Spiele fördern
kognitive Kompetenzen (u.a. vernetztes Denken, Sprachförderung)
motorische Kompetenzen (Entwicklung der Gesamtmotorik)
soziale Kompetenzen (u.a. Regelbewusstsein, kooperatives Verhalten)
emotionale Kompetenzen (Erleben unterschiedlicher Gefühle)
kreative Kompetenzen (u.a. Förderung von Fantasie)
Handlungskompetenzen (Probehandeln für die Wirklichkeit; Einüben von moralisch gutem Verhalten)

Beim Philosophieren sollen Spiele die Suche nach Antworten auf Sinnfragen an die Welt unterstützen, indem sie einige Kompetenzen von Kindern gezielt fördern und *Kognition, Emotion sowie Handeln als gemeinsame Aktion verbinden*. Dies gilt sowohl für die frühkindliche Bildung als auch für den Primarbereich, d.h. durch Spiele wird eine kognitive Überforderung des Philosophierens gezielt vermieden und die Anschaulichkeit des Denkens betont.

Peter Köck unterstreicht vor allem für den Ethikunterricht (siehe I/2) die Handlungskompetenzen im moralischen Bereich, die durch Spiele entwickelt bzw. simuliert werden können. „Spiele (. . .)

– thematisieren auch moralische Entscheidungssituationen, die der erlebte Schulalltag nicht hergibt
– sie bringen ethisch relevante Sachverhalte durch Veranschaulichung und Verdeutlichung im spielerischen Durchleben auf den Punkt (...)
– sie fördern die Einübung in moralisches Handeln ohne erhobenen Zeigefinger (...)
– Ethische Urteilsbildung erfolgt immer auf emotionaler Basis" (Köck 2005, S. 236/137).

Beim Philosophieren sollten Spiele im Sinne von Peter Köck wichtige Gedanken veranschaulichen, ein Experimentierfeld für Entscheidungen und Handlungsalternativen bieten sowie Reflexions- und Empa*thiefähigkeiten stärken.* Dazu können in Anlehnung an die Grundmethoden des Philosophierens (siehe II/4.1-4.5) die folgenden Spielformen zum Einsatz kommen.

Spielformen beim Philosophieren

1. *phänomenologische Methode*: Wahrnehmungsspiele, Stille-Übungen und Konzentrationsspiele
2. *hermeneutische Methode*: Texttheater, theatrales Philosophieren
3. *analytische Methode*: Begriffsspiele, Argumentations- und Entscheidungsspiele
4. *dialektische Methode*: Fragespiele, Rätselspiele, Kommunikationsspiele, Rollenspiele
5. *spekulative Methode*: Abenteuerspiele, Regelspiele, Gedankenreisen, Schrieb- und Musikmeditationen

Zu 1. Spiele zur Entwicklung von phänomenologischen Kompetenzen beziehen sich auf das *Training der Sinne* und wollen die Wahrnehmungs- und Beobachtungstätigkeit schärfen: Farb- Form- Geräusch- oder Geruchsunterscheidungen sowie Gedächtnisträining stehen im Mittelpunkt. Hierbei wird hauptsächlich mit Gegenständen gespielt, wie zum Beispiel verschiedene Gegenstände zu einer philosophischen Frage erraten, klassifizie-

ren oder erzählen lassen; sich imaginäre Gegenstände vorstellen, sich an verschiedene Gegenstände zu einem philosophischen Thema erinnern, Geräusche aus Natur und Umwelt einfangen und klassifizieren (siehe Brüning 2006 V/4).

Stille- und Konzentrationsübungen, die Kinder schon fächerübergreifend kennen und anwenden, sollen die Aufmerksamkeit für sinnliche Eindrücke schärfen.

Zu 2. Spiele zur Entwicklung von hermeneutischen Kompetenzen betreffen das *Tetxtheater*. Die Kinder äußern je einen wichtigen Satz aus einem Text und „komponieren" ihn dadurch neu (siehe auch I/4.2). *Christian Gefert* hat mit seinem *Konzept des theatralen Philosophierens* diese Form spielerisch weiterentwickelt. Die Kinder gestalten in Gruppen einen wichtigen Gedanken aus einem Text durch eine Bewegung oder eine Szene (theatrale Ausdrucksform), wobei auch die Sprache zu Hilfe genommen werden kann (siehe Gefert 2005, S. 208).

So könnte beispielsweise die These „Gedanken sind wie Seifenblasen" aus dem Buch „Prinzessin Lara und der kleine Saurier" (siehe V/4) in Form von aufsteigenden Handbwegungen theatral umgesetzt werden.

Christian Gefert hat die Methode der szenischen Gestaltung von philosophischen Texten in Form eines Projekts für ältere Schülerinnen und Schüler entwickelt – sie kann aber in vereinfachter Form auch für das Philosophieren mit jüngeren Kindern genutzt werden. Ein exemplarisches Beispiel hierfür ist das Spiel „Kreuzverhör". Ein Kind (das Opfer) sitzt auf einem Stuhl und wird von zwei „Verhörenden" einem Kreuzverhör unterzogen. Grundlage des Verhörs ist ein kurzer Text (Märchen, Geschichte etc.). Die Verhörenden befragen das Opfer über den Text. Es darf darauf nur mit Begriffen oder Gedanken aus dem Text antworten. Je mehr die „Verhörenden" mit ihren Fragen nachbohren, desto intensiver wird der Text erschlossen. Nach einer gewissen Zeit sollten die Rollen gewechselt werden (siehe Gefert 2005, S. 212).

Zu 3. Spiele zur Entwicklung analytischer Kompetenzen umfassen hauptsächlich Begriffs- Argumentations- und Entscheidungsspiele, d.h. die Kinder klären und veranschaulichen philosophische Begriffe auf spielerische Art und Weise und entwickeln eine Sensibilität für deren Bedeutungsvielfalt. Dazu gehören beispielsweise Buchstabenspiele, Begriffs-

Rätselspiele, die Gestaltung von Begriffen als Pantomine, Begriffsgeschichten und entgegengesetzte Begriffe bzw. Oberbegriffe finden (siehe Brüning V/4 2006, S. 34-52).

Mit Kindergartenkindern lässt sich zum Beispiel das Spiel „Wörter zusammensetzen“ spielen. Ein Kind sagt zu einem Thema wie „Natur“ einen Begriff, zum Beispiel „Baum“. Nun müssen die Mitspielerinnen und Mitspieler in einer vorgegebenen Zeit, die mit einer Sanduhr angezeigt werden kann, so viele zusammengesetzte Begriffe wie möglich suchen:

Apfelbaum, Baumkrone, Baumrinde, Baumstamm...

Eine mögliche Weiterführung des Spiels könnte darin bestehen, dass sich jedes Kind am Schluss einen Lieblingsbegriff aussucht und dazu eine Geschichte schreibt oder ein Bild malt.

Die Spiele zum Argumentieren sollen die Fähigkeit entwickeln, einen bzw. mehrere Gründe für philosophische Meinungen zu finden. Dazu gehört als wesentliche Spielform die Argumentationskette.

Ein Kind äußert seine Meinung zu einem philosophischen Problem, wie: „Menschen brauchen Freunde.“ Dazu müssen nun alle anderen Kinder einen Grund anführen, wobei sich die Gründe nicht wiederholen dürfen.

„Menschen brauchen Freunde“.

weil sie nicht allein sein möchten,
weil sie jemanden zum Zuhören brauchen
weil sie jemandem ihre Geheimnisse erzählen wollen...

Das Kind, das zuletzt an der Reihe ist, hat den höchsten Schwierigkeitsgrad, weil es genau zuhören muss, was die anderen gesagt haben. Gegebenenfalls muss es sich einen neuen Grund ausdenken, wenn der vorher ausgesuchte Grund schon genannt wurde.

Wenn ein Kind keinen neuen Grund mehr weiß, bricht die Kette ab.

Es ist auch möglich, dieses Spiel mit der Regel zu spielen, dass jemand, der keinen Grund mehr weiß, ein Pfand abgeben muss. Das Spiel sollte erst gespielt werden, wenn Kinder das Argumentieren geübt haben.

Entscheidungsspiele setzen das Argumentieren voraus. Sie regen dazu an, insbesondere in ethischen Fragen eine begründete Lösung zu präsentieren. Das bekannteste Spiel dieser Kategorie ist das *Vier-Ecken-Spiel* (siehe hierzu die ausführliche Erklärung auf der Seite 57/58).

Zu 4. Spiele, welche die dialektische Kompetenz fördern sollen, unterstützen vor allem die *Gesprächsfähigkeiten von Kindern*. Hierzu gehören *Fragespiele*, die Kindern helfen, ein philosophisches Thema von allen Seiten einzugrenzen (siehe den Fragewürfel auf der Seite 35 in diesem Buch). Dieser Spieltypus kann in Kombination mit der spekulativen Methode angewendet werden, wenn es beispielsweise um die Beschäftigung mit Philosophinnen und Philosophen geht: Stellt euch vor, der Philosoph/die Philosophin... Aristoteles wäre jetzt in unserer Klasse, welche Fragen über... Freundschaft würdet ihr ihm stellen?

Fragespiele stehen in einem engen Zusammenhang mit *Rätselspielen*: Die Kinder denken sich zu einem philosophischen Begriff oder Thema ein Rätsel aus, d.h. sie umschreiben das Problem bzw. den Begriff, der dann von den anderen erraten werden soll.

Eine wichtige Form dieser Spiele-Kategorie sind *Rollenspiele*, die sowohl *verbale als auch nonverbale Formen* annehmen können.

Rollenspiele haben bereits im frühen Kindesalter eine große Bedeutung, weil sie auch jüngeren Kindern ermöglichen, sich in eine andere Rolle hineinzuversetzen und die *Fähigkeit des Perspektivwechsels* zu entwickeln. Darüber hinaus wird auch die *Fähigkeit zur Rollenübernahme gestärkt*.

Das nonverbale Rollenspiel – die Gestaltung eines Problems durch Körpersprache – fördert beim Philosophieren vor allem die Fähigkeit der ganzheitlichen Beschäftigung mit einer phlosophischen Frage, die in einem Dialog zugunsten des gesprochenen Wortes zurückgedrängt wird. Wesentliche Formen sind die *Pamtomime als Einzeldarstellung* eines philosophischen Gedankens, der *pantomimische Dialog* zwischen mindestens zwei Partnern und das *Standbild als Gruppendarbietung*. Dabei wird zwischen Körper- und Handpantomime unterschieden.

In Anlehnung an die Wiener Philosophin *Margarete Wenzel* kann mit jüngeren Kindern das folgende Handspiel durchgeführt werden (siehe Wenzel 1995, S. 43): Je zwei Partner stellen mit der „Hand" ein philosophisches Problem dar. Es soll dann von den anderen Kindern erraten werden. Vorher muss allerdings der Problembereich allen Kindern bekannt sein, zum Beispiel Glück, Freundschaft oder Gefühle. Die Kinder können auch kleine pantomimische Geschichten erzählen, entweder als Handpantomime oder mit dem ganzen Körper.

Das verbale Rollenspiel umfasst hauptsächlich das darstellende Spiel, in dem der Sprache eine wichtige Bedeutung zukommt. Beim Philosophieren steht dabei die *Fähigkeit, eine vorgegebene Rolle zu verändern* im Vordergrund, d.h. ein Kind spielt genau das Gegenteil einer vorgegebenen Rolle und macht beispielsweise einen guten König zu einem bösen König. Diese Rollenveränderung kann spielerisch geübt werden, indem philosophische Begriffspaare wie gerecht und ungerecht und eine dazugehörige Situation vorgegeben werden, wie beispielsweise: „Spielt eine Szene, in der eine Mutter ihr Kind ungerecht behandelt. Danach werden die Rollen verändert, d.h. es wird eine Szene gestaltet, in der das Kind von der Mutter gerecht behandelt wird."

Nach diesem Muster können auch bekannte Märchen neu gestaltet werden: Stell dir vor Rotkäppchen hätte auf seine Mutter gehört und wäre nicht vom Weg abgekommen; wie hätte sich dann das Märchen verändert?

Die Fähigkeit zur Rollenveränderung steht in einen engem Zusammenhang mit den Spielen zur spekulativen Methode. Dazu gehören insbesondere im Kindergarten *Abenteuerspiele*. Die Kinder stellen sich vor, in ein Fantasieland zu reisen. Dazu wird *aus Pappe ein Guckloch* gebastelt, durch das die Kinder nach Fantasien blicken und erzählen, wen sie mitnehmen oder was sie sehen, riechen, fühlen. Das Guckloch wird von einem zum anderen weitergegeben, zum Beispiel als Kreisspiel. Dann entsteht eine ellenlange Fantasiegeschichte. Zum Schluss kann zusammengefasst werden, an welche Dinge aus Fantasien sich die Kinder noch erinnern; dadurch wird gleichzeitig das Gedächtnis gestärkt.

Zu dieser Kategorie gehören auch alle *„Stell dir vor" bzw. „Was wäre, wenn-Spiele"*, bei denen sich Kinder überlegen, was passieren würde, wenn eine betreffende Situation eintreten würde. Jeder sollte eine Antwort geben, die nicht mit einer bereits geäußerten Meinung übereinstimmt. Die Antwort sollte immer mit der Formel beginnen: „... Dann würde ich...". Das Spiel ist beendet, wenn niemand mehr eine Idee hat.

Folgende Situationen könnten durchgespielt werden:

Stell dir vor, du müsstest im Wasser/im Wald/auf dem Mars leben.

Stell dir vor, du wärst in einem anderen Land geboren worden…
Stell dir vor, die Menschen wären unsterblich.
Stell dir vor, es wäre immer dunkel auf der Welt.
Stell dir vor, Kinder würden die Schulen leiten/das Land regieren.
Stell dir vor, du wärst ein Hund/ein Delphin… Was würdest du den Menschen sagen wollen?

Eine weitere Kategorie sind *Schreib- oder Musikmeditationen*. Dabei werden zu einem vorher festgelegten philosophischen Thema ein Begriff, ein Symbol oder eine kleine Melodie vorgegeben, zu der die Kinder assoziieren sollen, d.h. sie malen, schreiben, gestalten eine Pantomime, Plakate oder Standbilder.

Zur Entwicklung des Perspektivwechsels sollten auch *Spiele zum fremden Blick* gespielt werden (siehe hierzu auch I/5.5). Sie regen Kinder dazu an, sich in eine fremde Person und ihre Denk- und Gefühlswelt hineinzuversetzen, in Form von Spielassoziationen wie „Ich wäre gern…“. Jedes Kind sucht sich eine Person aus, die es gern einmal sein möchte und begründet die Wahl. Hierzu können auch Pantomimen oder Rätsel gestaltet werden.

Spiele ermöglichen beim Philosophieren einen ganzheitlichen Blick auf wichtige Sinnfragen und vertiefen Methoden des Nachdenkens. Sie sind ein wichtiges Element des gemeinsamen Reflexions- und Gesprächsprozesses, ersetzen diesen aber nicht.

Quellenverzeichnis für dieses Kapitel

Aristoteles: Metaphysik. Stuttgart 2006.

Dewey, John: Schule und öffentliches Leben. Berlin 1905.

Gefert, Christian: Das theatrale Spiel mit dem philosophischen Text – das theatrale Philosophieren. In: Marsal, Eva/Dobashi, Takahara (Hrsg.): Das Spiel als Kulturtechnik ethischen Lernens. Münster 2005, S. 207-214.

Gerlach, Sybille: Nachdenklichkeit lernen. Philosophische Wurzeln – Entwicklungspsychologische Bedingungen – Pädagogisches Handeln. München 2003.

Gopnik, Alison: Kleine Philosophen. Was wir von unseren Kindern über Liebe, Wahrheit und den Sinn des Lebens lernen können. Berlin 2011, 2. Auflage.

Hume, David: Ein Traktat über die menschliche Natur, Bd. 2. Über die Affekte. Über Moral. Hamburg 1978.

Jaspers, Karl: Einführung in die Philosophie. München 1998, 21. Auflage.

Köck, Peter: Spielend lernen: Eine anthropologische Kulturtechnik für den Ethikunterricht. In: Marsal. Eva/Dobashi, Takahara (Hrsg.): Das Spiel als Kulturtechnik des ethischen Lernens. Münster 2005.

Lipman, Matthew: Harry Stottlemeiers Entdeckung.Sankt Augustin 2009, 2. Auflage (Darstellung verschiedener syllogistischer Regeln des griechischen Philosophen Aristoteles für 12jährige Schülerinnen und Schüler).

Matthews, Gareth B.: Denkproben – Philosophische Ideen jüngerer Kinder. Berlin 1991.

Nussbaum. Martha: Nicht für den Profit. Warum Demokratie Bildung braucht. Überlingen 2012.

Piaget, Jean: Urteil und Denkprozess des Kindes. Düsseldorf 1973.

Piaget, Jean: Das Weltbild des Kindes. Düsseldorf 1980.

Sharp, Ann Margaret: Unterrichtsgegenstand Gefühle: Das Klassenzimmer als „Community of Inquiry“. In: Eva Marsal (Hrsg.): Ethische Reflexionskompetenz im Grundschulalter. Frankfurt am Main 2007.

Teilrahmenplan Ethik des Ministeriums für Bildung, Wissenschaft, Jugend und Kultur Rheinland-Pfalz 2012.

Wittgenstein, Ludwig: Philosophische Untersuchungen. Frankfurt am Main 1977.

Wenzel, Margarete: Philosophische Spiele für Groß und Klein. München 1995.

III

Philosophisches Grundwissen

Abb. 9: Kinder denken nach

Der Gegenstand der philosophischen Tradition umfasst Sinnfragen, die sich auf fundamentale Probleme menschlicher Existenz beziehen, wie die Frage, was ein gutes Leben ist oder wie das Universum entstanden sein könnte. Solche Sinnfragen wurden in allen Epochen der Philosophie gestellt und betreffen nicht nur die wissenschaftliche Philosophie, sondern auch die Alltagsphilosophie (siehe hierzu I/1). Der deutsche Philosoph Immanuel Kant (1724-1804) hat sie in seiner Methodenlehre zur „Kritik der reinen Vernunft" in vier Bereichen kategorisiert (Kant 1979, S. 818-820/§ A 805):

Was kann ich wissen? Entstehung der Welt, Erkenntnis, Sprache	*Was soll ich tun?* Werte und Normen, Gut und Böse, die Frage nach dem guten Leben
Was darf ich hoffen? Religion, Modelle einer gerechten Welt (Utopien)	*Was ist der Mensch?* Der Mensch als natürliches, politisches und kulturelles Wesen

Kant konzipierte die vier Grundfragen der Philosophie als Systematisierungskategorien philosophischer Gegenstände, jedoch mit einem wesentlichen Bezug auf das theoretische und praktische Interesse der Vernunft, das er in seinen Schriften zur Erkenntnistheorie, in den Vordergrund gestellt hat. Für ihn mündeten die ersten drei Fragen in die vierte, die sich mit dem Selbstverständnis des Menschen befasst.

Die folgende Einführung in die vier Grundbereiche der Philosophie erhebt nicht den Anspruch, eine umfassende Darstellung der Systematik und Geschichte der Philosophie zu geben. Sie soll vielmehr Lehrkräften im Elementar- und Primarbereich und andere interessierte Erwachsene mit *wesentlichen Grundproblemen der philosophischen Tradition vertraut machen, die für das Philosophieren im frühen Kindesalter von Bedeutung sind* und Orientierungspunkte für philosophische Gespräche darstellen (siehe I/4.4). So werden zum Beispiel Sinnfragen nach Gut und Böse, Freundschaft, Gott und Gerechtigkeit besonders hervorgehoben, weil sie zum lebensweltlichen Erfahrungshorizont von jüngeren Kindern gehören. Andere gesellschaftlich relevante Themen wie Sterbehilfe oder Neurophilosophie, die den Zusammenhang von neuronalen Verbindungen im Gehirn und dem menschlichen Bewusstsein untersucht, werden dagegen nicht berücksichtigt. Sie würden den Umfang dieses Buches überfordern.

Beispiele für philosophische Kinderfragen

1. Was kann ich wissen?
Woher kommt der Himmel?
Wie sind die Sterne entstanden?
Wie kommen die die Wörter in meinen Kopf hinein?
Warum sprechen Menschen verschiedene Sprachen?

2. Was soll ich tun?
Warum gibt es Glück und Unglück im Leben?
Weshalb darf ich bestimmte Dinge tun und andere nicht?
Warum gibt es böse Menschen auf der Welt?
Sind Tiere auch gut und böse?

3. Was darf ich hoffen?
Wer oder was ist Gott?
Warum gibt es verschiedene Religionen auf der Welt?
Was ist eine gerechte Schule/eine gerechte Welt?
Was wäre, wenn es keinen Streit auf der Welt gäbe?

4. Was ist der Mensch?

Woher kann ich wissen, wer ich bin?
Wäre ich auch ich, wenn ich in Afrika geboren worden wäre?
Gibt es mich nur einmal auf der Welt?
Können Tiere denken?

1 Was kann ich wissen?

Wenn ein Kind bei Rot über die Ampel gehen will, dann halten wir es zurück und sagen: „Pass doch auf, du darfst erst bei Grün über die Straße gehen". Die Kinder lernen die Funktionsweise einer Ampel durch zwei wesentliche Tätigkeiten kennen: durch die sinnliche Wahrnehmung und die Erfahrung – sie überqueren immer wieder die Straße zum Kindergarten oder zur Schule und sehen die Ampel. Ihre Wahrnehmung und Erfahrung wird durch den Umgang mit Begriffen wie Ampel ergänzt, was zu einem

Wissenszuwachs führt, d.h. beide Komponenten sind wichtig: Sinnlichkeit und Begriff.

Die Frage, ob und wie Menschen zuverlässiges Wissen über die Welt erlangen, gehört seit dem Beginn der antiken Philosophie in Griechenland im 6. Jahrhundert v. Chr. zu den wesentlichen Problemkreisen.

Bereits vor mehreren tausend Jahren versuchten die Menschen insbesondere in Mythen (griech. Rede oder Erzählung) die Welt zu deuten. Sie dachten sich bildhafte Geschichten aus, um unverständliche Vorgänge und Zusammenhänge in der Welt zu erklären. Solche Mythen erzählen beispielsweise von einem Zustand, als die Welt noch nicht von Menschen bewohnt war und völlig anders aussah. In dieser Zeit sollen übernatürliche Kräfte wie Götter das Universum geschaffen und gelenkt haben. Wir sprechen in diesem Zusammenhang von *Kosmogonien*, von Göttererzählungen über den Ursprung der Welt.

Mit Beginn der philosophischen Tradition entstand die *Kosmologie*. In diesem Begriff steckt das griechische Wort „Logos" (Vernunft), d.h. Kosmologie bedeutet auf Deutsch, eine vernünftige Erklärung für die Entstehung der Welt zu finden.

Die ersten Philosophen der Welt kamen von der griechischen Insel Milet wie zum Beispiel *Thales* (ca. 624-546 v. Chr.). Sie interessierten sich für Naturphänomene und staunten über die veränderlichen Erscheinungen am Sternenhimmel und auf der Erde. Sie stellten sich die Frage, ob es eine feste Substanz hinter den sich verändernden Dingen auf der Welt gibt und *woher das Universum überhaupt kommt?*

Als feste Substanz, die hinter allen Dingen auf der Welt steht, bestimmte Thales das Wasser und *Anaximenes* (ca. 585-525 v. Chr.) die Luft. *Anaximander* (ca. 611-546 v. Chr.) meinte hingegen, dass das Apeiron, das Unendliche, den Grundstoff des Universums bildet und schuf damit die Basis für die moderne Urknalltheorie. Sie geht davon aus, dass das durch eine Teilchenexpolsion entstandene Weltall unendlich ist.

Die griechischen Philosophen *Demokrit* (ca. 460-370 v. Chr.), *Leukipp* (ca. 5. Jh. v. Chr.) und *Epikur* (ca. 341-271 v. Chr.) sahen in den Atomen die kleinsten Teilchen des Universums, das durch einen Wirbel entstanden sein soll und von Ewigkeit her existiert. Demokrit vermutete sogar „unzählige Welten" im All. Ihre Entfernungen voneinander seien ungleich; einige seien am Wachsen und andere im Schwinden begriffen (siehe Capelle 1968, S. 416). Dieser Gedanke wurde später von dem italienischen Philosophen und Mönch *Giordano Bruno* (1548-1600) in seiner Schrift „Über das Unendliche" wieder aufgenommen. Er ging davon aus, dass eine „Unendlichkeit an Welten" existiert, von denen sogar einige wie die Erde bewohnt seien.

Die vorsokratischen Philosophen begründeten diejenige Disziplin der Philosophie, die sich mit der Entstehung der Welt bis in die Gegenwart hinein beschäftigt. Die mythischen Göttererzählungen wurden durch Überlegungen abgelöst, die sich am Logos, an der Vernunft orientieren. Dabei ist es durchaus auch auf rationaler Basis möglich, zur Erklärung der Entstehung des Universums einen „Erstbeweger" (Gott) anzunehmen, wie das zum Beispiel der griechische Philosoph *Aristoteles* (384-322 v. Chr.) vorschlug.

Gegenwärtig wird in der Philosophie wie in den Naturwissenschaften die Urknalltheorie diskutiert. Sie erklärt, dass das Universum einschließlich unseres Sonnensystems und der Erde vor ca.13.8 Milliarden Jahren durch eine Gasexplosion entstanden ist – Demokrit nannte das eine „Wirbelbewegung". Durch langsames Abkühlen wurde die einst gasförmige Erde fest und vor ca. 4 Milliarden Jahren entstanden das Festland und die Meere, welche die Entwicklung von Lebewesen ermöglichten.

Für das Philosophieren mit Kindern haben sowohl Komogonien in Form von Märchen und Mythen als auch die Kosmologien eine wichtige Bedeutung. Sie geben unterschiedliche Erklärungen über den Ursprung der Welt; beide Weltdeutungsformen sollten bereits jüngeren Kindern vorgestellt werden (siehe hierzu Oberthür 2010, 7. Auflage und Brüning 2010).

Die philosophischen Überlegungen über die Entstehung des Universums führten schließlich zu der Frage, wie Menschen zu Erkenntnissen über die Welt gelangen. Die Beschäftigung mit dieser Problematik wird in der Philosophie *Erkenntnistheorie* genannt. Sie geht davon aus, dass wir Menschen die Subjekte der Erkenntnis sind und unsere Erkenntnisinteressen auf mögliche Objekte richten, die sich in zwei große Gruppen einteilen lassen: die Welt als das den Menschen „Umgebende" und die Menschen selbst.

Im Laufe der philosophischen Tradition haben sich zwei wichtige erkenntnistheoretische Richtungen entwickelt: der *Empirismus und der Rationalismus*.

Der Empirismus sieht als Quelle der Erkenntnis die sinnliche Wahrnehmung an. So finden Kinder beispielsweise eine Muschel am Strand. Sie betrachten die Muschel von allen Seiten, drehen sie um und riechen daran oder versuchen in sie hinein zu hören, ob sie noch rauscht. Die fünf Sinne werden aktiv genutzt, um sich eine Vorstellung davon zu machen, wie die Muschel beschaffen ist.

Der englische Philosoph *John Locke* (1632-1704) hat in seinem Essay „Über den menschlichen Verstand" nur die *Sinneswahrnehmungen als überprüfbare Quelle der Erkenntnis* gelten lassen. Er unterschied zwei Arten von Wissensinhalten: einfache und zusammengesetzte Ideen. Die einfachen Ideen sind Resultate der Sinneswahrnehmungen und Grundlage unserer Erkenntnis, d.h. Kinder haben zum Beispiel wichtige Merkmale einer Muschel aufgrund einer sinnlichen Untersuchung erkannt. Denn für Locke war klar, dass nichts in den Verstand gelangt (mit Verstand meint er die geistige Tätigkeit), was vorher nicht in den Sinnen gewesen ist.

Die zusammengesetzten Ideen sind vom Verstand kombinierte Sinneswahrnehmungen. So ist es möglich, durch empirische Untersuchungen verschiedener einzelner Muscheln das ihnen Gemeinsame herauszufinden. Ohne eine sinnliche Wahrnehmung jedoch ist die Vernunft nach Auffassung von Locke nicht zur Erkenntnis fähig. Ihre Aufgabe besteht lediglich darin, bildliche Vorstellungen von Objekten zu liefern bzw. sie zu verknüpfen oder zu trennen.

Auch der Philosoph *David Hume* (1711-1776) vertrat diese empiristische Erkenntnistheorie, geht jedoch noch einen Schritt weiter: Er will nur solche Begriffe für die Erkenntnis der Welt gelten lassen, die sich auf Sinneswahrnehmungen und empirische Erfahrungen zurückführen lassen. Allgemeingriffe, wie zum Beispiel „Menschheit" sind für Hume sinnlos, denn wahrnehmen könne man immer nur den einzelnen Menschen, nicht die Gesamtheit.

Der Empirismus hat für das Philosophieren mit Kindern eine wichtige Orientierung gegeben: Bevor über einen Gegenstand nachgedacht wird, sollte dieser zuvor mit allen Sinnen erfasst werden. Dadurch können Kinder eine bestimmte Vorstellung über ihn entwickeln, indem sie ihn von allen Seiten zu „beleuchten“. So kann ich einer Figur manchmal nicht ansehen, ob sie aus Gips oder aus Holz ist. Also muss ich das Material „befühlen“. Der Einsatz aller fünf Sinne beim Erlangen von Erfahrungswissen ist deshalb eine wichtige Voraussetzung des weiteren Nachdenkprozesses. Die Wahrnehmungen richten sich nach Ansicht von Locke nicht nur auf äußere Gegenstände, sondern auch auf *innere Wahrnehmungen*, zu denen die folgenden Tätigkeiten gehören: „... wahrnehmen, denken, zweifeln, glauben, schließen, erkennen (...). Indem wir uns ihrer bewusst werden und sie in uns beobachten, gewinnen wir von ihnen für unseren Verstand ebenso deutliche Ideen wie von Körpern, die auf unsere Sinne einwirken. Diese Quelle von Ideen liegt ausschließlich im Innern des Menschen, und wenn sie auch kein Sinn ist, da sie mit den äußeren Objekten nichts zu tun hat, so ist sie doch etwas sehr Ähnliches und könnte als innerer Sinn bezeichnet werden“ (Locke 2000, S. 147).

Locke hat deshalb in seinem Buch „Einige Gedanken über Erziehung“ vorgeschlagen, Kindern öfter ungewöhnliche Dinge auf den Tisch zu stellen, die sie untersuchen können. Danach sollten Was-ist- und Warum-Fragen gestellt werden (siehe Locke 1997, S. 151-154 und I/4.1 – die phänomenologische Methode).

Wenn Kinder eine Muschel untersuchen, so ist es möglich, dass einige die Schale als hart empfinden und andere als weich. Auch jüngere Kinder machen in ihrem Alltag schon die Erfahrung, dass ihre Wahrnehmungen von anderen Menschen nicht immer geteilt werden. Dies führt manchmal zu Zweifeln, ob ein Gegensatnd wirklich so beschaffen ist, wie wir ihn wahrzunehmen glauben, oder ob uns die Sinne auch täuschen können?

Die Veränderlichkeit von Sinneswahrnehmungen haben dazu geführt, dass die Vertreter des Rationalismus Sinneseindrücke als wesentliche Quelle der Erkenntnis ablehnen, weil sie keine Gewissheit bieten, dass Wesen eines Gegenstandes zu erkennen. Diese *Gewissheit liefert nur die Vernunft*. Sie ist die Quelle der Erkenntnis; sinnliche Wahrnehmungen spielen lediglich eine untergeordnete Rolle. So kritisierte der französische Philosoph *René Descartes* (1596-1650), dass ein Objekt, das aus der Distanz wahrgenommen wird, andere Sinneseindrücke vermittele, als wenn wir es aus der Nähe betrachteten. Deshalb könnten Wahrnehmungen nach seiner Ansicht keine Gewissheit über die Erkenntnis geben; dies sei die alleinige Aufgabe der Vernunft.

Vernunft

- Verallgemeinerung von Sinneseindrücken
- logische Regeln aufstellen und prüfen
- Begriffe und Argumente formulieren und prüfen
- Zusammenhänge herstellen, Unterscheidungen herausfinden
- Prinzipien formulieren, zum Beispiel den Kategorischen Imperativ (Kant, III/2)

Bereits der griechische Philosoph Platon (427-348/47 v. Chr.) ging davon aus, dass Menschen aufgrund von Ideen die Welt erkennen, denn diese seien unveränderlich und ewig. Platon stellte sich vor, dass sie in einem Ideenkosmos existieren und durch die unsterbliche Seele „geschaut" werden. Sie dienen den Menschen als Erkenntnisinstrumente. So würde Platon davon ausgehen, dass eine Muschel dadurch eine Muschel ist und von den Menschen erkannt werden kann, weil sie Anteil an der unveränderlichen Idee der Muschel hat.

René Descartes hat Platons Ideen in das Bewusstsein der Menschen als „angeborene Ideen" verlagert. Er gilt deshalb auch als der *Begründer der neuzeitlichen Bewusstseinsphilosophie*; das Subjekt steuert die Erkenntnis; das Objekt der Erkenntnis ist untergeordnet. Ideen und Allgemeinbegriffe sind unabhängig von der sinnlichen Wahrnehmung und unbezweifelbar. Ihre unbezweifelbare Gewissheit ergibt sich nach Descartes aus dem Akt des Zweifelns selbst.

Die Methode des Zweifelns hat Descartes in seinen philosophischen „Meditationen" entwickelt. Alles, was wir über die Welt wissen, denken und für wahr halten, kann falsch sein. Unbezweifelbar ist allerdings, dass wir Menschen denken können. Und so prägte Descartes den berühmten Ausspruch: *Ich denke, also bin ich (Cogito ergo sum)*.

Sicheres Wissen ergibt sich für Descartes nur durch die Arbeit der Vernunft. Denn Gewissheit erlangen wir durch das, was klar, logisch und korrekt gedacht werden kann; deshalb entwickelte Descartes auch eine Methode der Erkenntnis.

Die Erkenntnismethode nach Descartes

Nur das kann für wahr gehalten werden, was klar, logisch und unbezweifelbar ist.	Probleme in Teilprobleme zerlegen und nacheinander bearbeiten.
Beim Einfachen beginnen und zum Schwierigen fortschreiten.	Vollständige Übersichten mit Zusammenhängen der Ideen anfertigen.

Weitere Vertreter der rationalistischen Erkenntnistheorie sind *Gottfried Wilhelm Leibniz* (1646-1716) und der holländische Philosoph *Baruch Spinoza* (1632-1677). Beide Philosophen haben insbesondere das logische Schließen als wesentlichen Bestandteil der Erkenntnis angesehen.

Immanuel Kant (1724-1804) hat in seinem Hauptwerk „Die Kritik der reinen Vernunft" den Empirismus und Rationalismus zusammengeführt, denn für ihn sind Begriffe ohne Anschauung leer und Anschauungen ohne Begriffe blind. Trotz dieser Wechselseitigkeit geht er aber wie die Rationalisten davon aus, dass Begriffe vor jeglicher Erfahrung (a priori) als Formen des Denkens im Bewusstsein des Menschen vorhanden sind. Sie müssen allerdings mit der Erfahrung verbunden werden. Ein Zwischengleid sind dabei die apriorischen Anschauungsformen Raum und Zeit, durch die das menschliche Bewusstsein Objekte der Außenwelt raum-zeitlich strukturiert.

Empirismus
Alle Erkenntnis stammt aus der *Erfahrung*; Grundlage der Erkenntnis sind *sinnliche Wahrnehmungen*

Rationalismus
Alle Erkenntnis kommt aus der *Vernunft*; Grundlage der Erkenntnis sind *angeborene Ideen*

Die Position Kants
Erkenntnis ist *Synthese von Erfahrungen und Begriffen* in Erfahrungs- und Vernunfturteilen

Für das Philosophieren mit Kindern ergibt sich aus der rationalistischen Position, dass bereits jüngere Kinder dazu angeregt werden sollten, eigene Gedanken, die ihnen durch den Kopf gehen, wertzuschätzen. Denn Gedanken sind wichtig, um sich in der Welt zu orientieren (siehe hierzu auch wertschätzendes Denken auf der Seite 89). Ich brauche den Begriff „Muschel", um die Muscheln am Strand für mich zu entdecken und von anderen Dingen zu unterscheiden. Je ausgeprägter das begriffliche Repertoire von Kindern ist, desto differenzierter können sie die Welt entdecken.

Für die Erkenntnis der Welt und den Erwerb von Wissen spielt auch die *Sprache* eine wichtige Rolle. Schon jüngere Kinder stellen fest, dass Menschen unterschiedliche Sprachen sprechen. Die *Sprachphilosophie* versucht deshalb, dass Gemeinsame aller Sprachen herauszuarbeiten, nämlich, dass sie *Zeichensysteme* sind. Unter einem Zeichen wird in der Sprache ein Symbol verstanden, dem eine Bedeutung zugeordnet wurde. Der Philosoph *Ernst Cassirer* (1874-1945) hat den Menschen deshalb auch ein Symbol schaffendes Wesen" (animal symbolicus) genannt. Der Mensch eröffnet sich durch Symbole die Möglichkeit, sinnlich-gegebenem Anschauungsmaterial eine Bedeutung zu verleihen. Symbole prägen als Werkzeuge der Weltaneignung seine Wahrnehmung und sein Denken.

Einzelne Zeichen (Symbole) bilden aber noch keine Sprache. Erst wenn sie nach festgelegten Regeln und Vorschriften miteinander verknüpft werden, ergibt sich eine *Bedeutungsvielfalt*, die für eine Sprache charakteristisch ist. „Wir Menschen haben die Sprache konstruiert, wir haben vereinbart, die uns umgebenden Dinge durch unterschiedliche Wörter zu kennzeichnen. (. . .) Diese „konventionelle" Sprache fängt mit einem ersten Wort an, über dessen Bedeutung man übereinkommt, also Übereinstimmung erzielt, und ist beliebig ausdehnbar. Das bedeutet: Wir können in unserer Sprache immer neue Wörter bilden" (Simon-Schäfer 2001, S. 30-31).

Die Verknüpfung von Zeichen innerhalb einer Sprache wird Syntax genannt; die Summe aller Zeichenbildungs- und Verknüpfungsregeln Grammatik.

Neben der Struktur der Sprache und der Frage, ob es möglicherweise eine Ursprache der Menschheit gegeben hat, beschäftigt sich die Sprachphilosophie auch damit, die unterschiedlichen Funktionen der Sprache im Zusammenleben der Menschen herauszuarbeiten.

Sprache

- *Information*: Mitteilungen vom Sender an den Empfänger
- *Kommunikation*: Verständigung in Gemeinschaften
- *Ausdruck*: Ausdruck von emotionalen Zuständen und Empfindungen, z.B. Freuden- oder Schmerzschrei
- *Appell*: Artikulation von Handlungsanweisungen wie Befehlen, Warnungen oder Hilferufen
- *Darstellung*: Abbildung von Sachverhalten, Situationen, Gedanken oder Gefühlen

Im 20. Jahrhundert war es insbesondere der österreichische Philosoph *Ludwig Wittgenstein* (1889-1951), der *Sprache und Handeln miteinander in Beziehung gesetzt hat*. Die Verwendung von Zeichen geschieht immer in einem bestimmten Handlungskontext; die Bedeutung eines Zeichens wird demzufolge durch seinen Gebrauch bestimmt, der Ausdruck einer bestimmten Lebensform ist;

Wenn wir beispielsweise die Bedeutung des Wortes Stuhl erklären wollen, dann berücksichtigen wir vor allem die Tätigkeit, wozu wir den Stuhl brauchen, nämlich zum Sitzen. Da jemand jedoch auch auf anderen Gegenständen wie dem Fußboden sitzen kann, ist es darüber hinaus wichtig, dass ein Stuhl auf mehreren Beinen steht, damit wir erhöht sitzen können, um beispielsweise an einem Tisch essen oder schreiben zu können (zur Analyse von Begriffen siehe auch I/4.3).

Wittgenstein hebt hervor, dass die Menschen mit der Sprache nicht nur verschiedene Gegenstände und ihre Funktion benennen, sondern auch verschiedene Tätigkeiten: Sie spielen *Sprachspiele*. Dazu gehören Tätigkeiten wie das Beschreiben eines Gegenstands oder eines Vorgangs, Hypothesen aufstellen, Geschichten erfinden, Rätsel raten, Rechenoperationen durchführen oder Fragen stellen (siehe Wittgenstein 1977, S. 28/29). Der Begriff „Sprachspiel" soll verdeutlichen, dass diese Tätigkeiten wie beim Spielen nach bestimmten Regeln und Vorschriften ablaufen, die sich von Lebensform zu Lebensform unterscheiden können und Einfluss auf das Weltbild haben: Das Sprachspiel, das ich spiele ist verantwortlich dafür, welches Weltbild ich habe: „Die Grenzen meiner Sprache sind die Grenzen meiner Welt".

Eine weitere Richtung der Sprachphilosophie ist die *Philosophie der exakten Sprache*, die vom Wiener Kreis entwickelt wurde. Dabei handelte es sich um eine Gruppe von Philosophen und Wissenschaftstheoretikern um *Moritz Schlick* (1882-1936). Sie wollten die Sprache von Mehrdeutigkeiten und „metaphysischen" Begriffen „reinigen" und so etwas wie eine Idealsprache konstruieren, die ähnlich wie die präzisen Symbolsprachen der Logik und Mathematik ein von allen Wissenschaften akzeptiertes Verständigungsinstrument sein sollte. Der Wiener Kreis erkannte jedoch, dass insbesondere die Geisteswissenschaften ohne vielfältige Sprachmittel nicht auskommen und kehrte wieder zur „Philosophie der normalen Sprache" zurück.

Für das Philosophieren mit Kindern ist wichtig, dass Kinder die Bedeutungen von Wörtern lernen, indem ihnen die Funktion eines Gegenstandes oder einer Verhaltensweise erklärt wird: „Ein Stuhl ist zum Sitzen da; beim Turnen bewegen wir den Körper und machen Übungen."

Die Schwierigkeit beim Philosophieren besteht jedoch darin, dass hier vor allem abstrakte Begriffe wie Natur oder Freundschaft verwendet werden, auf die man nicht einfach so zeigen kann, weil sie nicht sinnlichwahrnehmbar sind. Deshalb sollten auch diese Begriffe in „konkrete Gegenstände zerlegt werden", wie zum Beispiel der Begriff Natur in Tannenzapfen, Äste, Steine etc. Durch diese Konkretisierung prägen sich schwierige Begriffe besser ein und das begriffliche Repertoire der Kinder vergrößert sich.

Kinder sollten lernen, die Sprache als ein Instrument zu schätzen, das ihnen ermöglicht, sich über Gegenstände zu verständigen, auch wenn diese nicht unmittelbar in ihrer Umgebung vorhanden sind. Wenn sich also Kinder einen Begriff von einem Gegenstand machen, dann wissen sie, was damit gemeint ist und können ihn benennen. Sie sind dann auch in der Lage, alle anderen Gegenstände ihrer Umwelt daraufhin untersuchen, ob sie sich dem jeweiligen Begriff zuordnen lassen: Wenn ein Kind am Strand eine Muschel findet und den Begriff „Muschel" kennt, kann es die Muschel als solche identifizieren und dem Begriff „Muschel" zuordnen. Das begriffliche Wissen ermöglicht ihm, verschiedenen Gegenständen auf der Welt eine Bedeutung zu verleihen.

2 Was soll ich tun?

Der 10jährige Oliver hat heimlich am Nachmittag ferngesehen, obwohl Mama ihm das verboten hat. Er soll nach der Schule erst einmal seine Hausaufgaben erledigen.

Als seine Mutter am Abend nach Hause kommt und fragt, ob er ferngesehen hat, antwortet Oliver nicht. Er hat sich die ganze Zeit gut überlegt, lieber nichts zu sagen, dann muss er auch nicht lügen. Und Mama kann dann auch nicht böse auf ihn sein.

Die *Frage nach Gut und Böse menschlichen Handelns* stellt sich schon im Kindesalter, wie Olivers Verhalten zeigt – sie ist auch das *Kernproblem der Ethik.*

Aristoteles begründete die Ethik als eine eigenständige philosophische Disziplin. Seine „Nikomachische Ethik" war das erste philosophische Ethikbuch, das er wahrscheinlich für seinen 12jährigen Sohn Nikomachos geschrieben hat – eindeutig belegt ist diese Annahme allerdings nicht.

Der *Begriff Ethik* wird von dem griechischen Wort *ethos* abgeleitet und hat eine doppelte Bedeutung: Er bezeichnet auf der einen Seite *Sitten* (Normen) und *Bräuche* („was man so tut"), wie z.B. den Brauch zu Ostern Osterfeuer anzuzünden. Diese Bräuche werden von Generation zu Generation überliefert, ohne lange darüber nachzudenken.

Auf der anderen Seite bezeichnet *ethos* auch Handlungen, die durch Überlegung und Übung bestimmt sind: Ein Mensch entwickelt durch Übung und Nachdenken eine *Lebenseinstellung*, die ihn dazu befähigt, wenn er oder sie gefordert wird, *Gutes zu tun*: Wenn ich bemerke, dass jemand nichts zu essen hat, dann teile ich mein Brot mit ihm.

Der *Begriff Moral*, umfasst hingegen nicht die ethische Qualität einer Handlung, sondern *Werte und Normen bestimmter Gemeinschaften, Gruppen oder von Einzelpersonen*. So gibt es zum Beispiel eine Moral der Christen oder eine Moral der Muslime.

Ethik: menschliche Handlungen, denen die Qualität „moralisch gut“ zukommt, wie z.B. anderen Menschen in Not helfen
Moral: moralische Werte und Normen von bestimmten Gemeinschaften, z.B. die Moral der Eskimos

Die Ethik als philosophische Disziplin lässt sich in *vier größere Gebiete* unterteilen:

Die Philosophische Ethik: beschäftigt sich mit der Frage, wie Menschen ein *gutes Leben* führen können; wichtige Problemfelder sind: Gut und Böse, Glück, Freundschaft sowie Regeln des Zusammenlebens.

Die Religiöse Ethik behandelt *Werte und Gebote* (Normen) *aus den* großen Weltreligionen wie zum Beispield das Gebote der Nächstenliebe aus der jüdischen und christlichen Religion (Die Zehn Gebote).

Die Angewandte Ethik widmet sich den ethischen *Folgen* der wissenschaftlich-technischen Entwicklung; sie entstand erst im 20. Jahrhundert und lässt sich in verschiedene Richtungen aufteilen: Naturethik, Tierethik, Medizinethik, Bioethik, Medienethik sowie Technik- und Wirtschaftsethik.

Die Metaethik untersucht, wie die Normen und Aussagen innerhalb der Ethik begründet werden und entwickelt dazu Argumentationssysteme.

Die Struktur der Philosophischen Ethik besteht unabhängig von ihren inhaltlichen Problemfeldern zusätzlich aus einem Gerüst, das in allen Kulturen vorhanden ist: *Werte, Normen und Tugenden*.

Werte legen fest, was für einen Menschen oder eine Gruppe von Menschen wertvoll ist und deshalb im Leben als erstrebenswert gilt.
Die Ethik beschäftigt sich mit verschiedenen Gruppen von Werten. So gibt es die Gruppe der sozialen Werte wie Freundschaft, die Gruppe der ideellen Werte wie Mut, die Gruppe der religiösen Werte wie Nächstenliebe oder die Gruppe der materiellen Werte wie beispielsweise „viel Geld verdienen“.

Normen sind allgemeine Vorschriften für moralisch gutes Handeln. Sie sagen uns, ob eine bestimmte Handlung moralisch gut, falsch, geboten oder pflichtgemäß ist und ob wir sie ausführen sollten oder nicht. Der Begriff Norm wird deshalb häufig auch durch den Begriff Gebot ersetzt, in der sprachlichen Form „du sollst … immer die Wahrheit sagen." In negativer Bedeutung sind Normen Verbote, sprachlich gefasst mit „du sollst nicht … lügen".

Tugenden sind der Kern einer moralisch guten Lebenshaltung, die sich Menschen durch Übung und Einsicht aneignen können. Sie umfasst nach der griechischen Tradition drei Bestandteile: Wissen (jemand weiß, dass er Gutes tut); Können (jemand weiß, wie man Gutes tut) und Handeln (jemand tut Gutes in konkreten Lebenssituationen). Aristoteles zählte zu den Tugenden beispielsweise Gerechtigkeit, Tapferkeit und Weisheit.

Die Tugend der Weisheit verkörperte in Athen insbesondere *Sokrates* (ca. 470-399 v. Chr.). Er philosophierte auf dem Marktplatz mit Handwerkern, Kaufleuten und sogar mit Jugendlichen (vgl. hierzu I/4.4). Dabei verfolgte er das Ziel, die Menschen dazu zu bringen, ihre Handlungen am Maßstab von Gut und Böse zu orientieren und sich *mithilfe ihres eigenen Gewissens Rechenschaft* darüber *abzulegen*. Die Entwicklung des Gewissens erfordert nach Sokrates Übung, und sie ist nach entwicklungspsychologischen Gesichtspunkten erst dann möglich, wenn die Fähigkeit zur Selbstreflexion vorhanden ist. Dennoch könnte Olivers Mutter ihren Sohn anregen, über sein Verhalten nachzudenken: „Würde es dir gefallen, wenn ich auf deine Fragen, die mir unangenehm sind, nicht antworten würde? Was wäre, wenn sich alle Menschen so verhalten würden?"

Um beurteilen zu können, ob ein bestimmtes Verhalten moralisch gut oder böse ist, müssen sich Menschen Klarheit darüber verschaffen, welche Folgen ihr Handeln für sie selbst und für andere Menschen hat und welche Motivation und Absichten sie bewegen.

Ethisches Handeln
(wird bestimmt durch)

Motive	*Folgen*
(Warum sage ich nicht die Wahrheit?)	(Was folgt daraus?)
Orientierung an Grundsätzen wie z.B. dem Gewissen	Orientierung an Zwecken wie z.B. keinen Ärger bekommen

Ethisches Handeln wird in der Philosophischen Ethik unabhängig von der Frage nach den Motiven und Folgen noch in verschiedene andere Kategorien wie egoistisch oder altruistisch differenziert.

Oliver will nicht die Wahrheit sagen und seinen Fehler zugeben. Hierbei handelt es sich um ein eigennütziges Verhalten: Oliver verfolgt in erster Linie seine eigenen Interessen und nicht das Wohlergehen anderer Menschen, speziell seiner Mutter.

Es wäre aber auch möglich, Olivers Verhalten als moralisch schlecht (böse) zu bezeichnen, wenn wir mit Sicherheit sagen könnten, dass er mit seinem Schweigen seine Mutter ärgern möchte und ihr absichtlich Schaden zufügen will.

Von *selbstlosem oder altruistischem Verhalten* würden wir sprechen, wenn Oliver in erster Linie das Wohlergehen seiner Mutter im Blick hätte und nicht seine eigenen Interessen.

David Hume würde Olivers Verhalten vielleicht so einschätzen, dass Oliver einen Fehler gemacht hat und aus Sympathie oder Rücksichtnahme auf seine Mutter nichts sagt, weile er nicht lügen will, sich aber auch nicht entschließen kann, die Wahrheit zu sagen. Hume sah in unseren *Gefühlen* und nicht in der Vernunft *den Motor für moralisches Handeln:* Nur wenn mir mein Gefühl sagt, dass ich einem Menschen in Not helfen sollte, dann beginne ich auch zu handeln.

Hume teilte die Gefühle in zwei größere Gruppen ein: in Gefühle, die sich auf uns selbst beziehen, wie zum Beispiel Kummer oder Hoffnung und Gefühle, die sich auf andere beziehen wie Stolz oder Achtung. Zu den wichtigsten moralischen Gefühlen gehören nach seiner Auffassung Sympathie, Wohlwollen und Gerechtigkeit. Sie haben den höchsten moralischen Wert, da ihr Motiv nicht der eigene Nutzen, sondern der Nutzen für andere ist.

Die Vernunft hat beim moralischen Handelns jeweils nur die Aufgabe, die geeigneten Mittel auszuwählen: Jemand wird verprügelt, deshalb will ich ihm helfen: Wie gehe ich vor? Was mache ich zuerst? Deshalb meinte Hume auch, dass die Vernunft die Sklavin der Leidenschaften sei (siehe auch II/4/Caring thinking).

Auch für den deutschen Philosophen *Arthur Schopenhauer* (1788-1860) haben Gefühle einen hohen Stellenwert in der Ethik. Da nach seiner Ansicht alles Leben Leiden ist, muss jeder Mensch darum bemüht sein, nicht nur seine eigenen Schmerzen, sondern auch die seiner Mitmenschen zu lindern. Aus diesem Grund wird auch bei ihm das Gefühl des Mitleids zum zentralen Prinzip der Moral. Es treibt die Menschen an, einander Gutes zu tun.

Für das Philosophieren bedeutet die Beschäftigung mit moralisch guten und schlechtem (bösen) Verhalten, dass Kinder auch über die Motiavtion ihres Handelns sprechen sollten: „Warum willst du nicht die Wahrheit sagen? Kannst du dir vorstellen, wie sich Menschen fühlen, die angelogen werden?"

Darüber hinaus ist es wichtig, Kinder auch auf die Folgen ihrer Handlungen hinzuweisen: „Wenn du nicht den Mut aufbringst, dein Verhalten anderen Menschen zu erklären, dann kannst du auch nicht erwarten, dass sie Verständnis für deine Entscheidung aufbringen."

Wenn Oliver nicht nur seinen Eltern, sondern auch seinen Freunden gegenüber in brenzligen Situationen nicht die Wahrheit sagt, dann könnte es passieren, dass er sie verliert.

Bereits im antiken Griechenland gehörte die *Freundschaft* zu den wichtigsten Tugenden. *Aristoteles* hat ihr in seiner „Nikomachischen Ethik" ein ganzes Kapitel gewidmet. Darin unterscheidet er zwei Formen: die vollkommene und unvollkommene Freundschaft.

Die unvollkommene Freundschaft ist eine Freundschaft, die aus Lust oder um einen Nutzen zu haben geschlossen wird. Da tun sich zwei Menschen zusammen, die sich durch ihrer Freundschaft einen Vorteil erhoffen. Sobald „der Nutzertrag" jedoch aufhört, ist die Freundschaft beendet. Demgegenüber schwimmen in einer vollkommenen Freundschaft zwei Menschen auf gleicher Wellenlänge und wünschen einander Gutes. Es herrscht völliges Vertrauen zwischen zwei Gleichgesinnten. Diese höchste Form der Freundschaft kann nach Ansicht des französischen Philosophen *Michel de Montaige* (1533-1592) nur im Tandem stattfinden, denn das Höchste ist unteilbar. „Das Höchste hat nie seinesgleichen; wenn ich von zweien den einen eben so sehr wie den anderen liebte (...) würde sich das Verbundenste und Unteilbarste (...) in eine vielköpfige Bruderschaft zerteilen" (Montaigne 2000, S. 95). Kinder kennen diesen Aspekt der Freundschaft sehr gut, denn oftmals unterscheiden sie zwischen ihrer besten Freundin oder ihrem besten Freund und anderen Freunden.

Für *Immanuel Kant* war das *Vertrauen die wichtigste Grundlage einer Freundschaft*. Freunde können einen unterschiedlichen Charakter und unterschiedliche Interessen haben, sie müssen jedoch einander vertrauen. Lügen und falsche Versprechungen zerstören die gemeinsame Basis einer Freundschaft. Auch dieses Problem kennen Kinder aus ihrer Alltagspraxis: Wenn Freunde einander Geheimnisse anvertrauen, die dann weitererzählt werden, so führt das oftmals zum Streit oder sogar zum Bruch einer Freundschaft.

Die englische Philosophin *Mary Wollstonecraft* (1759-1797) war davon überzeugt, dass die „innigsten Freundschaften" im Kindesalter geschlossen werden und dass Kinder deshlab dazu erzogen werden müssten, ihr „Herz für Freundschaften" zu öffnen und sie als Basis für ein gutes Leben wertzuschätzen. Wollstonecraft plädierte im 18. Jahrhundert für ein gemeinsames Lernen von Mädchen und Jungen und und war sogar der Ansicht, dass *Freundschaft für ein gutes Leben einen höheren Stellenwert als Liebe habe* (siehe Wollstonecraft 1999, S. 216-246).

Die Frage nach dem guten Leben wird von einigen Philosophinnen und Philosophen als wichtigstes Problemfeld überhaupt angesehen, dessen Kern das Glück darstellt. Denn "glücklich zu leben, wünscht sich jedermann ", meinte der römische Philosoph *Seneca* (4 v.Chr.- 65 n. Chr.) zu Beginn seiner Schrift „Vom glückseligen Leben" (Seneca, 1978, S. 19). Seneca drückt in diesem Ausspruch das gesamte antike Glücksverständnis aus: *Glück sollte für alle Menschen das höchste Gut im Leben sein*, auf das sich ihr gesamtes Denken und Tun richtet. Um dieses Ziel zu erreichen, müssen sie vor allem ihren Geist bilden, also nach Weisheit streben. Dafür sind Erziehung und Bildung notwendig. Ein glückliches Leben setzt aber auch eine moralische Lebensführung voraus, den tugendhaften Menschen. Dieser wird von *Aristoteles* in der „Die Nikomachischen Ethik" charakterisiert. Ein tugendhafter Mensch ist jener, der durch Übung bestimmte

Tugenden ausgeprägt hat wie z. B. Gerechtigkeit und Tapferkeit und der ein Leben nach Maß führt: weder zu viel des Guten, noch zu wenig. Der Zustand des Glücks wird dann erreicht, wenn der Mensch sein Leben so gestaltet, dass er mit den Worten Senecas gesprochen „mit sich selbst zufrieden ist“.

Ende des 18. Jahrhunderts begründete der englische Philosoph *Jeremy Bentham* (1748-1832) den *Utilitarismus, eine der wichtigsten philosophischen Glückstheorien*. In Anlehnung an den griechischen Philosophen *Epikur* ging er davon aus, dass Glück in der Vermeidung von Schmerz und dem größtmöglichen Lustgewinn bestehen sollte. Als Ziel menschlichen Handelns formulierte Bentham das „größtmögliche Glück für die größtmögliche Zahl“ von Menschen. Er bewertete eine Handlung danach, ob sie dem größtmöglichen Glück nützt oder nicht. Deswegen heißt die von ihm begründete Richtung auch Utilitarismus, abgeleitet von Utilität, in der deutschen Bedeutung Nutzen. Für Betham war also nicht wichtig, aus welcher Motivation heraus jemand moralisch handelt, sondern ob als Folge seines Handelns eine Zufriedenheit bzw. ein Lust- und Glücksgewinn entsteht.

In der Nachfolge von Bentham differenzierte das englische Philosophenehepaar *John Stuart Mill* (1806-1873) und *Harriet Taylor-Mill* (107-1858) zwischen körperlichem und geistigem Lustgewinn. In der Tradition des Aristoteles schätzen sie den geistigen Lustgewinn höher ein als den körperlichen. Sie sahen in der Freiheit die Hauptquelle menschlichen Glücks überhaupt: Der Mensch sollte frei sein von Beschränkungen aller Art: freie Bewegung, freies Denken, Individualität in der Lebensgestaltung anstelle von Abhängigkeit und Bevormundung durch Autoritäten. Glück bedeutete für sie auch, in alle Richtungen denken zu dürfen und sich selbst „auszuprobieren“. Mill und seine Frau heben hervor, dass sie *Glück als Selbstbestimmung des Menschen* betrachten, der seine Lebensform und -weise selbst wählen kann. Dieser Glücksaspekt ist auch ein wichtiger Gesichtspunkt für Kinder: Sie wollen selbst bestimmen, was für sie im Leben wichtig ist und unabhängig von Bevormundungen durch Erwachsene wichtige Entscheidungen treffen und Lebenspläne entwerfen. „Jeder ist seines Glückes Schmied“, jedoch nicht gegen die anderen, sondern mit ihnen.

Die französische Philosophin *Emilie du Châtelet* (1706-1749) geht davon aus, dass glücklich zu sein auch bedeutet, sich über die eigenen Fähigkeiten und Neigungen Klarheit zu verschaffen und sie zu zielstrebig zu entwickeln: „Ich will die Kletterstange hinaufklettern, und deshalb muss ich mich bemühen, damit ich oben auch ankomme. Habe ich dann allerdings mein Ziel erreicht, stellt sich ein Zustand der Zufriedenheit ein: Ich bin glücklich."

Die Verwirklichung selbst gesteckter (Handlungs)-Ziele beinhaltet nach Châtelet nicht zwangsläufig ein Glücksgefühl ohne das Moment der Anstrengung (endlich habe ich es geschafft, die Kletterstange hinaufzukommen). Darüber hinaus plädiert Châtelet dafür, dass Glück auch mit Leidenschaften verbunden ist, denn *ohne Sinnlichkeit gibt es* aus ihrer Sicht *kein Glücksempfinden*.

Hier ergeben sich viele Anknüpfungspunkte zur Arbeit mit jüngeren Kindern: Welche Rolle spielen Ziele im Leben? Führt jedes Ziel, das ich erreicht habe, automatisch zu einem Glücksgefühl? Wie äußert sich ein Glücksgefühl in meinem Körper?

Im Alltagsleben wird Glück oftmals auch mit Fortuna gleichgesetzt: „Da hab' ich aber Glück gehabt, dass mir der Dachziegel nicht auf den Kopf gefallen ist." Hierbei handelt es sich um ein konkretes (Glücks)Ereignis, durch das ich einem verhängnisvollen Zufall entgangen bin.

In einer zweiten Bedeutung lässt sich darunter auch ein zufälliges Glücksgut verstehen, mit dem ich eigentlich gar nicht gerechnet habe, beispielsweise ein Lottogewinn.

Glück zu haben bedeutet im Unterschied zum Glücklichsein, dass ich (zufällig) ohne eigene Anstrengung einen günstigen Augenblick im Leben erwischt habe. Ich fühle mich als „Sonntagskind" oder „Hans im Glück". Im Märchen ist der Glücksmoment meistens eine Fügung des Schicksals.

Der *glückliche Augenblick* ist ein weiterer wichtiger Aspekt des Glücks, der mit einem augenblicklichen Hochgefühl verbunden ist, dass einen Menschen im Sinne Epikurs ein starkes Lustgefühl erleben lässt: Ich fühle am Abend die Stille der Natur beim Sonnenuntergang, literarisch gestaltet von Johann Wolfgang von Goethe in dem Gedicht „Wanderers Nachtlied", das mit den Worten beginnt: „Über allen Gipfeln ist Ruh, in allen Wipfeln spürest du kaum einen Hauch."

Das Glück als Augenblick ermöglicht vielfältige Anknüpfungspunkte zum Leben von jüngeren Kindern, die über Glücksmomente ihres Lebens erzählen oder malen können bzw. auch über glückliche Zufälle und günstige Gelegenheiten zu berichten wissen.

Ein wichtiger Bestandteil des Glücks ist die *Erfüllung von Wünschen*. Ein Kind hat sich schon sehr lange ein Fahrrad gewünscht, und wenn es dann endlich das Fahrrad bekommen hat, entsteht ein Glücksgefühl, im Sinne von „mit sich und der Welt zufrieden sein". Deshalb bezeichnete *Immanuel Kant* das Glück auch als einen Zustand, in dem alles nach „Wunsch und Willen" – und Wünsche haben Kinder viele: ein Fahrrad, ein Kuscheltier oder ein Computerspiel.

Doch bereits der junge Lucilius erhielt von *Seneca* den Rat, *Glück nicht nur an Besitz festzumachen* (Seneca 1978, S. 258). Schließlich gibt es nicht nur materielle, sondern auch immaterielle Güter wie Freundschaft, Gelassenheit oder Muße. Ein Freund, mit dem man ein Geheimnis teilen kann, ist für Seneca ein unersetzbares Glücksgut.

Beim Philosophieren über das Glück als Wunscherfüllung sollte im Kindergarteh und der Grundschule auch zwischen materiellen und immateriellen Wünschen differenziert werden: „Ich habe mir schon so oft gewünscht, dass Mama mit mir in den Zoo geht, und wenn sie das dann macht, bin ich glücklich" (Svenja, 3. Klasse, Hamburg).

Nach Glück zu streben ist einer der wichtigsten Aspekte eines guten Lebens, das jedoch nicht ohne Regeln, Normen und Werte auskommt, weil *Menschen* nicht allein, sondern in Gemeinschaften zusammenleben.

Bereits die großen Weltreligionen haben mit der „Goldenen Regel" einen Verhaltenskodex aufgestellt, der Menschen anregen soll, bei der Frage nach den eigenen Zielen immer auch an andere Menschen zu denken: Was du nicht willst, das man dir tut, das tue auch nicht anderen.

Immanuel Kant hat in seiner Schrift „Kritik der praktischen Vernunft" ein ähnliches Gebot formuliert wie die Goldene Regel. Er nannte es den *„Kategorischen Imperativ"*. Dieser Imperativ soll in allen Situationen für alle Menschen gelten; er basiert auf der Fähigkeit des Menschen zur vernünftigen Einsicht: Handle so, dass das, was du tust, jederzeit auch der Maßstab eines allgemeinen Gesetzes sein könnte.

Kant geht im Gegensatz zur goldenen Regel nicht von den guten oder schlechten Folgen für die eigene Person aus. Er fordert uns vielmehr dazu auf, bei allen, was wir tun, immer an alle anderen Menschen zu denken:

Wie würde zum Beispiel eine Welt aussehen, in der Lügen zum allgemeinen Gesetz gemacht werden würde? Kant kommt zu dem Schluss, dass in einem solchen Fall die Menschen einander nicht mehr vertrauen könnten, weil es keine wahren Aussagen mehr gäbe. Deshalb ist es nach seiner Ansicht ein Gebot der Vernunft*, nicht zu lügen, weil sonst das Zusammenleben der Menschen nicht mehr funktionieren würde.

Der kategorische Imperativ

1. Handle nur nach der Maxime (Grundsatz), durch die du zugleich wollen kannst, dass sie ein allgemeines Gesetz werde.
2. Der Mensch, und überhaupt jedes vernünftige Wesen, *existiert als Zweck an sich selbst, nicht bloß als Mittel* zum beliebigen Gebrauche für diesen oder jenen Willen, sondern muss in allen seinen, sowohl auf sich selbst, als auch auf andere vernünftige Wesen gerichteten Handlungen jederzeit *zugleich als Zweck* betrachtet werden.
3. *Handle so, dass du die Menschheit sowohl in deiner Person, als in der Person eines jedes anderen jederzeit zugleich als Zweck, niemals bloß als Mittel gebrauchst (siehe Kant 1979, S. 23).*

Kants Kategorischer Imperativ stellt in der Geschichte der Philosophischen Ethik einen Höhepunkt dar, weil Kant diesem ethischen Gesetz eine universelle Gültigkeit zuschreibt: Alle Menschen verfügen über Vernunft und diese ermöglicht ihnen zu erkennen, dass moralisches Handeln nicht ohne dieses Gesetz auskommen kann. Kant wusste natürlich auch, dass die Entwicklung von Vernunft und moralischem Handeln ein Prozess ist, der geübt werden muss. Deshalb hat er in seiner Methodenlehre zur „Kritik der praktischen Vernunft“ Vorschläge unterbreitet, wie Lehrerinnen und Lehrer mit zwölfjährigen Jugendlichen (damals nur Jungen) das Verständnis des kategorischen Imperativs mithilfe von Alltagsbeispielen schrittweise entwickeln sollten.

Auch für das Philosophieren mit Kindern hat der kategorische Imperativ eine große Bedeutung. Kinder sollten in ihrer Alltagspraxis immer wieder „darauf gestoßen werden“, Dinge nicht zu tun, die sie selbst nicht gern erleben möchten. Fragen wie: „Was wäre eigentlich, wenn das alle Kinder machen würden" können ein Prozess der Nachdenklichkeit über das eigene Verhalten initiieren und zu kritischem Denken anregen.

Zu den Reglen des Zusammenlebens gehören nach Ansicht des chinesischen Philosophen *Konfuzius* (ca. 551-479 v. Chr.) auch *gute Umgangsformen*. Damit meint er, dass Menschen ihre Worte immer mit Bedacht wählen sollten, weil sie dadurch mehr erreichen. Wörter und Ausdrücke, die Achtung gegenüber anderen Menschen vermissen lassen, tun weh und lösen zwischenmenschliche Probleme nicht. Deshalb sollten sich Menschen immer überlegen, wie sie etwas sagen, auch wenn sie sich verletzt fühlen. Für Konfuzius ist die Höflichkeit eine der wichtigsten Lebensregeln, die er schon von seinem Großvater gelernt hatte. Ihren Kern bildet die gegenseitige Rücksichtnahme, die bereits Kinder lernen sollten. Wer seine Interessen durchsetzen möchte, muss sich stets darüber im Klaren sein, dass er dabei die Interessen anderer Menschen mit in den Blick nehmen muss. Wenn ich also jemandem in der Sandkiste eine Schaufel wegnehme, dann muss ich damit rechnen, dass es Ärger gibt. Vielleicht sollte ich deshalb vorher höflich nachfragen, ob ich die Schaufel nehmen darf?

Die Frage nach dem guten Leben innerhalb einer hochtechnisierten Gesellschaft führte im 20. Jahrhundert zur Herausbildung einer neuen Richtung in der Ethik, der *Angewandten Ethik*, die sich mit unterschiedlichen ethischen Problemen der rasanten wissenschaftlich-technischen Entwicklung befasst.

Wichtige Gebiete der Angewandten Ethik

Medizinethik:	beschäftigt sich mit Fragen vom Anfang und Ende des menschlichen Lebens: Apparatemedizin, Organtransplantation und Sterbehilfe.
Bioethik:	untersucht die Zusammensetzung und Beeinflussbarkeit der (menschlichen) Gene: Klonen von Lebewesen (Herstellen von (menschlichen) Duplikaten durch Manipulation des Erbgutes), Gentherapie (Ersatz für kranke Gene) und Stammzellenforschung (Gewinnung von Stammzellen aus Embryonen, die dabei vernichtet werden – die Stammzellenforschung dient der Bekämpfung von schweren Krankheiten wie zum Beispiel Alzheimer).

Ökologische Ethik (Naturethik): analysiert Fragen der menschlichen Verantwortung für die Natur: u.a. die Bewahrung eines ökologischen Gleichgewichts in der Natur, Umweltschutz und Erhalt der Artenvielfalt auf der Erde, Schutz der Ozeane und Küstengebiete; Bekämpfung der Wüstenbildung und der Dürren sowie Bekämpfung der Entwaldung.

Tierethik: geht der Frage nach, wie Menschen Tiere behandeln bzw. behandeln sollten: Anerkennung der Empfindungs- und Leidensfähigkeit von Tieren, Tierschutz, Begrenzung von Tierversuchen und Massentierhaltung.

Wirtschaftsethik: stellt die Frage, wie die Marktwirtschaft ethisch, sozial und ökologisch gestaltet werden kann.

Technikethik: beschäftigt sich mit dem Verhältnis von Mensch und Technik: Analyse technischer Probleme, welche die Existenz des Menschen gefährden könnten (Chemikalien, Kernkraft, Waffenpotentiale) und die Erarbeitung von ethischen Maßstäben für den Umgang mit der Technik.

Mit der Natur haben sich die Menschen schon zu Beginn des ethischen Nachdenkens vor fast 2500 Jahren beschäftigt. Sie bezeichneten mit dem Wort „Natur“ alle Vorgänge, die eigenständig ohne das Zutun des Menschen ablaufen, also wachsen, werden und vergehen. In einer zweiten Bedeutung ist damit auch das Wesen oder die Beschaffenheit einer Sache gemeint: der Kern oder das Wesen der Ethik ist zum Beispiel das Nachdenken über die Maßstäbe Gut und Böse.

Natur hieß im antiken Griechenland *Physis* im Sinne von Werden, Wachstum, Entstehen und Entwicklung: das Wasser fließt, bekannte beispielsweise der griechische Philosoph *Heraklit* (etwa 540-480 v. Chr.), ohne dass der Mensch etwas dazu tut. Die Natur ist also das Lebensprinzip schlechthin.

Physis hat aber auch etwas mit unserem Körper zu tun; wir benutzen das Wort „physisch“, wenn wir körperliche Aktivitäten meinen wie beispielsweise atmen oder laufen. Die Natur ist demzufolge in Bezug auf den Menschen auch Körper und dient der Befriedigung seiner grundlegenden Bedürfnisse wie essen, trinken und schlafen. Wir brauchen also die Natur, um überhaupt existieren zu können. Wir benutzen sie als Ernährungsquelle, als Lebensraum, als Grundlage unserer Arbeit und als Anregung zu künstlerischer und geistiger Tätigkeit. Aber ist sie wirklich nur dafür da, um uns zu dienen und ein schönes Leben zu garantieren? Dürfen wir sie verschmutzen und durch riesige Müllberge verunstalten? Dürfen wir ihre Rohstoffe gnadenlos ausbeuten, um immer mehr Gewinn zu machen? Mit diesen und ähnlichen Fragen beschäftigt sich die *Ökologische Ethik*.

Der Name Ökologie kommt aus dem Griechischen: *Oikos* ist das Haus und *Logos* die Lehre – Ökologie ist also die Lehre von Haushalt der Natur. Sie wurde erstmals von dem Biologen *Ernst Haeckel* (1834-1919) verwendet, um die Wechselwirkungen zwischen einzelnen Lebewesen und ihrem Lebensraum zu beschreiben.

Gegenwärtig *untersucht* die Ökologische Ethik, *wie der Gesamthaushalt der Natur* durch ein Gleichgewicht aller seiner Teile wie zum Beispiel Klima, Vegetation oder Wasser *funktioniert* und erhalten werden kann. Sie analysiert insbesondere, welchen Einfluss der Mensch durch künstliche Eingriffe in die Natur auf das Gleichgewicht ausübt und wie größere Schäden vermieden werden können. So führt zum Beispiel verschmutztes Wasser durch industrielle Einleitungen zum Fischsterben. Weniger Fisch entzieht vielen Meerestieren und dem Menschen eine wichtige Nahrungsgrundlage. Sie beginnen sich nach einer neuen Nahrungsgrundlage umzusehen und schädigen dabei andere Tierarten. Durch dieses Verhalten werden der Naturkreislauf und die Fähigkeit der Natur zur Selbstkorrektur beträchtlich gestört.

Darauf hat insbesondere der deutsch-jüdische Philosoph *Hans Jonas* (1903-1993) in seinem Buch „*Das Prinzip Verantwortung*" hingewiesen. Dieses Buch ist *das erste umfassende Werk der Ökologischen Ethik*. Darin forderte Jonas die Menschheit auf, bei allen was sie tut darauf zu achten, dass die Natur auch für künftige Generationen noch da sein wird. Er kritisierte den unumschränkten Verbrauch natürlicher Ressourcen wie Bodenschätze oder Wasser, um kurzfristig eigene Bedürfnisse und Wünsche zu erfüllen. Die Menschen würden sich immer neue Techniken ausdenken, um die Natur zu schröpfen. Dabei hätten sie allerdings versäumt, auf *Nachhaltigkeit zu achten*. Damit meint Jonas, dass sich die heutige Generation dazu verpflichten muss, die Erde so zu behandeln, dass sie auch für künftige Generationen fruchtbar bleibt.

Auf welche Weise das geschehen soll, dazu gibt es *in der Ökologischen*

Ethik vier Grundpositionen: die athropozentrische, die pathozentrische, die biozentrische und die holistische Position.

Die *anthropozentrische Position* sieht den Menschen (anthropos heißt auf Griechisch *Mensch*) als *Mittelpunkt der Natur*. Er hat durch seine Vernunft eine Sonderstellung gegenüber allen anderen Lebewesen, denen er durch seine Fähigkeit zu denken, zu planen und moralisch zu handeln haushoch überlegen ist. Durch diese Überlegenheit ist er auch in der Lage, auf die Natur einzuwirken und sie nach seinen Bedürfnissen zu verändern. Andere Lebewesen wie Pflanzen und Tiere haben diese Fähigkeit nicht. Deshalb trägt der Mensch allein die Verantwortung für die Natur. Der erste Vertreter dieser Position war der griechische Philosoph *Protagoras* (485-415 v. Chr). Für ihn war der Mensch der Maßstab aller Dinge. Deshalb sei alles, was für den Menschen nützlich ist gut, und was dem Menschen nicht nützt, muss nicht beachtet werden.

Die zweite Grundposition umfasst den *Pathozentrismus*. Der Begriff Pathos kommt ebenfalls aus dem Griechischen und heißt auf Deutsch Empfindung. Die Vertreter dieser Richtung wie zum Beispiel der australische Philosoph *Peter Singer* (geb. 1946) betonen, dass sowohl *Menschen als auch Tiere empfindungsfähig* sind. Deshalb müsse die Ethik anerkennen, dass auch Tiere Schmerzen empfinden können. Aus diesem Grund sind Menschen und Tiere diejenigen Lebewesen, die vorrangig in der Natur geschützt werden müssen.

Die Position des *Biozentrismus* setzt sich aus den Begriffen „Leben" (bios) und Zentrismus zusammen: das *Leben soll im Mittelpunkt der ethischen Betrachtungen stehen*. Die belebte Natur wird als gleichberechtigter Partner des Menschen angesehen. Sie hat aus sich heraus ein Recht auf eine eigene Existenz, unabhängig von den Bedürfnissen und Wünschen des Menschen.

Diese Position einer *„Ehrfurcht vor dem Leben"* wurde insbesondere von dem Philosophen, Theologen und Arzt *Albert Schweitzer* (1875-1965) vertreten. Er verwarf alle qualitativen Unterschiede zwischen den verschiedenen Stufen des Lebens: Nach seiner Ansicht ist Leben gleich Leben. Deshalb sollte der Mensch über die Notwendigkeit seiner eigenen Existenz hinaus das Leben anderer Kreaturen nicht gedankenlos vernichten. „Was sagt die Ehrfurcht vor dem Leben über die Beziehungen zwischen Mensch und

Kreatur? Wo ich irgendwelches Leben schädige, muss ich mir darüber klar sein, ob es notwendig ist. Über das Unvermeidliche darf ich in nichts hinausgehen, auch nicht in scheinbar Unbedeutendem. Der Landmann, der auf seiner Wiese tausend Blumen zur Nahrung für seine Kühe hingemäht hat, soll sich hüten, auf dem Heimweg in geistlosem Zeitvertreib eine Blume am Rande der Landstraße zu köpfen, denn damit vergeht er sich an Leben, ohne unter der Gewalt der Notwendigkeit zu stehen (Schweitzer 2005, S. 25).

Die vierte Grundposition, der *Holismus* – das Ganze betreffend –, hat ihre Wurzeln im Mittelalter. Die Äbtissin und Philosophin *Hildegard von Bingen* (1098-1179) legte damals die erste wissenschaftliche Steinesammlung in ihrem Klostergarten an. Vor allem aber interessierte sie, wie Mineralien die Gesundheit des Menschen fördern. Niemand dürfe achtlos Steine wegwerfen, denn sie könnten ja für den Menschen noch von Nutzen sein – als Erde, auf der er steht.

Hildegards rücksichtsvoller Umgang mit der „Erde des Menschen" bildet die Grundlage für den *Schutz der Natur als Ganzes*. Nicht nur die belebte Natur hat ein Recht zu existieren, sondern auch die unbelebte Natur. Dazu gehören zum Beispiel Mineralien und Steine, Ozeane und Tümpel, Hügel und Gebirge. Denn der Mensch lebt und handelt in der gesamten Natur. Deshalb kommt es nicht nur darauf an, wie er Pflanzen und Tiere behandelt, sondern wie er insgesamt mit seinen natürlichen Ressourcen umgeht. Wenn der Mensch zum Beispiel Flüsse austrocknet oder die Weltmeere verschmutzt, dann zerstört er die Grundlagen seines eigenen Lebens, weil er in intakte Naturkreisläufe eingreift.

Die holistische Naturethik bezweckt aber nicht, die pflanzliche und tierische Nahrungsgrundlage des Menschen in Frage zu stellen. Sie will lediglich erreichen, dass der Mensch das Gleichgewicht in der Natur anerkennt und es nicht durch größere Eingriffe in Gefahr bringt.

Das betrifft insbesondere auch den Bestand von Tieren. Noch im 17. Jahrhundert wurden *Tiere als eine Sache* angesehen, die mit einer Maschine verglichen wurde. So könnten sie zwar Schmerz empfinden, aber eben nur rein äußerlich. Und im Gegensatz zu Menschen wüssten sie ja gar nicht, dass sie leiden. *René Descartes* war zutiefst davon überzeugt, dass Tiere keine Seele und kein Bewusstsein haben, die ihnen ermöglichen, über ihre

Lage nachzudenken. Deshalb könnte man ihre Schreie, wenn sie geschlagen werden, mit den Geräuschen der Springfeder einer Uhr vergleichen, die aufgezogen wird.

Grausamkeiten gegenüber „Tiermaschinen" waren also in der Vergangenheit „ganz normal". Sogar Wissenschaftler schlitzten zu Descartes' Zeit Tiere bei lebendigem Leib auf, um ihren Blutkreislauf zu studieren. Die Schreie der verwundeten Kreaturen ließen sie völlig kalt – denn eine Maschine kann ja nicht leiden.

Mary Wollstonecraft kritisierte die Auffassung von den Tiermaschinen. Sie beobachtete, wie Hunde mit dem Schwanz wedeln, wenn sie sich freuen, und Katzen fauchen, wenn sie Angst haben. Und sie fand heraus, dass diese Reaktionen nicht rein mechanisch wie bei einem Uhrwerk ablaufen, sondern richtige Gefühlsregungen sind: die Tiere reagieren auf ihre Umwelt, mal positiv, mal negativ. Mary Wollstonecraft zog daraus den Schluss, dass Tiere wie Menschen Lust und Leid empfinden können. Deshalb müssten Menschen alles tun, um *Tiere vor Schmerzen zu bewahren* und ihnen ein angenehmes Leben zu ermöglichen; Wollstonecraft wandte sich mit ihren Überlegungen in erster Linie gegen Tierquälerei, wie sie zur damaligen Zeit insbesondere an englischen Internaten als eine Art Zeitvertreib praktiziert wurde. Die moderne Tierverhaltensforschung hat ihre Beobachtungen heute mit Hilfe von Experimenten bestätigt. Die meisten Tierarten verfügen über Nerven- und Sinneszellen wie Menschen, die sehr unterschiedliche Gefühle hervorrufen können. Lediglich einige wenige Arten wie zum Beispiel Bakterienstämme haben diese Zellen nicht.

Mary Wollstonecraft war die erste *Vertreterin der Tierethik*. Diese spezielle Richtung der Angewandten Ethik beschäftigt sich mit der Frage, wie Menschen und Tiere miteinander leben sollten. Dürfen wir Menschen das Leben der Tiere unseren Bedürfnissen unterordnen? Oder haben Tiere ein eigenes Lebensrecht? Müssen wir ihre Empfindungen achten?

Immanuel Kant hat wie auch Mary Wollstonecraft darauf hingewiesen, dass Tierquälerei in höchstem Maße unmoralisch ist. Aber nicht etwa, weil die Tiere leiden müssen, sondern weil es für die Entwicklung des menschlichen Charakters schlecht sei, wenn Tiere gequält werden. Grausamkeiten führen nach Meinung von Kant zu einer Verrohung des Menschen und allein deshalb sollte Tierquälerei verboten werden. Allerdings war auch für

Kant klar, dass Tiere keine „vernünftigen Wesen" sind und deshalb auch nicht moralisch handeln können. Nur jemand, der seine moralischen Interessen ausdrücken kann und weiß, was gut und böse ist, handelt moralisch.

Für das Philosophieren mit Kindern hat die Natur- und Tierethik einen hohen Stellenwert, da Kinder ein großes Interesse an Tieren und Pflanzen haben. Deshalb sollte sowohl die Leidensfähigkeit der Tiere ein Thema in Kindergarten und Schule sein als auch der Schutz der Natur insgesamt. Die Problematik des natürlichen Gleichgewichts lässt sich anhand verschiedener Beispiele aus der Alltagspraxis anschaulich erklären.

3 Was darf ich hoffen?

Der 7jährige Arne erzählt seiner Schwester, dass er einen neuen Freund hat mit blauen Augen und großen Segelohren. Und was der alles kann: auf einem Seil spazieren, in die Luft fliegen und unsichtbar werden … „Du fantasierst ja", sagt seine große Schwester und lächelt.

„Ich habe aber mit ihm gesprochen", antwortet Arne ganz ernst und kratzt sich hintern Ohr. „Ach ja?", fragt seine Schwester weiter, „wann und wo?"

„Na, in meinem Kopf", meint Arne, „da entstehen sowieso immer neue Welten und Figuren."

Neue Welten, in denen es gerecht und vernünftig zugeht, haben auch die philosophische Tradition seit ihrer Entstehung im antiken Griechenland beschäftigt; sie werden als *Utopien* bezeichnet.

Grundtypen von Utopien

positive Utopien	*technische Utopien*	*negative Utopien*
Idealzustand einer Gesellschaft	Gesellschaf auf hohem technischen Niveau	Schreckensvision einer Gesellschaft

Die erste positive Utopie war vor mehr als 2300 Jahren das Staatsmodell von *Platon*. Es setzt sich aus drei Ständen zusammen: den obersten Stand bilden die *Philosophen, die den Staat leiten*. Sie haben den langen Weg bis zur Erkenntnis der Idee des Guten zurückgelegt und besitzen dadurch die Einsicht und Weisheit, den Staat zu führen. Der zweite Stand umfasst die Krieger oder Wächter, die vor allem die Tugend der Tapferkeit auszeichnet. Sie beschützen den Staat – dies ist ihre einzige Aufgabe.

Der dritte Stand setzt sich aus Bauern, Fischern, Handwerkern und Seeleuten, also dem Volk zusammen. Sie üben ihre Berufe aus und garantieren dadurch die materielle Basis des Staates.

Der Staat wird nach Anischt von Platon jedoch erst dann zu einem gerechten Staat, wenn jeder Stand die ihm zugewiesene Aufgabe erfüllt „(...) der Staat ist gerecht, weil jeder seiner Stände seine Aufgabe erfüllt" (Platon 1974, S. 226)

In Platons Staat herrscht auch eine Gemeinschaft an Gütern, d.h. es gibt *kein Privateigentum an Produktionsmitteln*, nur Staatseigentum, was dazu führt, dass es eine ökonomische Gleichheit zwischen den Menschen gibt.

Die von Platon geforderte ökonomische Gleichheit wurde von dem italienischen Mönch und Philosophen *Tommaso Campanella* (1568-1634) weitergeführt. In seinem „*Sonnenstaat*" herrscht eine Gleichheit an Gütern, d.h. keiner verfügt über privates Eigentum und auch die Frauen gehören allen Männern gemeinsam; es gibt keine Familie – das war auch schon in Platons Staatsmodell der Fall. Jeder bekommt von dem gemeinsam erwirtschafteten Eigentum so viel, wie er braucht. Im Unterschied zu Platon ist die körperliche Arbeit vier Stunden täglich Pflicht für alle Mitglieder des Staates einschließlich des obersten Metaphysikus Sol. Ihr wird ebenso wie der Kunst und Wissenschaft eine große Wertschätzung beigemessen. Der *Staat* wird wie bei Platon *von* Wissenschaftlern geführt, allerdings werden diese im Unterschied zu Platons Staatsmodell demokratisch gewählt. Im „Sonnenstaat" gibt es keine Stände; *alle Mitglieder des Sonnenstaates sind ökonomisch und politisch gleich gestellt*.

Die Bildung aller Mitglieder des Staates beginnt schon im Kindesalter. Dabei wird viel Wert auf Lernen durch Anschauung und Erfahrung gelegt. Religionsunterricht gehört ebenso wie philosophische Bildung zum Fächerkanon des Sonnenstaates (siehe Mai 2010, S. 31-39).

Einen ähnlichen Entwurf legte auch der türkische Philosoph *Al-Farabi* (ca. 900-980) in seinem Buch „*Der Musterstaat*" vor. Das kleinste Gemeinwesen ist für ihn die Familie. Dasjenige Gemeinwesen, in dem sich das menschliche Glück am besten verwirklichen lässt, ist jedoch der „Musterstaat“. Al-Farabi vergleicht ihn in Anlehnung an Platon mit einem „vollständig gesunden Leib, dessen einzelne Glieder einander beistehen“. Wenn jedes Glied seine Aufgabe zum Nutzen des Ganzen erfüllt, stellt sich Gerechtigkeit ein. Und so wie ein gesunder Leib ohne Herz nicht lebensfähig ist, so bedarf der Musterstaat eines vollkommenen „Häuptlings“. Dieser muss zu seinem Amt von Natur aus befähigt sein und im Besitze vollkommener Eigenschaften und philosophischer Tugenden sein. Vor allem muss er wie Platons Philosophenherrscher zu höchster Erkenntnis und Einsicht gelangt sein.

Der deutsche Philosoph *Karl Marx* (1818-1883) hat die wohl bekannteste Utopie entwickelt, die *Utopie einer kommunistischen Gesellschaft*. Er erläutert in seiner Schrift „Die Deutsche Ideologie“, dass eine gerechte Gesellschaft nur dann entstehen kann, wenn es kein Privateigentum an Produktionsmitteln mehr gibt und die Arbeiter und Bauern den Staat leiten. Dazu muss eine sozialistische Revolution stattfinden, in deren Verlauf das Proletariat die Macht ergreift und die Produktionsmittel verstaatlicht. Im Laufe der weiteren gesellschaftlichen Entwicklung soll der Staat allmählich verschwinden. Denn in einer kommunistischen Gesellschaft nimmt sich jeder nur so viel, wie er zum Leben braucht und dafür ist kein institutionelles Zwangssystem notwendig.

Die deutsche Philosophin und Dichterin *Karoline von Günderrode* (1780-1806) hat sich mit der *Utopie vom gerechten Menschen* beschäftigt In ihrem Buch „Melete“ erzählt sie die Geschichte eines Braminen (Persers). Er träumt von einer Gesellschaft, in der die Menschen ein dreifaches Leben führen: ein tierisches Leben (Gesundheit, Arbeit, Fortpflanzung), das die biologische Grundlage bildet. Darüber hinaus soll es ein wahrhaft menschliches Leben sein. Dies gelingt nur, wenn eine moralische Beziehung zu anderen Menschen aufgebaut wird, die von gegenseitiger Achtung geprägt ist und von einer friedlichen Nutzung der Natur (Liebe zu Pflanzen und Tieren). Das Leben soll aber auch eine Beziehung zum Göttlichen und Unendlichen entwickeln. Denn der Mensch ist im Gegensatz zu anderen Lebewesen in der Lage, über sich selbst und seine Stellung in der Welt nachzudenken: Wer bin ich? Woher komme ich? Wohin gehe ich?

In einer gerechten Gesellschaft muss dieses dreifache Leben nach Ansicht von Günderrode verwirklicht werden.

Als *Erfinder der technischen Utopie* gilt der englische Philosoph *Francis Bacon* (1561-1626). In seinem Buch „*Nova-Atlantis*“ schildert er eine von wissenschaftlichen Entdeckungen und Erfindergeist geprägte Gesellschaft, die zahlreiche Forschungslaboratorien, unterirdische Kühltürme und Sternwarten unterhält. Alle die von Bacon beschriebenen technischen Erfindungen sind heute verwirklicht worden.

Dies trifft auch auf „*Die gleißende Welt*“ der englischen Philosophin *Margaret Cavendish* (1623-1673) zu. Ihre Heldin wird nach einem Schiffsunglück als einzige Überlebende entführt und taucht in eine neue imaginäre Welt ein, nachdem ihr Entführer zu Eis erstarrt ist. Sie wird nach der Heirat mit dem dortigen Kaiser als Margaret I. zu Herrscherin über ein friedliebendes Volk imaginärer Figuren. Die *Kaiserin* ist wie die wirkliche Margaret naturwissenschaftlich kundig, und *führt ihren Staat mit Hilfe kompetenter Tiermenschen-Experten*. Dort sind Bärenmenschen Experimental-Philosophen, Fuchsmenschen Politiker und Papageienmenschen Redner, die viele technische Neuheiten entwickeln wie zum Beispiel eine Windmaschine für Schiffe (siehe Cavendish 2001 S. 12).

Diese Art von Maschinen gibt es heute in kleiner Ausführung als Spray in der Kosmetik und als Laubsauger für den Garten und Straßenbetrieb.

Die *negativen Utopien* wurden im 20. Jahrhundert von den englischen Schriftstellern *George Orwell* (1903-1950) in den Roman „1984“ und *Aldous Huxley* (1894-1963) in dem Buch „Schöne neue Welt“ beschrieben. Sie charakterisieren jeweils eine ungerechte Gesellschaft, in der eine Minderheit eine Mehrheit beherrscht, Freiheitsrechte abschafft und die totale Kontrolle über den Einzelnen ausübt.

Die in den positiven Utopien beschriebene gerechte Gesellschaft steht in einem engen Zusammenhang mit der *Tugend der Gerechtigkeit*. Sie war bereits in der Antike eine der wichtigsten Tugenden. So unterschied *Aristoteles* zwei grundlegende Formen von Gerechtigkeit: *die austeilende und die ausgleichende Gerechtigkeit*. Die austeilende Gerechtigkeit verfolgt das Ziel, möglichst alle Menschen gleichmäßig mit lebensnotwendigen Gütern zu versorgen. Wenn Kinder eine Geburtstagtorte anschneiden, dann wäre es gerecht, allen Gästen ein gleich großes Stück von der Torte zu geben.

Aber vielleicht gibt es ja einige Gäste, die gar keine Torte mögen und lieber etwas anderes essen wollen. In diesem Fall wird die ausgleichende Gerechtigkeit angewendet. Denn Gerechtigkeit bedeutet nicht nur Gleichbehandlung, sondern auch Ausgleich zwischen einem Zuviel und einem Zuwenig. Wenn jemand keine Torte mag, dann ist es gerecht, ihm etwas anzubieten, das seinem Geschmack und seinen Bedürfnissen entspricht.

Die amerikanische Philosophin *Martha Nussbaum* (siehe auch II/2) fordert in Anlehnung an Aristoteles, dass der Staat durch ein Wohlfahrtssystem sicherstellen müsse, dass die Bürgerinnen und Bürger ausreichende Mittel erhalten, um ihren Lebensunterhalt zu bestreiten und ein gutes Leben führen zu können.

Der chinesische Philosoph *Schang Yang* (390-338 v. Chr.) hat allerdings schon vor mehr als 2000 Jahren davor gewarnt, unter Gerechtigkeit das zu verstehen, was sich das Volk wünscht und unter Ungerechtigkeit jenes, was sich das Volk nicht wünscht. Diese Wünsche würden in jeder Generation und Gesellschaft immer wieder auftauchen. Deshalb sollte der Staat Gerechtigkeitsnormen aufstellen, die unabhängig von speziellen Wünschen gelten. Diese müssten dem Volk als Maßstab für seine Wünsche schon bei der Erziehung der Kinder übermittelt werden.

Eine dritte Form von Gerechtigkeit wurde von der französischen Philosophin *Christine de Pizan* (1365-1430) in die Diskussion eingebracht: die Gerechtigkeit im Sinne der *Gleichbehandlung zwischen Männern und Frauen*. In ihrem berühmten Buch „Die Stadt der Frauen“, das 1405 erschien, wird eine gerechte Gesellschaft von Frauen regiert, verkörpert durch die Tugenden Vernunft, Rechtschaffenheit und Gerechtigkeit. Chistine de Pizan fordert u.a. eine Berufstätigkeit für Frauen und ein eigenes Einkommen. Außerdem wendet sie sich gegen die Auffassung, Frauen seien nicht vernünftig und könnten in Wissenschaft und Kunst keine großen Leistungen vollbringen.

Im 20. Jahrhundert hat vor allem der amerikanische Philosoph *John Rawls* (1921-2002) eine umfassende Theorie der Gerechtigkeit entwickelt. Darin hebt er vor allem *zwei Prinzipien ein gerechten Gesellschaft hervor*: *allgemeine Freiheitsrechte* wie Meinung- Versammlungs- und Religionsfreiheit. Sie garantieren dem Einzelnen ein hohes Maß an Selbstverwirklichung. Darüber hinaus muss dafür gesorgt werden, dass *vom Wohlstand einer Gesellschaft* im Sinne der ausgleichenden Gerechtigkeit *auch die sozial Schwächeren profitieren*. Der Staat hat die Verpflichtung, seine Sozialpolitik an diesem Maßstab zu orientieren.

Die lettisch-amerikanische Philosophin *Judith Shklar* (1928-1992) hat sich vor allem mit dem *Problem der Ungerechtigkeit* beschäftigt, das nach ihrer Ansicht in der Philosophie bisher zu kurz gekommen ist. Sie unterscheidet zwischen Ungerechtigkeit und Unglück: während Unglück unabhängig von menschlichen Wollen und Handeln ist, liegt die Ungerechtigkeit in der Verantwortung des Menschen. Unglück und Ungerechtigkeit hängen allerdings meistens zusammen. So hat das Unglück der Kindersterblichkeit beispielsweise auch einen Bezug zur Ungerechtigkeit: mangelnde Gesundheitsvorsorge für sozial Schwache führt in vielen Staaten der Welt zu einer hohen Säuglingssterblichkeit. Deshalb muss sich eine gerechte Gesellschaft vor allem mit den Opfern beschäftigen und durch Gesetze dafür sorgen, dass sie entschädigt und vor weiterem Unrecht bewahrt werden.

Formen der Gerechtigkeit

Verteilende G.	*Ausgleichende G.*	*Soziale G.*
Verteilung von Gütern unter Berücksichtigung ausgeübter Tätigkeit (Aristoteles)	Gleichgewicht zwischen Zuviel und Zuwenig (Aristoteles)	sozialen Ausgleich, damit auch die Benachteiligten am Wohlstand der Gesellschaft profitieren (Rawls)

Zum Kern des Begriffs Gerechtigkeit gehört auch das Wort *Recht*. *Das* Recht *legt Normen menschlichen Zusammenlebens fest*. Es garantiert, dass Menschen *einen Anspruch auf etwas haben*, weil ihnen etwas zusteht: Kinder haben zum Beispiel einen Anspruch auf die Fürsorge ihrer Eltern.

Recht hat aber auch etwas mit Gerechtigkeit im Sinne von Gleichheit zu tun. So muss ein Staat alle Bürgerinnen und Bürger gleich behandeln und Gesetze festlegen, die diese *Gleichbehandlung garantieren*: beispielsweise das Recht auf Gesundheitsfürsorge für alle Menschen, nicht nur für einige Auserwählte.

Eine weitere Funktion des Rechts besteht darin, Menschen vor Schaden zu bewahren und ihnen *Schutz zu gewähren*, wie Schutz vor Gewalt,

Folter und willkürlicher Verhaftung. Auch hierfür muss der Staat Gesetze festlegen. Die Einhaltung oder Nichteinhaltung dieser Gesetze ist mit Sanktionen verbunden: Jemand, der einen Diebstahl begeht und das Recht auf Eigentum damit missachtet, wird bestraft. Rechtnormen können also im Unterschied zu moralischen Normen, die wünschenswertes Verhalten wie Mut oder Toleranz beinhalten, von den Bürgerinnen und Bürgern vor Gericht eingeklagt werden.

In der Philosophie werden Naturrecht und positives Recht unterschieden. Das *Naturrecht*, das u. a. von dem englischen Philosophen *John Locke* entwickelt wurde, geht davon aus, dass *Menschen von Geburt an frei und gleich* sind und dass sie deshalb von Natur aus gleiche Rechte haben. Diese gleichen Rechte wurden in der „*Allgemeinen Erklärung der Menschenrechte*“ von 1948 festgeschrieben.

Das positive Recht ist demgegenüber dasjenige *Recht, das in den verschiedenen Staaten tatsächlich gilt*; es wird von dem lateinischen Wort positivum abgeleitet, was auf Deutsch Tatsache heißt. Das geltende Recht muss nicht immer mit den allgemeinen Menschenrechten übereinstimmen. In vielen Staaten der Welt, wie beispielsweise den USA, gibt es innerhalb der positiven Rechtsordnung die Todesstrafe, die nicht mit den Menschenrechten vereinbar ist.

Für Kinder und Jugendliche bis zum 18. Lebensjahr gelten spezielle *Kinderrechte*. Sie wurden am 20. November 1989 in der „Konvention über die Rechte des Kindes“ von der Generalversammlung der Vereinten Nationen (UNO) in New York verabschiedet. Diese 54 Rechte werden in drei Gruppen unterteilt: die erste Gruppe umfasst Rechte, die das Überleben von Kindern und Jugendlichen sichern sollen. Dazu gehören der Anspruch auf ausreichende Ernährung, auf Unterkunft, sauberes Wasser und medizinische Versorgung.

Die zweite Gruppe von Rechten soll den Schutz von Heranwachsenden weltweit gewährleisten. Kinder und Jugendliche sollen vor körperlichem und seelischem Missbrauch beschützt werden, vor Kriegen, Folter und schwerer Arbeit. So ist es beispielsweise verboten, dass Kinder unter 15 Jahren als Soldaten in die Armee eingezogen werden dürfen.

Die dritte Gruppe beinhaltet Rechte, welche die körperliche und geistige Entwicklung von Kindern und Jugendlichen fördern und ihr persönliches

Wohlergehen unterstützen sollen. Dazu gehören das Recht auf einen eigenen Namen und eine Staatsangehörigkeit, das Recht auf Bildung, das Recht auf freie Meinungsäußerung und auf Fürsorge durch die Eltern.

Kinder sollten diese Rechte in spielerischer Form bereits im Kindergarten kennen lernen, da sie universell für alle Kinder gelten, unabhängig davon, in welchem Staat sie leben.

Dies trifft auch auf das Thema Gerechtigkeit zu, das im Alltagsleben von jüngeren Kindern bereits eine große Rolle spielt. Kinder reagieren auf Ungerechtigkeiten in ihrem Umfeld oftmals emotional, bevor sie darüber nachdenken. Dieses Gerechtigkeitsempfinden sollte deshalb stärker in eine Werteorientierung der Eelementar- und Primarbildung eingebunden werden (siehe hierzu II/4/Caring Thinking). Das Philosophieren ermöglicht jüngeren Kindern, verschiedene Bedeutungen des Begriffes „Gerechtigkeit" kennen zu lernen und gerechtes Handeln von ungerechtem Handeln abzugrenzen.

Darüber hinaus können Kinder auch dazu ermuntert werden, ihre eigenen Utopien zu entwerfen: Wie sieht eine gerechte Familie aus? Was zeichnet eine gerechte Schule aus? Wie stelle ich mir den Computer des Jahres 3000 vor?

Einen dritten wichtigen Bereich der Frage nach der Hoffnung des Menschen bilden die *Religion und* der *Gottesbegriff*.

Die Herkunft des Wortes Gott ist nicht genau geklärt. Vermutlich stammt der Begriff von dem Verb „anrufen" ab, d.h. Gott ist das Wesen oder Prinzip, das von vielen Menschen angerufen und um Hilfe gebeten wird. In einer zweiten Bedeutung gilt Gott auch als der Schöpfer des Weltalls und Naturgeschehens.

Aristoteles nannte Gott „den unbewegten Beweger" und eröffnete damit die philosophische Diskussion über den Gottesbegriff (was sollen wir unter Gott verstehen?). Ihm folgte u.a. der italienische Mönch und Philosoph *Thomas von Aquin* (1225-1274). Er ging davon aus, dass es einen Unterschied (Dualismus) zwischen dem Wesen (Essenz) und dem Dasein (Existenz) gibt. Die Essenz (Gott) ist geistig und geht der Existenz voraus. Für Thomas gibt es einen ansteigenden Grad der Existenz. Je mehr Geist vorhanden ist, desto höher ist der Grad der Existenz. Die unterste Stufe ist das pure stoffliche Vorhandensein, z.B. die Welt der Dinge. Dann kommen Pflanzen, Tiere, die Seelen der Menschen, die Seelen der Engel und am Schluss steht Gott selbst. Diese aufsteigende Ordnung der Welt ist von Gott so eingerichtet worden. *Gott ist der Maßstab*, an dem sich die Welt messen lassen muss. Er ist die reine Wirklichkeit.

Der französische Philosoph und Schriftsteller *Jean-Paul Sartre* (1905-1980) hat diese Auffassung umgedreht. Er sagte, dass die Existenz der Essenz vorausgeht. Damit meint er, dass *alle Dinge auf der Welt* da sind und sich selbst *ohne einen Schöpfer entwickeln*. Den Menschen obliegt es, ihr Wesen (die Essenz) zu erkennen.

Thomas von Aquin versuchte auch, mit den Mitteln der Vernunft die Existenz Gottes zu beweisen, d.h. er ist der Mitbegründer der sogenannten *Gottesbeweise*, die in der Philosophie des Mittelalters eine große Rolle gespielt haben. Sie wurden vor allem von dem italienischen Mönch und späteren Erzbischof *Anselm von Canterbury* (1033-1109) initiiert.

Anselm ging davon aus, dass die christlichen Glaubensgrundsätze und die Existenz Gottes rational begründet bzw. bewiesen werden sollten. Er entwickelte aus diesem Grund den *ontologischen Gottesbeweis*. Dieser stellt den Versuch dar, *das Dasein Gottes aus dem Gottesbegriff abzuleiten*. Unter Gott wird dem Glauben zufolge das Größte verstanden. Das Größte kann jedoch nicht bloß in der Vernunft sein, denn sonst ließe sich auch noch etwas Größeres denken. Folglich muss das Größte Denken und Wirklichkeit zugleich sein. Demzufolge wird Gott nicht nur gedacht, sondern er existiert auch.

Die Frage, wo sich Gott befindet und wer er ist, wird von jüngeren Kindern oft gestellt. Diese Frage hat auch einen religiösen Bezug. Deshalb sollten bei der Suche nach Antworten die jeweiligen Glaubensüberzeugungen und religiösen Überlieferungen der Kinder respektiert werden. Beim Philosophieren könnte zum Beispiel herausgearbeitet werden, dass der Begriff „Gott“ verschiedene Bedeutungen haben kann.

4 Was ist der Mensch?

In Sandras Familie gibt es ein neues Mitglied, einen kleinen weißen Pudel. Sandra findet ihn total niedlich, wenn er sie mit seinen dunklen Augen ansieht. Und obwohl sie schon drei Freundinnen im Kindergarten hat, behauptet sie eines Tages feierlich: „Schnuppi ist mein bester Freund.“ Als ihre große Schwester das hört, zeigt sie Sandra den Vogel und meint: „Erzähl doch keinen Blödsinn. Schnuppi weiß doch gar nicht, was Freunde sind. Das wissen nur wir Menschen.“

Der Unterschied zwischen Mensch und Tier ist eines der wichtigsten Problemfelder der *philosophischen Anthropologie* (anthropos heißt auf Griechisch Mensch). Sie beschäftigt sich mit dem *Selbstverständnis des Menschen*, das verschiedene Aspekte umfasst.

Der Mensch ist

- *biologisches (Natur)Wesen* mit Körper und Geist
- *arbeitendes Wesen*, das die Natur verändert
- *kulturelles Wesen,* das Kunst, Moral und Wissenschaft hervorbringt
- *zeitliches Wesen,* begrenzt durch Geburt und Tod
- *geschichtliches Wesen*, das Produktivkräfte in verschiedenen Gesellschaften entwickelt
- *politisches Wesen*, das Staaten gründet
- *einzigartiges Wesen,* das eine unverwechselbare Identität besitzt

Für das Philosophieren mit jüngeren Kindern ist insbesondere der *Mensch als Natur- und Kulturwesen* von Bedeutung. Erste Gedanken dazu gab es schon in der Antike.

So lässt *Platon* seinen Schüler Protagoras in dem gleichnamigen Dialog den berühmten Prometheusmythos über das „*biologische Mängelwesen Mensch*“ erzählen. Schuld an der Mangelausstattung sei Epimetheus, ein Halbgott aus der griechischen Mythologie. Er habe bei der Zuteilung der natürlichen Fähigkeiten ausgerechnet die Menschen vergessen. Die Tiere hingegen habe er mit einer „festen Haut“ und Hufen ausgestattet, während die Menschen nackt blieben, ohne Schuhe, Decken und eine angemessene Behausung. Erst durch das beherzte Eingreifen seines Bruders Prometheus habe sich dieser Zustand dann geändert. Denn Prometheus brachte den Menschen das Feuer und initiierte dadurch die *Entwicklung der Kultur* wie zum Beispiel die Entstehung der Werkzeuge. Sie habe den Menschen ermöglicht, die Natur als Nahrungs- und Überlebensgrundlage zu nutzen (siehe Platon 1977, S. 61-64).

Platons Idee vom „natürlichen Mängelwesen Mensch", das sich gegenüber dem Tier durch seine Kultur behaupten muss, wurde insbesondere von dem deutschen Philosophen *Arnold Gehlen* (1904-1976) im 20. Jahrhundert wieder aufgenommen. Gehlen gilt mit seinem *Buch „Der Mensch"* als *der eigentliche Begründer der philosophischen Anthropologie*. Nach seiner Ansicht ist der Mensch ein biologisches Mängelwesen, das im Gegensatz zum Tier über eine mangelhafte organische Ausstattung verfüge; ihm fehle zum Beispiel ein Haarkleid als Schutz gegen die Natur, und er habe weniger Instinkte und spezialisierte Organe, um sich in seiner direkten Umgebung zurechtzufinden. Gehlen nennt das die *Unspezialisiertheit des Menschen*. Er stützt sich mit dieser Charakteristik auf Forschungsergebnisse des Wiener Zoologen Otto Storch und des holländischen Anatomen L. Bolk, die viele Einheiten des menschlichen Organismus als retardiert beschrieben hatten und meinten, dass sich der Mensch durch diese Retardation nur schlecht an die Umwelt anpassen könne. Gehlen zieht daraus den Schluss, dass der Mensch sein Verhältnis zur Welt selbst aufbauen und die Natur wie in Platons Mythos durch Kultur bezwingen müsse. Gehlen bezeichnet dieses Verhältnis als *Weltoffenheit*. Der *Mensch habe im Unterschied zum Tier keine angeborene Umweltgebundenheit* und keine artspezifische Umwelt; er sei frei und offen, die Welt, vor allem jedoch die Natur, nach seinen Bedürfnissen zu gestalten. Die Technik begleite ihn dabei von Anfang an. Sie diene ihm als Organersatz, ein Ersatz, mit dem er seine natürlichen Organe um ein Vielfaches überbietet.

Außerdem verfüge der Mensch über einen Antriebsüberschuss, d.h. er habe weit mehr Energie als er zum Überleben brauche und kann diese in Kunst und Wissenschaft umleiten. Entlastung erhält er dabei durch Gewohnheiten und Institutionen, wie Schulen oder Universitäten, die ihm bestimmte Handlungsmuster vorgeben, die er nicht neu erfinden müsse. Institutionen ermöglichten ihm darüber hinaus, eine bestimmte Ordnung im Zusammenleben mit anderen Menschen zu schaffen sowie eine Orientierung und einen sozialen Halt zu finden (siehe Gehlen 1997, S. 51-72).

Der Aufklärungsphilosoph *Johann Gottfried Herder* (1744-1803) ging in seiner „Abhandlung über den Ursprung der Sprache" davon aus, dass der

Mensch seine biologischen Mängel durch die „*positive Kraft des Denkens*" ausgleicht, die den Menschen wesentlich vom Tier unterscheidet.

Den Aspekt der Reflexionsfähigkeit des Menschen hat *Immanuel Kant* (1724-1804) in seiner „*Anthropologie in pragmatischer Hinsicht*" durch drei weitere Fähigkeiten (Anlagen) des Menschen ergänzt, die ihn von allen anderen Naturwesen unterscheiden: die technische, die pragmatische und die moralische Anlage.

Mensch	– *technische Anlage*: bewusste Handhabung von Sachen – *pragmatische Anlage*: Zusammenarbeit mit anderen Menschen, um eigene Ziele zu verwirklichen – *moralische Anlage*: nach dem Vernunftprinzip für sich und andere Gutes tun

Kant geht davon aus, dass diese Anlagen den Menschen befähigen Kulturleistungen in Wissenschaft und Technik sowie Recht und Moralität in der Gesellschaft zu realisieren (siehe Kant 1993, S. 40-46).

Die deutsch-jüdische Philosophin *Hannah Arendt* (1906-1975) sieht in den *Tätigkeiten arbeiten, herstellen und (politisch) handeln* das Menschsein manifestiert. Durch die Arbeit sichere der Mensch das „Am-Leben-Bleiben des Individuums und das Weiterleben der Gattung". Durch das Herstellen schafft er eine künstliche Welt; „die von der Sterblichkeit der sie Bewohnenden in gewissem Maße unabhängig ist und so ihrem flüchtigen Dasein so etwas wie Bestand und Dauer entgegenhält; das Handeln schließlich, soweit es der Gründung und Erhaltung politischer Gemeinwesen dient, schafft die Bedingungen für eine Kontinuität der Generationen" (Ahrendt 1967, S. 17). Diese geschaffene Welt ermögliche den Neuankömmlingen, ihr eigenes Leben in den Grenzen von Geburt und Tod zu gestalten. Jeder Mensch habe in diesem Rahmen seine individuelle Lebensgeschichte, die ihn von Pflanzen und Tieren unterscheidet und seine unverwechselbare Identität ausmacht.

Den Menschen als geschichtliches Wesen hat insbesondere der deutsche Philosoph *Georg Friedrich Wilhelm Hegel* (1770-1831) beschrieben. Hegel ging davon aus, dass sich unsere Welt als geistige Welt entwickelt.

Der *Geist* bildet in seiner Geschichtsauffassung *den rationalen Aus-*

gangspunkt der Welt und durchdringt die gesamte Wirklichkeit. Hegel nennt diesen Zustand das „Ansichsein des Geistes", d.h. der Geist existiert als leere Form oder als „sich nicht wissender Geist" im Sinne einer Weltvernunft, die sich entwickelt und konkrete inhaltliche Formen annimmt. Sie taucht in die Geschichte, die Natur und die Kunst ein und durchläuft sozusagen einen Selbstfindungsprozess. Hegel bezeichnet diesen Prozess als das „Außersichsein des Geistes". Der Geist tritt zu sich selbst in Widerspruch und durchdringt verschiedene Bereiche des Lebens. Das dadurch entstandene Gegenstück verbindet sich auf einer höheren Ebene mit dem ursprünglichen Geist zu einer neuen Einheit. Insofern findet eine stetige Höherentwicklung des Geistes statt bis hin zum Absoluten: das ist die Einheit von Philosophie, Religion und Rechtsstaat. Der Rechtsstaat ist der Garant der Freiheit des Menschen, denn je mehr der Geist zur Selbsterkenntnis voranschreitet, desto freier im Sinne von geistig autonomer wird der Mensch. Er muss sich sozusagen zu seinem Gattungswesen erst hinauf arbeiten, indem die wahrgenommenen Gegenstände der Welt für ihn zu geistigen Gegenständen werden.

Das geistige Drei-Stufenmodell Hegels geht zurück auf Friedrich Schillers „Briefe über die ästhetische Erziehung des Menschen". *Friedrich Schiller* (1759-1805) hebt hervor, dass der Mensch im Naturzustand eine Einheit mit der Natur bildete; mit Naturzustand ist hier ein vorstaatlicher Zustand ohne Gesetze gemeint.

Später entfremdete sich der Mensch durch den Verstand von der Natur und löste diese Einheit durch die Entwicklung von Wissenschaft und Technik auf. Erst durch die allseitige Bildung des Menschen soll es nach Schiller gelingen, dass sich der Mensch durch die Vernunft mit der Natur als eine Einheit betrachtet, jedoch auf einer höheren geistigen Ebene als im Naturzustand.

Der deutsche Philosoph *Karl Marx* (1818-1883) hat die Entwicklung des Hegelschen Geistes auf eine materielle Grundlage gestellt: Nicht der Geist entwickelt sich und macht Geschichte, sondern *die Menschen selbst machen Geschichte*. Sie entwickeln Produktivkräfte wie Industrieanlagen und Maschinen und treten zueinander als Klassen in Besitzverhältnisse: als Sklaven und Sklavenhalter, als Bauern und Feudalherren oder als Kapitalisten und Arbeiter. Durch Kämpfe und Revolutionen haben sich diese

Besitzverhältnisse und die mit ihnen verbundenen Produktivkräfte in unterschiedlichen Gesellschaftssystemen immer weiterentwickelt. Marx' Ziel war es, die *klassenlose Gesellschaft* zu etablieren, in der keine feindlich gegenüberstehenden Klassen mehr existieren und alle Produktionsmittel vergesellschaftet werden (siehe auch Seite... in diesem Buch).

Marx hat in seinen „Ökonomisch-philosophischen Manuskripten" den *Menschen* auch *als ästhetisches Wesen* charakterisiert, das im Gegensatz zum Tier nach den Gesetzen der Schönheit produziert. Der Begriff *aisthesis* kommt aus dem Griechischen und bedeutet Wahrnehmung, Empfindung und Gefühl.

Die *Ästhetik* wurde *als eigenständige philosophische Disziplin* von dem deutschen Philosophen *Alexander Gottlieb Baumgarten* (1714-1762) begründet. Sie beschäftigt sich damit, wie der Mensch durch seine Sinnesorgane die Welt durch ästhetische Empfindungen aufnimmt und sie nach den Gesetzen der Schönheit ordnet. Ästhetische Empfindungen sind emotionale Reaktionen, die durch die Erscheinungsform eines Gegenstandes oder eines Lebewesens in uns ausgelöst werden und Wohlgefallen bewirken. Wir ordnen in diesem Fall dem Objekt oder der Person das Attribut schön zu. Sind die Empfindungen unangenehm, dann bezeichnen wir den Gegenstand oder die Person als hässlich. *Schönheit und Hässlichkeit sind demzufolge zwei wesentliche Kategorien der philosophischen Ästhetik*. Das Schöne wird als das Angenehme und Lustvolle betrachtet, das Hässliche dagegen als das Unangenehme, das Unlust hervorruft.

Das Schöne ist
- *das Maßvolle* (Balance zwischen Zuviel und Zuwenig)
- *Harmonie* (Ebenmaß, Einklang)
- *Symmetrie* (wohlgeordnete Teile)
- *Proportion* (Verhältnis der Teile zum Ganzen)
- *Vollkommenheit* (das Unübertreffliche)

In der Ästhetik wird darüber diskutiert, ob Schönheit eine Eigenschaft von Gegenständen ist, was zum Beispiel der griechische Philosoph *Demokrit* (ca. 460-370 v. Chr.) behauptete oder ob es sich dabei um ein *subjektives Geschmacksurteil* handelt, ein „interesseloses Wohlgefallen", wie es von Immanuel Kant postuliert wurde.

Eine weitere Unterscheidung sind die Kategorien des *Natur- und Kunstschönen:* Ist beispielsweise ein strahlend blauer Himmel schöner als ein Kunstwerk wie die Statue des Gottes Apollon?

Georg Friedrich Wilhelm Hegel bewertet das Kunstschöne höher als das Naturschöne, weil die „aus dem Geiste geborene und wiedergeborene Schönheit“ dem menschlichen Geist entspringt, der für ihn die höchste Form der Existenz überhaupt ist.

Jüngere Kinder sollten die Kulturleistungen des Menschen auf vielfältige Art und Weise kennen lernen, zum Beispiel als Erfindungen und Entdeckungen auf unterschiedlichen Gebieten. Die Unterschiede zwischen Mensch und Tier können an den Fähigkeiten herausgearbeitet werden, und zwar so, dass nicht der Mensch als der Alleskönner dasteht, der die Natur mit den Mitteln der Vernunft verändert, sondern dass beide Lebewesen über unterschiedliche Fähigkeiten verfügen: Hunde können gut riechen und Menschen erkennen die Welt durch Symbole. Tiere leben auf einem begrenzten Raum, Menschen können die Räume wechseln und verändern. Es kommt darauf an, mit Kindern über die unterschiedlichen Lebensbedingungen von Mensch und Tier anschaulich nachzudenken.

Der *Mensch* ist jedoch nicht nur ein Kulturwesen, sondern in erster Linie auch ein *Naturwesen*. Diese Auffassung vertrat insbesondere der *Begründer der Evolutionstheorie Charles Darwin* (1809-1882), ein englischer Philosoph und Naturwissenschaftler. Er erklärte die Entwicklung des organischen Lebens als *Höherentwicklung von einfachen zu komplizierten Lebensformen*, an deren Ende der Mensch als höchstentwickelte Materie steht. Darwin führte die Abstammung des Menschen auf affenähnliche Lebewesen zurück, die sich schrittweise über mehrere Stufen bis zum Homo sapiens entwickelten. „Was wir wissen ist, dass vor etwa 4 oder 5 Millionen Jahren eine Reihe verschiedener Affenmenschen ist Ostafrika entstanden: die *Australopithecinen.* Auf Deutsch bedeutet der Name: „Südaffen“. Sie bewohnten Halbwüsten, Savannen, kleinere Wälder und sumpfige Flusslandschaften. Sie lebten in Horden zusammen, und irgendwann erlernten die Südaffen den aufrechten Gang. In späterer Zeit lebte in Ostafrika dann der *Homo habilis* – der „geschickte Mensch“. Er hatte ein viel größeres Gehirn als die Südaffen und war dem Menschen auch schon viel ähnlicher. Noch etwas später entwickelte sich der *Homo erectus* – der „aufrecht gehende Mensch". Als erster Vorfahre des Menschen breitete er sich von Ostafrika auf andere Kontinente aus und wanderte bis nach Südostasien. Vor 2000 Jahren dann entwickelte sich aus dem Homo erectus sein Nachfahre Homo sapiens – der „schlaue Mensch". Und das sind wir" (Precht 2011, S. 29).

Die Beschreibung der Menschheitsentwicklung durch den Philosophen *Richard David Precht*, können auch jüngere Kinder nachvollziehen. Sie sollten erkennen, dass der Mensch zur Natur dazu gehört und sich stufenweise zu dem entwickelt hat, was wir den modernen Menschen nennen. Parallel dazu gibt es die mythischen und religiösen Vorstellungen über die Entstehung des Menschen durch einen Schöpfungsakt. Dabei handelt es sich um eine Glaubensüberzeugung und keine naturwissenschaftliche Erkenntnis. Dieser Unterschied sollte beim Philosophieren herausgearbeitet werden.

Quellenverzeichnis für dieses Kapitel

1. Was kann ich wissen?

Brüning, Barbara: Prinzessin Lara und der kleine Saurier. Troisdorf 2010 (Das erste Kapitel widmet sich der Entstehung der Welt).
Capelle, Wilhelm (Hrsg.): Die Vorsokratiker. Stuttgart 1968.
Kant, Immanuel: Kritik der reinen Vernunft. Berlin 1979.
Locke, John: Gedanken über Erziehung. Stuttgart 1997.
Locke, John: Über den Verstand. In: Ekkehard Martens (Hrsg.): Ich denke, also bin ich. München, 2000, S. 146-149.
Oberthür, Rainer: Neles Buch der großen Fragen. München 2010, 7. Auflage.
Simon-Schäfer, Roland: Kleine Philosophie für Berenike. Stuttgart 1996.
Wittgenstein, Ludwig: Philosophische Untersuchungen. Frankfurt am Main 1977.

2. Was soll ich tun?

Aristoteles; Die Nikomachische Ethik. Berlin 1987.
Höffe, Ottfried: Lexikon der Ethik. München 2002. 6. Auflage.
Kant, Immanuel: Grundlegung der Metaphysik der Sitten. Stuttgart 1979, BA 43 und 64.

de Montaigne, Michel: Über Freundschaft. In: Eichler, Klaus-Dieter: (Hrsg.): Philosophie der Freundschaft. Leipzig 2000, 2. Auflage, S. 24
Pieper, Annemarie: Einführung in die Ethik. Tübingen und Bsel 2007, 6. Auflage.
Seneca: Vom glückseligen Leben. Stuttgart 1978.
Schweitzer, Albert: Kultur und Ethik. München 2005.
Wollstonecraft, Mary: Plädoyer für die Rechte der Frau. Weimar 1999.

3. Was darf ich hoffen?

Campanella, Tomaso: Der Sonnenstaat. Paderborn o. J.
Cavendish, Margaret: Die gleißende Welt. München 2001.
Mai, Manfred: Der Traum von einer beseren Welt. München 2010.
Nussbaum, Martha: Gerechtigkeit oder Das gute Leben. Frankfurt 1999.
Platon: Politeia (Der Staat). Stuttgart 1974, 22. Auflage.
Rawls, John: Eine Theorie der Gerechtigkeit. Frankfurt am Main 1979.
Shklar, Judith: Über Ungerechtigkeit. Frankfurt 1997.

4. Was ist Der Mensch?

Ahrend, Hannah: Vita activa oder vom tätigen Leben. München 1967.
Dölle-Oelmüller, Ruth und Oelmüller, Willi (Hrsg.): Grundkurs: Philosophische Anthropologie. München 1996.
Gehlen, Arnold: Der Mensch. Wiesbaden 1997, 13. Auflage.
Kant, Immanuel: Anthropologie in pragmatischer Hinsicht. Reclams Universalbibliothek. Dietzingen 1983.
Platon: Sämtliche Werke Band 1. Reinbek bei Hamburg: Rowohlt 1977.
Precht, Richard David: Warum gibt es alles und nicht nichts? München 2011.

IV

Praktische Module für Grundschule und Kindergarten

Abb. 10: „Klassengespräch"

Die ausgewählten Vorschläge zum Philosophieren umfassen lediglich inhaltliche und methodisch-didaktische Grundbausteine, die je nach Lerngruppe/Kindergartengruppe modifiziert werden können. Der inhaltliche Aufbau der Module folgt den vier Grundfragen der Philosophie (siehe III) und umfasst folgende Basis-Elemente:

1. kreativer Einstieg in das jeweilige Thema
2. Inhaltliche Aspekte des Themas und Medieneinsatz (hier werden jeweils ein Aspekt und ein Medium in den Mittelpunkt gestellt)
3. Methoden des Philosophierens und Kompetenzentwicklung (bezogen auf das ausgewählte Medium)
4. Spielen und gestalten

Im ersten Teil der Module werden zunächst Vorschläge für die Klassen 3/4 der Grundschule vorgestellt und im zweiten Teil Anregungen zum Philosophieren im Kindergarten, die auch in den Klassen 1/2 angewendet werden können, d.h. diese Anregungen setzen nicht voraus, dass die Kinder eigenständig Texte lesen oder schreiben können.

In welchem Zeitraum die einzelnen Module umgesetzt werden, hängt von der Lerngruppe und den bisherigen Erfahrungen im Philosophieren ab. So ist es zum Beispiel im Kindergarten möglich, nach dem kreativen Einstieg erst einmal die Nachdenkstunde zu beenden und dann an einem anderen Tag am Thema weiterzuarbeiten.

1 Was kann ich wissen?

Grundschule: Wie kommen die Wörter in meinen Kopf?

Kinder stellen besonders viele Fragen nach dem Ursprung der Sprache und den Gründen für die Vielfältigkeit der Sprachen auf der Welt. Die folgenden Anregungen zum Philosophieren sollen sie zum Nachdenken darüber anregen, wie sie selbst sprechen gelernt haben. Zur Vorbereitung dieses Themas kann noch einmal das erste Kapitel im Teil III gelesen werden.

1 Kreativer Einstieg

Da wir Menschen nach Ludwig Wittgenstein verschiedene Sprachspiele spielen, sollte das Philosophieren auch mit einem Sprachspiel beginnen. Die Kinder sitzen im Kreis. In einem Hut liegen die Buchstaben des Alphabets. Ein Kind zieht einen Buchstaben und versucht diesen in der Kreismitte mit einer bestimmten Körperhaltung (Pantomime) darzustellen, zum Beispiel das A mit gegrätschten Beinen und in der Mitte verschränkten Armen. Wer den Buchstaben zuerst errät, zieht den nächsten. Nach einer gewissen Zeit wird eine neue Runde gespielt. Die Buchstaben werden wieder aus dem Hut gezogen. Nun müssen allerdings Wörter zum Thema „Sprache“ gesucht werden, die mit dem entsprechenden Buchstaben beginnen, zum Beispiel A wie aufsagen; die Buchstaben X und Y sollten vorher aussortiert werden. Die Lehrkraft kann einige der genannten Begriffe an der Tafel oder dem Whiteboard festhalten (Eröffnung eines Wortfeldes, siehe Seite 40/41), um den Kindern „auf einen Blick“ zu zeigen, welche verschiedenen Bedeutungen mit dem Begriff Sprache verbunden sind. Anschließend können sich die Kinder selbst noch eine dritte Spielrunde ausdenken, zum Beispiel Sätze mit den entsprechenden Begriffen von der Tafel bilden oder Sprichwörter zum Thema „Sprache“ suchen.

Danach können folgende Fragen diskutiert werden:

- Habt ihr eine Idee, wie die verschiedenen Sprachen auf der Welt entstanden sein könnten? Wer hat sich eurer Meinung nach die Buchstaben und die Wörter ausgedacht?
- Wie haben die Menschen miteinander gesprochen, als es noch keine Sprache gegeben hat?
- Brauchen Menschen überhaupt eine Sprache? Warum? Warum nicht?

(Weitere mögliche Fragen siehe Michalik, Kerstin/Schreier, Helmut: Wie wäre es einen Frosch zu küssen? Braunschweig: Westermann 2006, S. 210).

2 Aspekte des Themas und Medieneinsatz

Zur weiteren Bearbeitung des Themas „Sprache“ können je nach Interessenlage der Kinder verschiedene Aspekte anhand unterschiedlicher Medien berücksichtigt werden. Es wäre zum Beispiel möglich, dass sich die Kinder einen Philo-Kasten anlegen (siehe Seite 30).

Aspekte des Themas Sprache

- *Ursprung der Sprache*: Spiele (s.o) und Gedicht „Alle Wörter“ von Walther Petri. In: Hans-Joachim Gelberg (Hrsg.): Oder die Entdeckung der Welt. Weinheim: Beltz & Gelberg 1997, S...
- *Sprache als Kommunikationsmittel:* Der alte Mann verändert die Wörter. Kurze Geschichte, in: Barbara Brüning: Philosophieren in der Grundschule. Berlin: Cornelsen 2010, 2. Auflage, S. 55.
- *Sprachentwicklung*: Die Welt kennen lernen. Sachtext. In: Ethik Klasse 3. Berlin: Cornelsen 2014, S. 7.
- *Sprache und Denken:* Gedanken. In: Barbara Brüning: Philosophieren in der Grundschule. Berlin: Cornelsen 2013, 3. Auflage, S. 56-59 sowie der folgende Text von Matthew Lipman.

Der folgende Textauszug aus dem Buch „Das geheimnisvolle Wesen“ von *Matthew Lipman* regt die Kinder dazu an, über den Zusammenhang zwischen Sprechen, Denken und Schweigen nachzudenken. Die Kinder erhalten vor der Textlektüre die Information, dass das Mädchen Pixie zehn Jahre alt ist und sich auf einen Zoobesuch mit ihrer Klasse vorbereitet. Die Kinder haben von ihrem Lehrer Herrn Mallnig die Aufgabe erhalten, sich ein geheimnisvolles Wesen auszudenken, das die anderen Kinder im Zoo erraten sollen. Diese Aufgabe hat Pixie dazu ermutigt, sich auch über das Denken Gedanken zu machen.

„Ich beobachtete Bernd aus den Augenwinkeln, und ich sah, wie Fatme herankam und ihn bei der Hand nahm. Sie führte ihn hinüber zur Bücherecke, und sie setzten sich auf zwei nebeneinander stehende Stühle. Sie sprach ganz leise zu ihm, und er schaute auf ihre Augen, dann auf ihren Mund und dann wieder auf ihre Augen.

Ich konnte mir nicht helfen, ich wunderte mich: Warum würde irgendjemand nur zu reden aufhören? Ich rede die ganze Zeit; ich höre *nie* auf. Ich kann mir nicht einmal *vorstellen,* wie das wohl wäre, die ganze Zeit zu schweigen.

Isabel las ein Buch, aber ich unterbrach sie. „lsabel“, sagte ich, „warum sprechen Menschen?“

Isabel spitzte die Lippen, als ob sie pfeifen wollte, und dann sagte sie langsam: „Ich glaube, wenn Menschen sprechen, wollen sie, dass andere Leute wissen, was sie denken und fühlen.“

„Aber nimm an, sie *wollen* nicht, dass andere Leute wissen, was sie denken und fühlen“, sagte ich.

Isabel dachte eine Minute lang nach, dann sagte sie: „Vielleicht hören sie dann zu sprechen auf."

(Matthew Lipman: Das geheimnisvolle Wesen. Übersetzt und herausgegeben von Daniela G. Camhy. Sankt Augustin: Academia Verlag 2007, 2. Auflage, S. 24/25)

Der Textauszug wird in zwei Etappen vorgelesen werden. Die erste Etappe endet mit Pixies Frage an Isabel „Warum sprechen Menschen?". Die Kinder sollten diese Frage selbst beantworten. Jeder könnte zum Beispiel schriftlich in einer Standpunktrede (siehe Seite 56) eine Antwort formulieren, bevor dann in der Klasse darüber gesprochen wird.

Anschließend wird der Textauszug zu Ende vorgelesen und Isabels Antwort an Pixie diskutiert: „Sprechen Menschen, weil sie wollen, dass andere Leute wissen, was sie denken und fühlen? Welche anderen Gründe könnte es noch dafür geben, dass Menschen miteinander sprechen?" (Zur Funktion von Sprache siehe Seite 111 in diesem Buch). Die Kinder sollten angeregt werden, falls sie nicht selbst darauf kommen, auch über den Zusammenhang von Sprache und Information nachzudenken: „Stellt euch vor, ihr habt etwas Wichtiges erfahren und wollt es anderen Menschen mitteilen. Braucht ihr dazu die Sprache?"

Weitere Aspekte für ein sokratisches Gespräch sind:
- Denkt ihr zuerst und sprecht dann oder redet und denkt ihr gleichzeitig? Bringt Beispiele für eure Antworten.
- Kann man denken, ohne zu sprechen? Kann man sprechen ohne zu denken? Begründet euren Standpunkt.
- Isabel sagt, dass Menschen aufhören zu sprechen, wenn sie nicht wollen, dass andere Menschen ihre Gedanken erfahren. Wie ist das bei euch? Macht ihr das auch so? Warum? Warum nicht?
- Kann man denken und gleichzeitig schweigen? Warum? Warum nicht?

Zur Behandlung des Themas „Sprache und sprechen" mit Kindergarten-Kindern kann das Märchen „Wörter im Rucksack" aus dem Buch „Prinzessin Lara und der kleine Saurier" (siehe Brüning V/2) auf den Seiten 64-68 gelesen werden. Die Kinder können hierzu einen Fragekasten anlegen, in dem sie unbeantwortete Fragen aufbewahren.

3 Methoden des Philosophierens und Kompetenzentwicklung

Beim Thema „Sprache“ sollten insbesondere die *analytische und die dialektische Methode* zur Entwicklung der entsprechenden Kompetenz eingesetzt werden, d.h. Begriffe wie Sprache, sprechen oder denken, die in dem Textauszug von „Pixie“ eine wichtige Rolle spielen, sollten mithilfe von Wortfeldern, Begriffsmobiles oder eines Begriffsmoleküls analysiert werden (siehe I/4.3).

Zur Entwicklung der dialektischen Kompetenz hat Matthew Lipman in seinem Handbuch einen Diskussionsplan zu „Sprechen und Kommunikation“ präsentiert:

Diskussionsplan: Sprechen und Kommunikation

1. Können Tiere sprechen?
2. Kann dir ein Baby sagen, was es will?
3. Denken Leute, die eine andere Sprache sprechen, genauso wie wir?
4. Darfst du mit deiner Freundin in der Klasse schwätzen, auch wenn das verboten ist?
5. Sprichst du mit allen gleich?
6. Ist es leichter, mit deinem besten Freund zu sprechen, als mit einem andren Kind?

(Aus: Matthew Lipman: Das geheimnisvolle Wesen Pixie. Handbuch. Übersetzt und herausgegeben von Daniela G. Camhy. Sankt Augustin: Academia Verlag, S. 50/51)

4 Spielen und gestalten

Da das Thema „Schweigen und Stille“ in dem Textauszug eine große Rolle spielt, könnten traditionelle Stille-Übungen mit den Kindern durchgeführt werden. Darüber hinaus eignet sich auch das folgende Spiel:

Die Kinder stecken sich Watte in die Ohren. Danach versuchen sie, sich durch eine Pantomime über das Thema „Sprache“ zu verständigen. Anschließend werten sie ihre Erfahrungen aus. Danach könnte beispielsweise ein sokratisches Gespräch darüber geführt werden, ob bzw. wie Menschen, die nicht hören können, sich verständigen. „Wenn jemand schweigt, redet er dann auf seine Weise? Heißt Schweigen, sich nicht am Gespräch zu beteiligen? Brauchen wir manchmal die Stille in unserem Leben?“

Anschließend könnte das Thema „Stille" in einer Zeichnung gestaltet werden.

(Weitere Diskussionsanregungen zum Thema „Stille" finden Sie in Matthew Lipman: Das geheimnisvolle Wesen. Handbuch. S. 49/50.)

Zum Abschluss des Moduls sollte ein Begriffsmolekül zum Thema „Sprache, sprechen oder sich verständigen" gebaut werden (siehe Seite 45/46).

Kindergarten: Staunen und fragen

Jüngere Kinder absolvieren ihre ersten philosophischen Schritte, indem sie über gewöhnliche und ungewöhnliche Dinge auf der Welt staunen und Fragen stellen. Dieses Frageverhalten kann genutzt werden, um ins Philosophieren „einzusteigen".

1 Kreativer Einstieg

Die Kinder beginnen ihren Nachdenkprozess mit einem Spiel zu ungewöhnlichen Gegenständen. Auf den Tisch oder im Phänomenkoffer (siehe Seite 31) werden verschiedene bekannte und einige unbekannte, d.h. ungewöhnliche Gegenstände gestellt, wie zum Beispiel ein Fächer aus Japan oder ein bunter Stein (nicht mehr als fünf Gegenstände). Anschließend wird die Frage gestellt: „Was fällt euch auf? Ihr dürft die Gegenstände auch in die Hand nehmen und sie euch genau anschauen oder befühlen." Ziel sollte es sein, Unterschiede und Gemeinsamkeiten zwischen den Gegenständen herauszuarbeiten.

In einem *Blitzlicht* (siehe Seite 55 in diesem Buch) dürfen die Kinder dann alles über die Gegenstände erzählen, was ihnen durch den Kopf geht. Zum Abschluss wird dann noch einmal gefragt: „Welche Gegenstände waren ungewöhnlich? Über welche unserer Gegenstände habt ihr gestaunt? Was machen Menschen, wenn sie staunen? Erzählt oder zeigt es mit eurem Körper."

In einer zweiten Spielrunde werden fünf Kinder ausgesucht, die einen der Gegenstände in die Hand nehmen. Dann wird an die „restlichen Kinder" die folgende Aufgabe gestellt: „Stellt euch vor, die Gegenstände könnten sprechen. Was würdet ihr sie fragen? Stellt einige Fragen an die Gegenstände.“

Die Kinder mit den Gegenständen in der Hand versuchen, die jeweiligen Fragen zu beantworten. Nach dem Ende des Spiels wird die Frage gestellt: „Warum ist es für Menschen wichtig, Fragen zu stellen?“

2 Aspekte des Themas und Medieneinsatz

Nach dem Einführungsspiel sollten sich die Kinder in der nächsten Philosophiestunde weiter mit den Tätigkeiten Staunen und Fragen beschäftigen. Sie könnten zum Beispiel Dinge, Tätigkeiten oder Situationen malen, über die sie in letzter Zeit gestaunt haben und die anderen Kinder aus der Gruppe raten lassen.

Anschließend könnte die Thematik mit dem Kapitel „Gedankenblasen“ aus dem Buch von *Barbara Brüning* „Prinzessin Lara und der kleine Saurier“ vertieft werden, das für das Philosophieren im Kindergarten geschrieben wurde (siehe V/2 Brüning 2010).

Aspekte des Themas „Staunen und Fragen“
aus „Prinzessin Lara und der kleine Saurier“

Staunen:	ungewöhnliche Dinge, Situationen oder Lebewesen entdecken (Worüber der Fliegenpilz staunen kann, S. 54-57)
Fragen:	zwischen gewöhnlichen Fragen und Fragen an die Welt unterscheiden (Das Häschen und das Fragenknäuel, S. 57-61)
Nachdenken:	zwischen guten und schlechten, lustigen und traurigen Gedanken unterscheiden (Gedanken sind wie Seifenblasen, S. 61-64)
Sprechen:	sich mithilfe von Wörtern (Begriffen) verständigen

Der folgende Textausschnitt bezieht sich auf die Tätigkeit des Staunens. Die Kinder erhalten vor dem Vorlesen eine einführende Information: Der kleine Saurier wohnte im Märchenland. Er wurde unsichtbar gezaubert, um gemeinsam mit Lara das Menschenland kennen zu lernen, zum Beispiel Laras Familie und ihren Kindergarten. Eines Tages schauen die Freunde des kleinen Sauriers mit einem Fernrohr ins Menschenland, denn sie wollen wissen, was der kleine Saurier dort macht.

Worüber ein Fliegenpilz staunen kann

Der alte Baum aus dem Zauberwald raschelte in der Abenddämmerung mit seinen Blättern und wiegte seine Äste sanft im Wind. Damit wollte er dem Fliegenpilz, der am Rande seines dicken Stammes stand, ein Zeichen geben. Er sollte ihm erzählen, welche Abenteuer der kleine Saurier im Menschenland erlebt. Denn der Fliegenpilz hatte sich ein Fernrohr gebaut, mit dem man direkt ins Menschenland blicken konnte. „Siehst du schon etwas?" fragte der Baum aufgeregt mit seiner tiefen Stimme und bewegte neugierig seine Äste.

Der Fliegenpilz rührte sich aber nicht. Wie versteinert stand er da und schaute mit seinem selbstgebastelten Fernrohr ins Menschenland.

Dort konnte er viele Kinder entdecken. Sie kletterten auf einem Gerüst aus Ästen umher oder saßen auf hängenden Zweigen und schaukelten durch die Luft. Und mitten drin thronte der kleine Saurier auf einem seltsamen runden Ding und drehte sich mit vielen Kindern so schnell im Kreis herum, dass dem Fliegenpilz schon beim zusehen schwindelig wurde.

Die Kinder konnten den unsichtbaren kleinen Saurier nicht sehen, doch der Fliegenpilz erkannte in seinem Zauberfernrohr ganz genau, wie er lachte und mit den Beinen strampelte, so viel Spaß machte ihm die Sausefahrt auf diesem komischen Drehding.

„So einen lustigen Ort gibt es hier im Zauberwald nicht", dachte der Fliegenpilz und stellte sein Fernrohr ein wenig schärfer ein. „Huch, was ist denn das?" staunte er.

„Jetzt springen sie auch noch auf einem Netz herum und schlagen Purzelbäume."

„Kannst du das Menschenland sehen?" fragte der alte Baum noch einmal und schüttelte dem Fliegenpilz unwirsch ein paar gelbe Blätter auf den Kopf.

„Na klar", antwortete der Fliegenpilz. „Ich sehe viele Kinder, die hopsen, lachen und Dinge machen, die ich noch niemals gesehen habe. Ich kann mich gar nicht daran sattsehen."

„Lass mich auch mal durch dein Fernrohr gucken", bettelte der Baum. „Ich bin zwar schon alt, aber neugierig bin ich immer noch. „

„Und jetzt graben sie auch noch im Sand und bauen… ich traue meinen Augen nicht… "

„Was bauen sie denn?“ fragte der alte Baum ungeduldig.

„Sie bauen einen Saurier aus Sand! Und diese blonde Prinzessin, die den Saurier aus unserem Zauberwald mitgenommen hat, die sagt allen Kindern, was sie machen sollen.“

„Und was macht der kleine Saurier?“

„Der bläst ganz komische bunte Glaskugeln in die Luft, und findet das auch noch toll.“

„Gib mir mal dein Fernrohr!“ Der Baum wurde zunehmend ungeduldiger,

„Das Fernrohr ist für dich zu klein“, antwortete der Fliegenpilz und schaute ängstlich nach oben. „Und außerdem: wie soll ich mein Fernrohr denn in deine Baumkrone hieven? Ich komme doch gar nicht so weit hinauf.“

Noch ehe er den Satz zu Ende gesprochen hatte, gab es ein lautes Rauschen und der Wind trug sein Fernrohr davon. Und einige Sekunden später raschelte es über ihm in der Baumkrone. „Das ist ja mein Fernrohr“, wimmerte der Fliegenpilz und kratzte wütend an der Baumrinde.

„Nun lass mich doch auch mal ins Menschenland schauen“, brummte der Baum und drehte das Fernrohr hin und her.

„Du bist doch schon alt“, entgegnete der wütende Fliegenpilz. „Du musst doch nichts mehr auf der Welt entdecken. Du kennst doch schon alles.“

Der Baum schüttelte sich leicht und blickte dann auf den Fliegenpilz hinab. „Egal, wie alt du bist“, murmelte er. „es gibt immer noch viele Dinge auf der Welt, die du nicht kennst. Ich habe in meinem ganzen Leben nie aufgehört zu staunen.“

Und er drückte das Zauber-Fernrohr des Fliegenpilzes fest zwischen seine Äste und schaute tief in das Menschenland hinein. Vor seinen Augen tanzten Lara und der kleine Saurier wie zarte Schneeflocken über den Spielplatz. „Das ist ja unglaublich, wie die sich freuen“, dachte er und merkte gar nicht, dass die anderen Bäume miteinander tuschelten. Die Gräser zu ihren Füßen wiegten sich leicht im Sommerwind. Ab und zu knisterten einige Äste, wenn Vögel auf ihnen landeten, um sich auszuruhen. Kleine Hasen hoppelten über den Waldboden und ein paar Rehe steckten vergnügt ihre die Köpfe zusammen. „Alles im Zauberwald ist so wie immer, dachte der alte Baum, als er sich ein wenig umschaute. „Nichts ist hier so aufregend wie im Menschenland. „Doch als er dem Fliegenpilz das Fernrohr zurückgeben wollte, da huschte auf einmal ein eigenartiges Knäuel zwischen den Pilzen und Gräsern umher. Zuerst war es ganz klein, aber auf einmal wurde es plötzlich riesengroß. Es breitete sich in alle Richtungen aus.

„Hörst du, Fliegenpilz“ rief der alte Baum, „da ist etwas Ungewöhnliches in unserem Zauberwald. Es ist ein Knäuel, das immer größer wird und Fäden zieht. So etwas habe ich in meinem ganzen Leben noch nicht gesehen!“

„Zeig mal her“, sagte der Fliegenpilz und schaute hastig durch sein Fernrohr, das der Baum hinunter geworfen hatte.

„Nein, so etwas habe ich auch noch nicht gesehen“, staunte der Fliegenpilz. „Das Knäuel umspannt die Köpfe der Pflanzen und Tiere mit Fäden. Ob es so etwas Ungewöhnliches auch im Menschenland gibt?

(Aus: Barbara Brüning: Prinzessin Lara und der kleine Saurier. Ein Märchen zum Nachdenken über Menschen, Tiere und die Welt. Troisdorf: Bildungsverlag I, 2010, S. 54-57).

Das Märchen wird in zwei Etappen vorgelesen: beim „komischen Drehding“ sollte eine Pause gemacht werden; die Kinder stellen Vermutungen an, was mit diesem Begriff gemeint sein könnte. Zum Schluss des Märchens sollten sie auch noch einmal raten, was das Knäuel im Zauberwald zu suchen haben könnte. Anschließend sagen die Kinder mit eigenen Worten, worüber der Fliegenpilz und der alte Baum in der Geschichte staunen. Danach sollte die Frage gestellt werden, welche ungewöhnlichen Dinge sie selbst in ihrer Umgebung entdeckt haben?

Weitere Aspekte für ein sokratisches Gespräch sind:

- Ist der alte Baum wirklich zu alt, um noch ungewöhnliche Dinge zu entdecken?
- Sind nur Kinder neugierig oder auch Erwachsene?
- Was wäre, wenn Menschen auf der Welt nichts mehr entdecken würden?
- Wart ihr schon einmal auf einer Entdeckungsreise? Erzählt davon.

3 Methoden des Philosophierens und Kompetenzentwicklung

Im Philosophie-Modul „Staunen“ sollten die *dialektische und die spekulative Methode* verstärkt angewendet werden (Siehe II/4.4 und 4.5). Die Kinder sprechen miteinander über die Geschichte – im Mittelpunkt des Gesprächs sollte die Frage der Neugier von Alt und Jung stehen. Im Praxisbuch zu „Prinzesin Lara und der kleine Saurier“ hat Barbara Brüning zur spekulativen Methode folgende *Gedankenexperimente* vorgeschlagen (siehe Seite 64 in diesem Buch):

- eine Gedankenkette auffädeln: Wenn ich ein Zauberfernrohr hätte, dann würde ich ...
- eine Gedankenkette auffädeln: Neugierige Menschen suchen ...
- eine Gedankenkette auffädeln: Wer was entdecken möchte, sollte ...
- Fiktive Verneinung: Was wäre, wenn die Menschen über nichts mehr auf der Welt staunen könnten?
- Fiktive Zeitreise: Als du noch kleiner warst, was hast du da entdeckt, an das du dich noch gut erinnern kannst?
- Stellt euch vor: Ihr seid der alte Baum. Erzählt den anderen Kindern, was ihr in eurem Leben schon alles entdeckt habt: zum Beispiel eine ungewöhnliche Speise, ein ungewöhnliches Getränk oder Spielzeug usw.
- Ihr seid jetzt der Fliegenpilz und schaut mit dem Zauberfernrohr ins Menschenland: Wen und was seht ihr dort?

(Barbara Brüning: Mit Lara und dem kleinen Saurier philosophieren. Praxisbuch zum nachdenken über Menschen, Tiere und die Welt. Troisdorf: Bildungsverlag I 2010, S. 64)

4 Spielen und gestalten

Die Kinder können gemeinsam aus der Pappe von Küchenrollen *ein Fernrohr basteln* und bemalen, mit dem sie in das Zauberland schauen können. Sie erzählen sich dann gegenseitig, welche ungewöhnlichen Dinge sie dort entdecken. Das Fernrohr kann auch mit auf Entdeckungsreise genommen werden, zum Beispiel in den Wald oder in die Stadt. Die Kinder schauen dann ab und zu durch das Fernrohr und berichten darüber, welche ungewöhnlichen Dinge sie entdeckt haben. Jedes Kind sollte sich auf der Entdeckungsreise einen Gegenstand aussuchen, mit dem es sich näher beschäftigt.

2 Was soll ich tun?

Grundschule: Sollen wir anderen helfen?

Anderen Menschen zu helfen, gehört zum Kern ethischen Verhaltens. Von einem moralisch guten Menschen wird erwartet, dass er andere Menschen nicht im Stich lässt und ihnen beisteht, wenn sie Hilfe benötigen. Aber ist es unter allen Umständen geboten, anderen zu helfen, oder gibt es auch Situationen, in denen dies nicht der Fall sein sollte?

Der französische Philosoph *Oscar Brenifier* hat in seinem Buch „Gut und Böse – Was ist das?“ diese Frage im Kapitel „Solltest du anderen helfen?“ aufgegriffen. Anhand von Fragen und Comics werden Kinder angeregt, *über die moralischen Aspekte des Helfens nachzudenken*.

Zur Einarbeitung in das Thema können Lehrerinnen und Lehrer in dem Themenheft „Ethik des Helfens“ der Zeitschrift „Ethik & Unterricht“ (Heft 4, 2006) nachlesen.

1 Kreativer Einstieg

Die Kinder betrachten als Einstieg in die Thematik die Zeichnung auf der Kapitelauftaktseite im Buch (keine Seitenzahlnummerierung). Es können auch Fotos von Obdachlosen gezeigt werden oder das Gemälde „Der barmherzige Samariter“ von Paula Becker-Modersohn. Bei einem Einstieg mit diesem Bild wäre es auch möglich, die entsprechende Geschichte aus einer Kinderbibel vorzulesen und durch ein Rollenspiel zu gestalten. Später könnte sich daraus auch ein weiterführendes Projekt ergeben: die Ethik des Helfens in verschiedenen Weltreligionen.

Die Kinder assoziieren zu den Bildern schriftlich in Stichworten und diskutieren anschließend in der Klasse darüber, ob und warum sie dem Menschen in Not (auf den Bildern) helfen würden. Dabei sollte auf Begründungen geachtet werden. Danach können die Kinder von eigenen Erfahrungen berichten, wann und vor allem wie sie anderen Menschen geholfen haben. Die Beispiele sollten an der Tafel oder dem Whiteboard festgehalten werden (Zum Philosophieren mit Bildern siehe die Seite 73 in diesem Buch.)

2 Aspekte des Themas und Medieneinsatz

Nach dem Einstieg sollten die Kinder in kleinen Gruppen am Thema weiterarbeiten; dazu müssten mehrere Kopien des Kapitels vorhanden sein. Die Gruppen bekommen insgesamt sieben Zettel, pro Gruppe sechs Zettel mit den inhaltlichen Aspekten des Buches inklusive eines leeren Blattes (als

Schwarz-weiß-Kopien mit den Zeichnungen) und einen Zettel, auf dem „Ja, aber ... " steht.

Inhaltliche Aspekte des Kapitels „Solltest du anderen helfen"

1. Zettel: Ja, denn ich soll nicht nur an mich selbst denken
2. Zettel: Ja, weil ich anderen gern eine Freude mache
3. Zettel: Ja, denn dann habe ich ganz viele Freunde
4. Zettel: Nein, nicht, wenn ich sie nicht kenne
5. Zettel: Nein, denn jeder sollte lernen, allein zurechtzukommen

Die Gruppen erhalten zunächst den Auftrag, denjenigen Aspekt des Helfens herauszusuchen, der ihnen am meisten zusagt und eine Begründung dafür aufzuschreiben. Falls ihnen kein Aspekt aus dem Buch gefällt, verwenden sie den leeren sechsten Zettel und schreiben selbst einen Aspekt und eine Begründung dafür auf.

Anschließend nehmen Sie den Zettel mit „Ja, aber" zur Hand und überlegen mit Stichworten, ob sie den Aspekt des Helfens hundertprozentig gut finden oder ob es auch bestimmte Verhaltensweisen oder Situationen gibt, die dagegen sprechen.

Anschließend stellen die Gruppen ihre Resultate einschließlich der Einschränkungen in der Klasse vor und führen ein sokratisches Gespräch darüber. In diesem Gespräch können dann auch die beiden negativen Hilfsaspekte (4. und 5. Zettel) berücksichtigt werden.

Nachdem sich die Kinder ihre eigenen Gedanken gemacht haben, werden dann die von Oscar Brenifier genannten Einschränkungen von den Kindern in Stillarbeit gelesen und geprüft. Jeder sollte sich eine Einschränkung heraussuchen, die im Buch als Frage formuliert wurde, und sie schriftlich beantworten. Danach wird in der Klasse darüber diskutiert und der folgende Text gelesen. Er fällt unter die *Kategorie „philosophischer Fachtext"*.

„Du denkst, dass man nicht nur an sich selbst denken soll und dass es gut ist, hilfsbereit zu sein. Aber Hilfe kann auch missverstanden v/erden. Manchmal kommst du selbst lieber allein zurecht, damit du Dinge ausprobieren und in Ruhe groß werden kannst. Und sind deine Absichten immer gut? Bist du nicht manchmal großzügig und hilfsbereit, um eine Belohnung zu bekommen oder dein Gewissen zu beruhigen? Hilfst du nicht ausschließlich deinen Freunden? Hilfsbereit zu sein

bedeutet, auf die Leute um dich herum zu achten, zu verstehen, was sie brauchen und worum es ihnen geht.

Es bedeutet, man selbst zu sein und gleichzeitig mit den anderen verbunden zu sein."

(Oscar Brenifier: Gut und Böse – Was ist das? Köln: Boje 2010, o. S.)

Die Kinder sollten diesen Text in Stillarbeit lesen. Die *Erschließung* kann *durch ein Partnerinterview* erfolgen (siehe Seite 37) oder jedes Kind arbeitet für sich. Dann sollte es nach der Lektüre mit eigenen Worten zusammenfassen, was Hilfsbereitschaft bedeutet.

Es wäre auch möglich, den Text durch ein *Texttheater* zu erschließen. Jedes Kind sucht sich einen Gedanken heraus – alle Gedanken zusammen werden dann in einer neuen Reihenfolge in der Klasse vorgetragen (siehe auch die Seite 38 in diesem Buch).

Danach wird der zweite Teil des Textes gelesen (s. u.). Daraus sollte sich jedes Kind denjenigen Gedanken heraussuchen, den es am meisten mit Hilfsbereitschaft verbindet und dazu eine Collage gestalten (siehe Punkt 4).

Die Beschäftigung mit dieser Frage bedeutet auch ...

„... zu akzeptieren, dass man sich nicht selbst vergessen muss, um an andere zu denken.

... zu lernen, in Gemeinschaft zu leben.

... selbstsicher und ohne Angst auf andere zugehen zu können.

... zu erkennen, dass man anderen nur helfen kann, wenn man selbst bereit ist Hilfe anzunehmen."

(Oscar Brenifier: Gut und Böse – Was ist das? Köln: Boje 2010, o. S.)

3 Methoden des Philosophierens und Kompetenzentwicklung

Im Mittelpunkt dieses Philosophie-Moduls stehen das *Argumentieren, d.h. die analytische Methode* und das *Textverstehen* (*hermeneutische Methode* – siehe auch I/4.2 und 4.3). Die Kinder sollen bei ihrer Entscheidung für eine Position des Helfens (aus dem Buch) begründen, warum sie diese Position gewählt haben. Dies gilt auch für die Stilarbeitsphase und die Antworten auf die „Ja, aber-Fragen".

Der Fachtext von Oscar Brenifier vertieft die verschiedenen Aspekte der Hilfsbreitschaft. Die Kinder können ihn als Grundlage für das eigene Schreiben verwenden. Sie können beispielsweise dem Autor in einem *fiktiven Brief* antworten, was es für sie bedeutet, hilfsbereit zu sein. Dazu erzählen sie beispielsweise ein eigenes Erlebnis. Das Thema Hilfsbereitschaft eignet sich auch für *ein eigenes philosophisches Portfolio*. Es könnte dann in einen größeren Rahmen gestellt werden, d.h. die Kinder lernen verschiedene Hilfsorganisationen wie UNICEF kennen und überlegen sich, wie sie selbst anderen Kindern helfen können, denen es schlecht geht, zum Beispiel einen Weihnachtsbasar veranstalten.

Ein weiterführender Aspekt wäre auch, dass die Kinder nach zusammengesetzten Begriffen suchen, in denen das Wort „Hilfe" vorkommt: Hilfsorganisation, Nachhilfe, Hausaufgabenhilfe, Hilfsmittel usw. Die zusammengesetzten Begriffe werden an der Tafel gesammelt und in ihrem Bedeutungsgehalt untersucht. Jedes Kind könnte sich dann einen „Hilfsbegriff" aussuchen und dazu etwas zeichnen.

4 Spielen und gestalten

Jedes Kind gestaltet zu einem Gedanken über die Hilfsbereitschaft *eine Collage*. Der jeweilige Gedanke wird auf ein DIN-A 2 Blatt geschrieben und durch Fotos, Kunstwerke, Gedichte usw. bildnerisch gestaltet. Die Kinder sollten dazu die notwendigen Materialien mit in die Schule bringen.

(Zur Gestaltung einer Collage im Ethikunterricht siehe Christine Grünberg: Arbeiten mit Collagen – Tipps für den Unterricht. In: Barbara Brüning/ Ekkehard Martens (Hrsg.): Anschaulich philosophieren. Weinheim: Beltz 2007, S. 109-115).

Eine weitere Möglichkeit des Helfens bzw. anderen Gutes zu tun, ist das Spiel *Heinzelmännchen*. Jedes Kind sucht sich heimlich ein Kind aus der Klasse aus, dem es etwas Gutes tun will, z.B. ein Bonbon auf den Tisch legen oder ein Bild malen. Damit dasjenige Kind weiß, dass die Heinzelmännchen da waren, wird dazu ein kleiner Zwerg mit einer Zipfelmütze gemalt. Die Kinder sollten vorher darüber sprechen, dass die Heinzelmännchen der Sage nach Kölner Hausgeister waren, die nachts, wenn die Menschen schliefen, heimlich zu ihnen nach Hause kamen und ihre Arbeit verrichteten. Wurden sie entdeckt, kamen sie nicht wieder.

2 Was soll ich tun?

Nach der Heinzelmännchen-Aktion denken die Kinder gemeinsam darüber nach, ob es ihnen Spaß gemacht hat, heimlich für andere Kinder etwas Gutes zu tun. Es könnte zum Beispiel über den Unterschied gesprochen werden, heimlich und öffentlich etwas Gutes zu tun.

Kindergarten: Können Kuscheltiere Freunde sein?

Freundschaft gehört zu den wesentlichen Problemfeldern der philosophischen Ethik (siehe Seite 117/118) und spielt auch im Leben von jüngeren Kindern eine große Rolle. Deshalb ist es wichtig, dass Kinder über den Wert und den Geltungsbereich von Freundschaft gemeinsam nachdenken – können wir nur mit Menschen befreundet sein oder auch mit anderen Lebewesen wie Hunden oder Bäumen bzw. sogar mit Artefacten wie Kuscheltieren?

1 Kreativer Einstieg

Die Kinder bringen ihr Lieblingskuscheltier mit in den Kindergarten und stellen es den anderen Kindern vor: Folgende Fragen könnten dabei diskutiert werden:

- Warum habe ich gerade dieses Kuscheltier ausgewählt?
- Was ist so besonders an ihm?
- Könnte ich mir vorstellen, auch ein anderes Kuscheltier zu haben? Warum? Warum nicht?
- Warum habe ich mein Kuscheltier ganz besonders lieb? Was spiele ich am liebsten mit meinem Kuscheltier?
- Würde ich mein Kuscheltier auch anderen Kindern mal ausleihen, zum Beispiel meinem Freund oder meiner Freundin?

Nach der Diskussion könnten die Kinder ihre Kuscheltiere mit einem lustigen Gegenstand malen; danach wäre die erste Nachdenk-Einheit beendet. Die Kuscheltiere sollten zur nächsten Philosophiestunde wieder mitgebracht werden. Die Zeichnungen könnten im Kindergarten in einer Kuscheltiergallerie angepinnt oder an einer Leine aufgehängt werden und für eine bestimmte Zeit präsent sein, sozusagen als Nachdenk-Anregung.

2 Aspekte des Themas und Medieneinsatz

Bei der Fortführung des Themas „Freundschaft" sollte zunächst über die Kuscheltierzeichnungen gesprochen werden, bevor die Frage gestellt wird, ob ein Kuscheltier ein Freund sein kann?

Vor der Diskussion könnte das *Viereckenspiel* ausprobiert werden (siehe Seite 57/58 in diesem Buch), d.h. die Kinder verteilen sich nach dem folgenden Schema in vier Ecken des Raums:

1. Ecke: Ja, sie können Freunde sein.
2. Ecke: Ich bin mir nicht sicher, aber eher ja.
3. Ecke: Nein, sie können keine Freunde sein.
4. Ecke: Ich bin mir nicht sicher, aber eher nein.

Die Eckenverteilung wird ausgezählt und für eine spätere Diskussion aufbewahrt. Danach äußern die Kinder im Blitzlicht ihre Ansichten. Nach einer gewissen Zeit sollte die Diskussion für das begriffliche Arbeiten unterbrochen werden: „Wir haben jetzt darüber nachgedacht, ob Kuscheltiere Freunde sein können. Bevor wir darüber weiterdenken, möchte ich gern mit euch gemeinsam herausfinden, welche besonderen Eigenschaften Freunde haben?"

Die Kinder nennen Eigenschaften von Freunden, wie zum Beispiel: „Mit Freunden kann man gut spielen" oder „Freunde helfen, wenn man traurig ist, weil man den Schlüssel verloren hat" usw.

Kerstin Michalik und Helmut Schreier haben einen Fragenkatalog zur Freundschaft für die Schule entwickelt, der auch mit jüngeren Kindern besprochen werden könnte, um Eigenschaften von Freunden herauszuarbeiten:

„Stimmst du den folgenden Aussagen zu? Begründe deine Meinung.

Ein Freund/eine Freundin ist eine Person …

… mit der man sich auch ohne Worte versteht

… auf die man sich verlassen kann

… die einem hilft, wenn man geärgert oder verprügelt wird

… der man hundertprozentig vertraut/die einem hundertprozentig vertraut

… die genauso denkt und fühlt wie man selbst

… die man liebt

… mit der man immer der gleichen Meinung ist

… die einen tröstet, wenn man sich wehgetan hat oder traurig ist

… die einen immer versteht

… die einen nie belügt

… der man immer vertrauen kann

… die immer genau das tut, was man will und was man ihr sagt

… die viel Spielzeug hat, mit dem ich spielen kann

… mit der man sich wohl fühlt

… mit der man sich nie streitet

… mit der man über alles reden kann

… die man gern hat

… die einen nie kritisiert

… mit der man vieles gemeinsam hat

… mit der man gut spielen kann

… die alles mit einem teilt".

(Michalik, Kerstin/Schreier, Helmut: Wie wäre es, einen Frosch zu küssen? Philosophieren mit Kindern im Grundschulunterricht. Braunschweig: Westermann 2006 S. 257/258)

Die Schwierigkeit besteht nach der Diskussion der Eigenschaften von Freunden darin, die von den Kindern genannten Eigenschaften bildnerisch als Symbole oder Gegenstände darzustellen: Für „spielen" könnte ein Ball gezeichnet werden, für „helfen" eine Hand, für lieben ein Herz, d.h. alle von den Kindern genannten Eigenschaften müssen als Gegenstände oder Symbole im gemeinsamen Nachdenkprozess festgehalten werden. Danach sollten zur Vertiefung des Begriffs „Freundschaft" Begriffsblumen oder Begriffstürme gelegt werden (siehe Seite …), bevor dann die Frage erneut diskutiert wird, ob Kuscheltiere Freunde sein können (die genannten Eigenschaften sollten dann in Bezug auf die Kuscheltiere überprüft werden).

Vor der erneuten Diskussion wird die vorangegangene Eckenverteilung berücksichtigt.

An die Kuscheltier-Freundschaft könnten sich weitere Philosophie-Einheiten zu verschiedenen inhaltlichen Aspekten von Freundschaft. anschließen.

Weitere Aspekte von Freundschaft

- *Bester Freund/beste Freundin:* – Isabella Hatkoff: Kleines Nilpferd, große Freundschaft. Düsseldorf: Sauerländer 2007 (eine ungewöhnliche Freundschaft zwischen einem kleinen Nilpferd und einer Schildkröte).
- *Freunde als unsichtbare Begleiter*: Julia Donaldson: Der Grüffelo. Weinheim: Beltz & Gelberg 2009, 2. Auflage.
- *Freundschaft zwischen Mensch und Tier:* die Kinder erzählen eigene Beispiele

3 Methoden des Philosophierens und Kompetenzentwicklung

Beim Philosophieren über Kuscheltiere kommt insbesondere die *analytische Methode* zum Einsatz: über den Begriff Freundschaft nachdenken und argumentieren.

Neben der Begriffsblume oder dem Begriffsturm könnte auch ein *Freundschaftsmobile* gebastelt werden (aus den vorher herausgearbeiteten Eigenschaften von Freunden wählen die Kinder die für sie wichtigsten aus und gestalten dazu Gegenstände, die sie dann an das Mobile anhängen).

Bei der Diskussion über Kuscheltiere als Freunde sollte *durch gezieltes Nachfragen der Gesprächsleitung auf die Gegenseitigkeit einer Freundschaft hingewiesen werden:* Zwar kann man einem Kuscheltier auch Geheimnisse erzählen und mit ihm spielen, aber welche „Gegenleistung" erbringt Kuscheltier? Wie kann man mit ihrem sprechen, um Freunde und Leid mit ihm zu teilen? Kann man mit ihm herumtoben und Sandburgen bauen? Kann man sich mit ihm streiten?

Ähnliche Fragen ergeben sich bei einer Freundschaft mit einer Blume, einem Baum oder einem Haustier? Die Gesprächsleitung sollten diese Fragen ansprechen, die Kinder aber nicht in einem bestimmte Richtung drängen: Wenn sie auf Kuscheltieren als Freunden „beharren", dann sollte weiter am Begriff der Freundschaft gearbeitet werden – in einem sokratischen Gespräch sind verschiedene Positionen möglich. Die Kinder sollten die Kompetenz erwerben, am Gespräch teilzunehmen und ihre Meinung frei zu artikulieren.

4 Spielen und gestalten

Die Kinder können zum Thema Freundschaft im Kindergarten gemeinsam *einen Freundschaftskuchen backen*: „Wie soll unser Freundschaftskuchen aussehen? Was sollte das Besondere daran sein? Wodurch könnte sich ein Freundschaftskuchen von anderen Kuchen unterscheiden?“

Vor dem Backvorgang fertigen die Kinder Zeichnungen von einem möglichen Freundschaftskuchen an und sprechen über die o. g. Fragen. Danach entscheiden sie sich unter Anleitung der Erzieherinnen und Erzieher für ein Freundschaftskuchenmodell (per Abstimmung oder Eckenverteilung) und backen dann gemeinsam den Kuchen. Während des gemeinsamen Essens könnte noch einmal gefragt werden, was das Besondere an einem Freundschaftskuchen ist.

Zum Thema „Eigenschaften“ von Freunden könnten die Kinder jeweils *Standbilder gestalten* (eine Pantomime in der Gruppe). Jeweils eine kleine Gruppe sucht sich eine besondere Eigenschaft von Freunden aus (siehe Katalog von Kerstin Michalik und Helmut Schreier) und gestaltet sie. Dabei benötigen die Kinder Hilfestellung von den Erzieherinnen und Erziehern.

1. Die Kinder bilden kleine Gruppen.
2. Sie wählen einen Baumeister oder eine Baumeisterin. Er oder sie baut nicht selbst mit, sondern gibt Anweisungen, wie das Bild gestaltet werden soll.
3. Die Kinder legen zunächst fest, welche Eigenschaft einer Freundschaft sie darstellen wollen.
4. Sie wählen Elemente aus, wie diese Eigenschaft pantomimisch umgesetzt werden soll: „Ein Freund ist jemand, den man liebt“ könnte zum Beispiel durch Umarmungen der Kinder dargestellt werden.
5. Die Kinder legen bei mehreren Elementen fest, welches Element von welchem Kind gestaltet wird.
6. Jedes Kind überlegt sich dann, wie es sein Element mit dem Körper ausdrücken will.

7. Zum Schluss setzt der Baumeister oder die Baumeisterin das Bild zusammen. Jedem Kind wird ein Platz im Bild zugewiesen.

3 Was darf ich hoffen?

Grundschule: Woher kommt die Welt?

Schon in der Antike haben Philosophinnen und Philosophen darüber nachgedacht, wie die Welt entstanden sein könnte. Auch Kinder machen sich Gedanken darüber, woher Pflanzen, Tiere und Menschen kommen und wer das Universum geschaffen hat. Sie kennen meistens Märchen und Mythen oder religiöse Deutungen (mythologisch-religiöse Welterklärung). In dem Text von Richard David Precht lernen sie auch eine philosophische Welterklärung kennen – den Urknall (siehe Seite ...).

1 Kreativer Einstieg

Die kanadische Künstlerin *Michèle Lemieux* hat vor mehreren Jahren ein Kinderbuch mit dem Titel „Gewitternacht" veröffentlicht (Beltz-Verlag). Ein kleines Mädchen ist allein zu Hause und schaut gemeinsam mit ihrem Hund in den Sternenhimmel. Während ihrer Beobachtungen entstehen ganz viele Fragen „über Gott und die Welt" in ihrem Kopf, die von Lemieux in ihrem Buch schwarz-weiß gestaltet werden. Die Kinder könnten das Buch gemeinsam anschauen und sich Fragen zu den Bildern überlegen. *Rainer Oberthür* hatte zu diesem Buch bei der Agentur Dieck in Heinsberg eine Gewitternachtkartei mit allen Zeichnungen auf Karton zusammengestellt, die aktuell vergriffen ist (Stand 2014). Möglicherweise können sich Lehrerinnen und Lehrer selbst Kärtchen mit den Zeichnungen anfertigen, die dann in einen Kreis gelegt werden. Jedes Kind sucht sich dann diejenige Karte aus, die seinem Verständnis von der Entstehung der Welt am nächsten kommt. Die Karten könnten weitergemalt werden oder Anlass sein, sich selbst eine Geschichte über die Entstehung der Welt auszudenken.

2 Aspekte des Themas und Medieneinsatz

Nachdem die Kinder ihre eigenen Ideen über die Entstehung der Welt entwickelt und vorgestellt haben, lesen sie den folgenden Text von Richard David Precht.

Die Entstehung der Welt

– Papa, warum gibt es das alles?

– Wie meinst du das, Oskar?

– Ich meine, warum es das alles gibt. Warum gibt es *alles und nicht nichts?*

– Du meinst, warum es Sterne, Planeten, Pflanzen, Tiere und Menschen gibt?

– Ja, warum ist das alles überhaupt da?

Warum gibt es alles und nicht nichts? Wie oft haben sich Menschen das schon gefragt. Immer und immer wieder. Wahrscheinlich ist es die älteste Frage der Philosophie überhaupt. Die Frage, die vor allen anderen steht. Immer wieder und in allen Ländern haben Menschen versucht, Antworten darauf zu geben. Und meistens haben sie dafür Geschichten erfunden.

Die alten Chinesen erzählen im „Buch der Berge und Meere“ vom Chaos als Urzustand. Das Chaos ist ein bunter Vogel ohne Gesicht, der auf sechs Füßen tanzt. Die Germanen nannten das Chaos *Ginnungagap* – die gähnende Schlucht. Die Juden nannten es *Tohuwabohu* - das große Durcheinander. (Auch heute noch benutzen viele Eltern das Wort, wenn sie meinen, dass ihr in den Zimmern mal wieder ein Tohuwabohu angerichtet habt. Aber ihr dürft ihnen dann ruhig erklären, dass es kein Tohuwabohu ist, sondern ein Ginnungagap ...).

Für die alten Ägypter stand am Anfang das Urwasser, aus dem sich eines Tages der Urhügel – die Erde – erhob.

In einer anderen altägyptischen Geschichte entstehen die Götter aus dem Urschlamm. Der Erste, der sich daraus befreit, ist Atum, der Schöpfergott. Er erzeugt die Welt, indem er den Gott der Luft und die Göttin des Feuers hervorbringt. Die Geschichte vom Urhügel oder Wellenberg findet sich auch bei den Sumerern, die ihre Tempel nach dem Modell des Weltenbergs bauten.

Eine andere beliebte Erzählung in vielen Kulturen ist, dass die Welt aus einem Ei entsprungen ist. Solche Geschichten gibt es in Osteuropa, in Nordasien, bei den Griechen, den Persern und den Ägyptern. Auch die alten Chinesen kennen den Ursprung der Welt aus dem Ei. Es ist die Erzählung vom Riesen *Pangu.* Zunächst war er ein winziger Zwerg und wurde aus einem Urei geboren, und zwar vor ziemlich genau 18000 Jahren. Aus der unteren Hälfte der Eierschale entstand *Yin* - die Erde. Und aus der oberen Eierschale wurde *Yang* – der Himmel. Dazwischen eingeklemmt wuchs Pangu zu einem Riesen heran und zerbrach in viele kleine Teile: in den Mond, die Sonne, die Berge, die Flüsse, den Wind und so weiter. Ein ganz besonderes Schicksal aber ereilte die Flöhe auf seiner Haut. Aus ihnen entstanden die Menschen.

– Aber Papa, diese Geschichten stimmen doch gar nicht! All diese komischen Götter und Eier.

– Nein.

– Aber warum erzählst du sie mir dann? Geschichten erzählen, die nicht stimmen – ist das Philosophie? Da kann man sich ja gleich Geschichten ausdenken so wie aus „Star Wars oder so …*

– Ja. das könnte man. Jeder kann sich seine eigene Geschichte ausdenken, woher die Welt *kommt. Und weißt du, woran das liegt?*

– Weil man niemals herausfinden wird, was die Wahrheit ist.

– Aber was wir gesehen haben, ist doch die Wahrheit. Das Universum ist durch den Urknall entstanden.

– Ja, das vermuten wir. Jedenfalls, soweit wir das heute wissen. Vielleicht gibt es aber auch bald eine neue Theorie. Und in hundert Jahren sieht man die Sache wieder anders. Genau wissen werden wir es nie.

– Wenn es den Urknall gab, wodurch alles auseinandergeflogen ist, dann muss es auch etwas vorher gegeben haben, vor dem Urknall.

– Ja, so einen riesigen Klumpen.

– Und der Klumpen, wo kommt der her?

– Das ist ja das Problem. Wenn die Welt aus einem Ei entsprungen sein soll, woher kommt *dann das Ei? Und wenn am Anfang ein Klumpen war, woher kommt dann der Klumpen? Schon die alten griechischen Philosophen haben sich mit dieser Frage beschäftigt und festgestellt: "Aus nichts entsteht nichts!"*

(Richard David Precht: Warum gibt es alles und nicht nichts? München: Goldmann 2011, S. 21-23)

Der Text sollte zunächst bis zu der Stelle gelesen werden, wo der Vater sagt, dass sich jeder seine eigene Geschichte über die Welt ausdenken kann.

Bevor die Frage gestellt wird, welche Geschichte über die Entstehung der Welt würdest du erzählen? – sollten zunächst die im Text erzählten Mythen vertieft werden. Dazu werden die Begriffe „.Chaos, Ginnungagap, Tohuwabohu, Urhügel, Pangu sowie Yin und Yang „an die Tafel geschrieben und die Kinder wiederholen mit eigenen Worten, was sie mit der Entstehung der Welt zu tun haben. Einige Kinder können die Begriffe auch zeichnen.

Bevor der Text zu Ende gelesen wird, lesen die Kinder ihre eigenen Geschichten vor – danach folgt die philosophisch-naturwissenschaftliche Erklärung vom Urknall, d.h. der zweiter Teil des Textes von Richard David Precht.

Mögliche Impulse für ein sokratisches Gespräch:

- Wodurch unterscheiden sich die Mythen über die Entstehung der Welt von der philosophischen Erklärung des Urknalls?
- Was versteht ihr unter dem Wort „Welt“? Entwerft einen Begriffskreis.
- Malt den Urknall.
- Spielt eine Gedankenkette durch: Wenn die Welt einen Anfang und ein Ende hätte ... (siehe hierzu Seite 65).

Da Oskar zu Beginn des Dialogs seinen Vater fragt, warum es alles und nicht nichts auf der Welt gibt, könnte sich eine Gruppe auch mit den folgenden *Fragen zum „Nichts“* auf der Grundlage von Rainer Oberthürs „Neles Buch der großen Fragen“ beschäftigen. Die Kinder sollten zwei oder drei Fragen auswählen und versuchen, eine Antwort darauf zu finden, die dann den anderen Kindern vorgestellt werden.

„– Kann es ein N I C H T S geben, wenn keiner es bemerkt, weil niemand da ist?

– Oder ist ein N I C H T S nicht doch schon etwas?

– Braucht das N I C H T S einen Ort?

– Woher kam das erste E T W A S?

– Kann das E T W A S ohne einen Ort sein?

– Wo war es vorher, als das N I C H T S noch da war?

– Wo blieb dann das N I C H T S? Ist es einfach verschwunden oder ist es jetzt dort, wo vorher das E T W A S war?

– Können sich das N I C H T S und das E T W A S begegnen und kennen lernen oder müssen sie einander fremd bleiben?“

(Rainer Oberthür: Neles Buch der großen Fragen. München: Kösel Verlag 2006, S. 20).

Wie sieht die Welt von morgen aus?

Die Frage nach der Entstehung der Welt steht in engem Zusammenhang mit philosophischen Vorstellungen von einer gerechten Welt (siehe Seite 129-132). Bevor die Kinder den kurzen Text über Neu-Atlantis lesen, könnte in einem Lehrer-Vortrag der Begriff „Utopie“ erklärt werden.

Was ist eine Utopie?

Der Begriff besteht aus den griechischen Wörtern „ou“, auf Deutsch „nicht“ und „Topos“, auf Deutsch Ort. Daraus ergibt sich die Wort-Kombination „Nirgendwo“.

„Nirgendwo“ hieß auch ein Buch des englischen Philosophen *Thomas Morus* (ca. 1478-1535). Darin beschreibt er eine Insel der Hoffnung, auf der die Menschen friedlich zusammenleben. Männer und Frauen arbeiten gemeinsam und leben abwechselnd auf dem Land und in der Stadt. Geld gibt es nicht. Was die Menschen produzieren, liefern sie in großen Speichern ab. Sie nehmen sich nur so viel, wie sie zum Leben brauchen.

Neu-Atlantis

Der Philosoph Platon erzählte vor ungefähr 2300 Jahren von einer geheimnisvollen Insel, die im Meer versunken sein soll. Ihr Name war Atlantis.

Die Bewohner von Atlantis hatten viele technische Erfindungen gemacht, die von Seefahrern in der ganzen Welt verbreitet wurden.

Der englische Philosoph Francis Bacon (sprich: Frenzis Beiken) hörte vor 400 Jahren davon und schrieb ein Buch mit dem Titel „Neu-Atlantis“. Darin berichtet ein Seemann, der inzwischen auf der Insel lebt, über die vielen Erfindungen, die den Menschen das Leben erleichtern.

„In Atlantis gibt es geräumige Höhlen, von denen einige bis zu 6 Kilometer tief sind. Die Bewohner der Insel verwenden sie zum Abkühlen und Konservieren von Lebensmitteln und Körpern.

Im Norden der Insel stehen auch hohe Türme, manche sogar auf Bergen. Der höchste Turm ist 800 Meter hoch. Auf ihm beobachten die Bewohner von Atlantis die Sterne oder Blitz und Donner. Einige andere Türme dienen dazu, Nahrungsmittel einzufrieren.

Etwas Besonderes sind in Atlantis auch die künstlichen Brunnen, in denen Paradieswasser fließt. Dieses Wunderwasser ist für die Gesundheit wichtig. Ganz besonders stolz sind die Insulaner auch auf ihre Häuser des Wohlgeruchs.“

(Barbara Brüning, frei nach Francis Bacon)

Impulse zum Nachdenken:

- Malt den Turm, von dem aus die Sterne oder Blitz und Donner beobachtet werden. Haben wir solche Türme heute auch? Wie heißen sie?
- Was versteht ihr unter „Häusern des Wohlgeruchs“?
- Was ist Paradieswasser?
- Was versteht ihr unter Erfindungen?
- Welcher Unterschied besteht zwischen Entdeckungen und Erfindungen?

Das Thema „Entstehung der Welt“ kann auch schon im Kindergarten besprochen werden(siehe hierzu Barbara Brüning: Prinzesin Lara und der kleine Saurier, Kapitel 1“ (Der große Knall, S. 14-19).

Weitere Aspekte zur Entstehung des Universums

Utopien und Wirklichkeit: Menschheitsträume lassen sich verwirklichen (u.a. Ethik Klasse 4, Cornelsen 2014, S. 15 (Menschheitsträume)

Zeit: u.a. Begriff der Zeit, Einteilung der Zeit (Vergangenheit, Gegenwart, Zukunft): Michalik K./Schreier, H.: Wie wäre es einen Frosch zu küssen. Braunschweig: Westermann 2006, S. 199-208.

Leben und Tod: Geboren werden, sterben, Leben nach dem Tod, Angst vorm Tod: Brigitte Labbé: Leben und Tod. In: Denk dir die Welt. Bindlach: Loewe 2003, S. 27-36.

3 Methoden des Philosophierens und Kompetenzentwicklung

Bei der Frage nach der Entstehung des Universums geht es vor allem um die *Entwicklung der spekulativen Kompetenz*. Die Kinder entwerfen eigene Vorstellungen über die Entstehung der Welt, auch als Darstellungen in Bildern.

Darüber hinaus sollte auch die *analytische Kompetenz* entwickelt werden, insbesondere zum Begriff Welt. Die Kinder könnten *ein Arbeitsblatt* mit folgenden begrifflichen Vorgaben erhalten, die sie in Stillarbeit vervollständigen sollen:

Natürliche Welt: Pflanzen, Tiere, Menschen

Vom Menschen geschaffene Welt: Häuser, Maschinen, Straßen

Geistige Welt: Wörter, Fragen; Gedanken

(Barbara Brüning: Philosophieren in der Grundschule: Berlin: Cornelsen 2010, 2. Auflage, S. 48)

Zum Begriff „Welt" könnte auch ein Begriffsmobile gebaut werden (siehe Seite 42/43).

4 Spielen und gestalten

Zum Thema „Hoffnung" könnten die Kinder *ein Fotobuch gestalten*: Sie suchen nach Fotos, die sie mit dem Thema verbinden und kleben diese in einer selbstgewählten inhaltlichen Reihenfolge zu seinem Buch zusammen: Die Fotos (aus Zeitungen, von Freunden, aus der Familie oder selbst gemacht) können mit individuellen Überschriften, Erklärungen, Sprichwörtern oder Gedichten kombiniert werden. Sie sollten dann in einem größeren Rahmen in der Schule präsentiert werden.

Eine weitere Möglichkeit ist die *Bildmeditation*. Die Kinder erhalten in kleinen Gruppen das Bild „Utopia" zum gleichnamigen Buch von Thomas Morus vom Ambrosius Holbein und schreiben eine kleine Geschichte dazu – das Bild und die jeweiligen Geschichten werden in einer Wandzeitung ausgestellt.

Die Kinder können auch *mit eigenen Visionen beschäftigen*. Jedes Kind erhält dazu ein *Arbeitsblatt mit vorbereiteten Denkanstößen*, zu denen er sich in einem Satz schriftlich äußern soll, z.B.:

Meine Familie im Jahr 2050 …

Meine Wohnung im Jahr 2050 …

3 Was darf ich hoffen?

Mein Computer im Jahr 2050 ...

Mein Arbeitsplatz im Jahr2050 ...

Mein Hobby im Jahr 2050 ...

Das Arbeitsblatt wird dann in der Klasse ausgewertet.

Kindergarten: Was ist ein Traum?

„Papa, wie können wir sicher sein, dass alles nicht nur ein Traum ist?“ fragte der sechsjährige Tim eines Tages seinen Vater, den amerikanischen Philosophen Gareth Matthews (siehe auch I/3 und III/2 sowie Matthews 1991, S. 15 unter V/1). Tims Frage kennen viele Eltern und Erzieher/innen. Denn sie zielt darauf herauszufinden, was Träumen von Wachsein und Schlafen unterscheidet.

Hier setzt auch das Kinderbuch „Was ist ein Traum? fragt Jonas“ von *Hubert Schirneck* an, das Kinder anregen will, über ihre Träume nachzudenken.

1 Kreativer Einstieg

Die Kinder sitzen im Kreis. Es wird *eine kleine Traummusik gespielt* und die Aufgabe gestellt: „Malt etwas, das ihr mit dem Wort „Träumen“ verbindet.“ Die Bilder werden anschließend in einen Kreis gelegt und erraten. Dabei könnten folgende Fragen gestellt werden:
- Was macht jemand, der träumt?
- Ist Träumen dasselbe wie Schlafen?
- Könnt ihr auch mit offenen Augen träumen?
- Gibt es so etwas wie einen Lieblingstraum?
- Könnt ihr auch am Tag träumen?

Eine zweite Variante des Einstiegs wäre eine *Musikmeditation*. Die Kinder wiederholen nacheinander verschiedene Geräusche aus der Traummusik oder machen eigene Traumgeräusche (kein Geräusch darf wiederholt werden).

Folgende Fragen könnten anschließend besprochen werden:
- Was haben die Geräusche mit Träumen zu tun?
- Was ist so besonders an Traumgeräuschen?

2 Aspekte des Themas und Medieneinsatz

Der Hauptheld des Buches von Hubert Schirneck ist der kleine Maulwurf Jonas. Seine Mutter antwortet auf die Frage, was denn ein Traum sei, dass es Träume gar nicht gibt. Jonas ist verblüfft, denn er weiß genau, dass er letzte Nacht geträumt hat. „Aber, was man im Traum sieht, das gibt es nicht", erwidert die Mutter (V/3 Schirneck 2003, ohne Seitenangabe). Enttäuscht und traurig buddelt sich der kleine Maulwurf nach oben auf die Erde. Und dort stellt er verschiedenen Tieren die gleiche Frage, auf die sie ihm vielfältige Antworten geben, die den Begriff des Traumes klarer werden lassen: Ein Traum ist ein Buch in einer fremden Sprache oder eine Geige, die eine schöne Melodie spielt bzw. ein Fernrohr, mit dem man in die Seele hineinschauen kann. Zufrieden kehrt Jonas abends nach Hause zurück und erledigt erst einmal schweigend die alltäglichen Aufgaben, die seine Eltern ihm auferlegen: Hände waschen, Zähne putzen etc. Doch dann im Bett stellt er seiner Mutter noch einmal die Frage nach dem Traum. Und nun wird deutlich, dass inzwischen auch Jonas' Mutter weiter über Träume nachgedacht hat. Sie sagt zu ihrem Sohn: „Ein Traum ist wie ein Film, der in dir selbst entsteht und in dem du die Hauptrolle spielst. Manchmal ist er auch wie eine Reise, die man nicht mit dem Auto oder mit dem Flugzeug macht" (Schirneck 2003, ohne Seitenangabe). Und als die Mutter das Zimmer verlässt, schaukelt Jonas bereits mit einem gelben Segel in ein Land, das nur ihm allein gehört.

Beim Vorlesen sitzen die Kinder im Kreis. Der Maulwurf Jonas wird vorgestellt, zum Beispiel mit einer Pappfigur zum Anfassen.

Die erste Unterbrechung könnte an der Stelle erfolgen, als Jonas seine Eltern Löcher in den Bauch fragt. Die Kinder sollten dazu frei assoziieren, ob sie ähnliche Erfahrungen gemacht haben. „Habt ihr eure Eltern auch schon einmal Löcher in den Bauch gefragt? Was waren das für Löcher?"

Die zweite Unterbrechung könnte auf jener Seite erfolgen, auf der Jonas alle Tiere gefragt hat, was ein Traum ist, und die Traumvergleiche im Buch gezeichnet worden sind.

Mögliche Impulse für ein sokratisches Gespräch:

- Welche Antwort der Tiere gefällt euch am besten? Warum findet ihr sie gut?
- Fällt euch noch eine andere Antwort ein, was ein Traum sein könnte? Welches Tier sollte antworten? Stellt euch in der Kreis und macht es vor.“

Die Kinder könnten hierzu auch eine *situative Rollenbefragung* durchführen (siehe Seite 37/38). Jonas sitzt auf dem Stuhl. Einige Kinder stehen hinter ihm und fragen, welche Antworten die Tiere über den Traum gegeben haben.

In einer zweiten Phase sollten als die Traumantworten der Tiere wiederholt werden – zum Beispiel als Wiedereinstieg in das Modul. Danach wird das Buch zu Ende vorgelesen. Am Schluss fährt Jonas mit einem Schiff ins Land der Träume (Bild im Buch zeigen): „Was könnte dort passieren? Lasst es uns gemeinsam malen (alle Kinder malen gemeinsam auf einer Tapetenrolle). Dabei wird weiter philosophiert.

Mögliche Impulse für ein sokratisches Gespräch:

- Fällt euch noch etwas zum Traum oder zum Träumen ein?
- Träumen eigentlich alle Menschen? Warum? warum nicht?
- Was passiert in eurem Kopf, wenn ihr träumt?
- Könntet ihr euch vorstellen, eines Tages gar nicht zu mehr träumen? Warum? Warum nicht?

Weitere Aspekte des Themas

Unterschied Tag- und Nachträume: Monika Hartig: Monika Hartig erzählt vom Träumen. Hamburg: Oetinger 1994 (Kindersachbuch über Träume, z. B. den Unterschied zwischen Tag- und Nachtträumen).

Wunschträume: Angela Hunt: Der Traum der drei Bäume. Gießen: Brunner Verlag, 2009, 3. Auflage (Erfüllung von Wünschen; mit christlichem Hintergrund)

Angst vor bösen Träumen: Michal Ende/Annegret Fuchshuber: Das Traumfresserchen. Thienemann: Stuttgart 1978 (Das Traumfresserchen frisst alle bösen Träume auf).

Verhältnis von Wirklichkeit und Traum: Wolf Erlbruch: Nachts. Wuppertal: Peter Hammer Verlag 2002, 4. Auflage.

3 Methoden des Philosophierens und Kompetenzentwicklung

In diesem Philosophie-Modul sollte insbesondere die *analytische Kompetenz entwickelt* werden, d.h. der Begriff Traum steht im Vordergrund des gemeinsamen Nachdenkens. Das Kinderbuch gibt einige begriffliche Bedeutungen vor, da ein Traum mit einem Buch, einer Geige bzw. einem Fernrohr verglichen wird. Die Kinder können dazu eigene Ideen hinzufügen. Am Schluss des Buches, wenn Jonas ins Land der Träume segelt, wird auch die *spekulative Kompetenz* angewendet: „Wie stelle ich mir das Land der Träume vor? Was passiert dort? Mit wem würde ich gern dorthin segeln".

4 Spielen und gestalten

Unmittelbar nach der Beschäftigung mit dem Buch könnte das folgende *Maulwurfspiel* gespielt werden – vielleicht auch schon nach der ersten Lesephase. Dazu werden fünf Kinder ausgesucht; sie spielen die Tiere aus der Geschichte. Sie gehen mit der Erzieherin in einen anderen Raum und üben, wie sie als Tiere zu den anderen Kindern kommen und in Form einer Pantomime zeigen, was ein Traum ist:

Fuchs: liest ein Buch
Bär: spielt Geige
Hase: schaut durchs Fernrohr
Eule: macht das Krabbeln einer Fliege nach
Ameise fährt Boot, z.B. Ruderbewegung

Die fünf Kinder kommen nach einer kurzen Probe in einer freien Reihenfolge, die nicht dem Buch entspricht, in die Gruppe; die Gruppenkinder müssen raten, wer welches Tier ist und womit es den Traum vergleicht.

Während die fünf Kinder üben, spielen die anderen Kinder pantomimisch das folgende Spiel:

- wir sitzen wie der Maulwurf Jonas traurig und eingerollt da (in der Hocke im Kreis, die Hände vorm Kopf);
- wir rollen uns auf (Kopf nach oben drehen)
- wir buddeln uns nach oben (mit den Armen nach oben rudern, Erde wegschieben);

- dann hören wir, wer da ist (Hand ans Ohr führen und nach allen Seiten umhören);
- dann schauen wir uns um (nach allen Seiten blicken)
- dann flüstern wir ganz leise
  und schließlich schreien wir laut: „Was ist ein Traum?"

(dies wird zweimal bis dreimal geübt), dann warten die Kinder auf die fünf Tiere.

Weitere mögliche Spiele zum Thema „Träume" sind:

Mit dem Guckloch/dem Fernrohr in das „Land der Träume" sehen

Am Ende des Buches segelt Jonas ins Land der Träume. Die Kinder können eigene Ideen entwickeln, wie dieses Land aussehen könnte: „Wenn ich ins Traumland schaue, dann sehe ich ... " – jedes Kind äußert spontan einen Gedanken.

Eine Gedankenkette zum Traumland fädeln

Wen ich ins Traumland reise, dann nehme ich ... mit – jedes Kind nennt einen Gegenstand oder eine Person, die es gern mitnehmen würde.

Ein Traumnetz aufspannen

Ein Fadenknäuel wird von einem Kind zu einem anderen Kind geworfen. Das Kind, das wirft, fragt das andere: „Wovon träumst du gern?" Das Kind, welches das Knäuel auffängt, antwortet und wirft das Knäuel anschließend zu einem anderen Kind.

4 Was ist der Mensch?

Grundschule: Menschen sind ein kleines Wunder

Die Frage nach dem Selbstverständnis des Menschen, nach seinen Fähigkeiten und Fertigkeiten, hat die philosophische Tradition immer wieder beschäftigt (siehe III/4).

Das folgenden Philosophiemodul soll Kinder anregen, über sich selbst nachzudenken (Warum bin ich einzigartig?) und gleichzeitig allgemeine Charakteristika des Menschseins in den Blick zu nehmen. Das Gedicht von *Klaus Kordon* „Ich bin ein Wunder" zählt Eigenschaften auf, die für alle Menschen typisch sind.

1 Kreativer Einstieg

Das Modul könnte mit einem Gedankenexperiment beginnen, das von dem englischen Sprachphilosophen *John Wilson* in seinem Buch „Begriffsanalyse“ (Stuttgart: Reclam 1984) formuliert wurde, für jüngere Kinder aber etwas verändert werden sollte. „Stellt euch vor, es kommen plötzlich Außerirdische in unser Klassenzimmer. Sie sehen aus wie Menschen, können aber nicht lachen und weinen; sie haben keine Gefühle. Würdet ihr meinen, dass sie trotzdem Menschen sind?“

Die Kinder können die Außerirdischen zunächst malen, so wie sie sich diese Wesen vorstellen. Sie sollten sich anschließend dazu äußern und begründen, warum sie Menschen sind oder nicht. Dazu könnte auch die Methode der Standpunktrede eingesetzt werden (siehe Seite 56).

Die Lehrkraft schreibt beide Varianten auf Tapetenrollen oder auf das Whiteboard: Sie sind Menschen/sie sind keine Menschen ... Dazu werden stichwortartig die Argumente der Kinder festgehalten. Sie sollten während des gesamten Moduls verfügbar sein und ggf. am Schluss ergänzt werden.

Als Überleitung zum Gedicht von Klaus Kordon könnte die Frage gestellt werden: „Welche Tätigkeiten und Eigenschaften unterscheiden uns Menschen von anderen Lebewesen? Was können wir gut, was können wir nicht so gut?“

2 Aspekte des Themas und Medieneinsatz

Nach der Diskussion wird das folgende Gedicht „Ich bin ein Wunder“ von Klaus Kordon gelesen.

Ich bin ein Wunder:
kann gehen
mich drehen
ganz wie ich will
kann lachen
Dummheiten
gar nichts machen
kann denken
schenken
ein Auto lenken
kann träumen

klettern in Bäumen
kann trinken
winken
mich wehren
mit Freunden
verkehren

Ich
du
er-sie-es
wir alle
sind Wunder.

(Klaus Kordon: Ich bin ein Wunder. In: Rainer Oberthür: Neles Buch der großen Fragen. München: Kösel 2002, S. 71).

Das Gedicht wird zunächst von einem Kind vorgelesen. Danach könnten folgende Fragen in der Klasse in einem sokratischen Gespräch diskutiert werden:
- In dem Gedicht werden viele Tätigkeiten genannt, die alle Menschen können. Fehlt noch etwas?
- Sucht euch eine Tätigkeit aus, die für euch ganz besonders wichtig ist und begründet, warum.
- Welche der Tätigkeiten könnten die Außerirdischen aus unserem Gedankenspiel ausführen und welche nicht? Begründet eure Meinung.

Zu Vertiefung der Problematik sollten die Kinder zu dem Gedicht *Texttheater spielen*. Jeder sucht sich eine Tätigkeit aus – es können auch eigene Ideen ergänzt werden. Die Kinder stehen im Kreis. Der Dirigent/die Dirigentin sagt. „Wir Menschen sind Wunder. Wir können ... " Nun werden die Tätigkeiten in nicht festgelegter Reihenfolge genannt.

Danach wird folgende Frage in einem sokratischen Gespräch bearbeitet: „Warum sind wir Menschen kleine Wunder? Was versteht ihr unter diesem Wort? Schreibt eure Meinung auf: Wir Menschen sind Wunder, weil ... ".

Die Statements der Kinder werden anschließend vorgelesen, farbig gestaltet und in der Klasse aufgehängt.

Im zweiten Teil des Moduls sollte *die Einzigartigkeit jedes Menschen* hervorgehoben werden. Dazu können die Kinder als Vorbereitung Hand- oder Fußabdrücke von sich gemeinsam auf einer Tapetenrolle „hinterlassen“. Anschließend wird darüber gesprochen, ob die Abdrücke alle gleich sind und worin sie sich unterscheiden könnten. Danach zieht jedes Kind einen Namen von einem anderen Kind und schreibt zu diesem Kind ein *Porträt als Rätsel*: Wie sieht das Kind aus? Welche äußerlichen Merkmale sind besonders an ihm, zum Beispiel Sommersprossen, blaue Augen etc.? Welche besonderen Eigenschaften hat das Kind? Kann es schnell laufen oder sprechen? Über welche besonderen Fähigkeiten verfügt es? Kann es gut Flöte spielen? Welche Gedanken hat es geäußert, die besonders interessant gewesen sind?

Die Porträts werden in der Klasse vorgelesen und erraten. Anschließend wird dann der Text „Der Mensch lebt sein Leben“ von Brigitte Labbé gelesen. Er sollte nach der Methode der Texterschließung (siehe Seite 38) von den Kindern in mehrere Sinnabschnitte unterteilt und mit Überschriften versehen werden.

Der Mensch lebt sein Leben

Die Biene ist nicht frei: Sie ist auf der Welt, um Honig zu produzieren, und damit basta. Der Biber ist nicht frei: Er bringt sein Leben damit zu, in den Flüssen Dämme zu bauen.

Es ist, als würden die Tiere die große Bühne des Lebens betreten und eine Rolle spielen, die für jedes von ihnen von vornherein genau festgelegt ist. Es ist eine Rolle, die sich das Tier nicht aussuchen kann: Die Biene hat einen braun-gelben Körper, und wenn sich der Vorhang öffnet, beginnt sie damit, Blütenstaub zu sammeln. Das ist nun einmal so, und kein Mensch fragt sie nach ihrer Meinung. Wenn die Bienen- Darstellerin stirbt, wird eine andere Biene ihren Platz einnehmen, und niemand erinnert sich an all die verschiedenen Bienen-Darstellerinnen, da es zwischen ihnen keinen Unterschied gibt. Kommt ein kleiner Mensch zur Welt, ist er noch in kein Kostüm gezwängt und muss in keine vorgeschriebene Rolle schlüpfen. Er selbst wird sich sein Theaterstück ausdenken, seine Kostüme, seine Rollen, kurzum: sein Leben. Wenn am Ende des Stücks der Vorhang fallt, bleibt seinen Mitmenschen sehr vieles von ihm in Erinnerung, denn niemand hat dieselbe Rolle gespielt wie er: Sein Leben ist einzigartig und ähnelt keinem anderen Leben.

Das Leben eines Menschen ähnelt nicht dem der Tiere, weil der Mensch in seinem Leben selbst Regie führt. Er ist es, der über alles entscheidet. Es steht ihm frei, den Weg einzuschlagen, den er möchte. Jedes menschliche Leben verläuft anders, jeder wählt sich seinen Weg selbst aus. Und so bildet der Mensch allmählich und sein ganzes Leben hindurch das aus, was wir Persönlichkeit nennen.

(Brigitte Labbé: Denk dir die Welt. Bindlach: Loewe Verlag 2003, S. 22/23).

Mögliche Impulse für ein sokratisches Gespräch:
- Was unterscheidet uns Menschen von einer Biene?
- Wie versteht ihr den Gedanken, dass der Mensch in keine Rolle schlüpfen muss?
- Der Mensch führt in seinem Leben selbst Regie? Trifft das auch auf euch zu? Nennt einige Beispiele. Hierzu könnten die Kinder auch eine Standpunktrede halten: Meinungsäußerung, Begründung und Beispiel (siehe Seite 56).
- Was versteht ihr unter einer Persönlichkeit? Schlagt den Begriff in einem Lexikon oder unter www.blindekuh.de nach.
- Jeder wählt seinen Weg aus. Schreibt in den Weg des Arbeitsblattes einige Stichworte, was euch in eurem Leben wichtig sein könnte. Legt eure Wege dann in einen Kreis und vergleicht sie.

Die Kinder sollten dazu ein Arbeitsblatt erhalten, auf dem die Umrisse eines Weges vorgegeben sind.

Weitere Aspekte des Themas

Unterschied Mensch und Tier: Vertiefung der Problematik zwischen Mensch und Biene in dem Buch von Brigitte Labbé, a.a.O., S. 23-26 (u.a. Begriff der Seele)

Der Mensch als fühlendes Wesen: Unterschied zwischen angenehmen und unangenehmen Gefühlen; moralische Gefühle, u.a. Eva Zoller: Über Gefühle philosophieren. In: Selber denken macht schlau. Zürich: Zytglogge 2010, S. 73-82.

Der Mensch als denkendes Wesen: Monika Feth: Der Gedankensammler. Düsseldorf: 1993 Patmos.

Der Mensch als zeitliches Wesen: Kerstin Michalik/Helmut Schreier: Zeit. In: Wie wäre es einen Frosch zu küssen? Braunschweig: Westermann 2006, S. 199-2008.

3 Methoden des Philosophierens und Kompetenzentwicklung

Im Mittelpunkt dieses Moduls steht die *dialektische Methode* mit den Schwerpunkten *Standpunktrede* und *sokratisches Gespräch*. Die wesentlichen Charakteristika des Menschen sollten im gemeinsamen Gespräch herausgefunden werden. Als Abschluss wird *das rückblickende Schreiben* angewendet, d.h. die Kinder verändern das Gedicht von Klaus Kordon so, dass ein Tier erzählt, warum es ein Wunder ist (siehe Punkt 4). Dadurch wird gelichzeitig die *spekulative Kompetenz* geschärft, d.h. die Kinder üben den fremden Blick und beurteilen die Welt mit den Augen eines Tieres.

4 Spielen und Gestalten

Als Abschluss erhält jedes Kind die Aufgabe, *das Gedicht von Klaus Kordon umzuschreiben* und ein Tier seiner Wahl erzählen zu lassen, welche Besonderheiten es hat. Die Kinder sollten für ihr Gedicht auch eine neue Überschrift finden. So könnte ein Hund beispielsweise sagen:

> Ich bin ein Wunder,
> kann schnell laufen,
> gut riechen,
> auf dem Boden schnüffeln . . . .

Die Gedichte, die sich nicht reimen müssen, werden anschließend in der Klasse vorgelesen – die Kinder erraten gegenseitig, welches Tier spricht. Zusätzlich zu den Gedichten können die jeweiligen Tiere gemalt werden.

Als Abschluss des Moduls könnte darüber gesprochen werden, wodurch sich Menschen und Tiere unterscheiden, als Ergänzung zu dem Text von Brigitte Labbé.

Kindergarten: Meine fünf Sinne

Kinder beobachten sehr aufmerksam ihre unmittelbare Umgebung. Sie fassen alles an, schnüffeln in Kisten und Kästen und achten auf jedes noch so leise Geräusch. Denn ihre Sinne vermitteln ihnen schon als Babys erste Eindrücke von der Welt. Durch sie nehmen wir Informationen in Form von Reizen auf, die verschlüsselt an das Gehirn weitergeleitet werden. Je mehr ein Kind also sieht, hört und riecht, desto mehr Informationen nimmt es auf. Wir unterscheiden dabei zwischen den Fernsinnen wie Sehen, Hören und Riechen sowie den Nahsinnen Schmecken und Tasten. Diese fünf Sinne wurden in der Philosophie von dem griechischen Philosophen *Demokrit* (ca. 460-380 v. Chr.) entdeckt und von dem Schweizer Philosophen Jean-Jacques Rousseau im 18. Jahrhundert ausführlich untersucht (siehe auch III/ 1 in diesem Buch). Sie bilden nach seiner Ansicht die ersten Fähigkeiten, die Kinder erwerben und sollten deshalb „sorgfältig gepflegt werden". Denn Menschen können nur so sehen, hören oder fühlen, wie sie es gelernt haben. Rousseau wollte insbesondere das Tasten und Fühlen bei Kindern vervollkommnen und hat deshalb die folgende Übung im ersten Kapitel seines Buches „Emile" vorgeschlagen, die wir ein wenig abgewandelt haben.

1 Kreativer Einstieg

Die folgende Übung könnten Eltern und Kinder zu Hause durchführen oder in der Kita, wenn die Kinder einmal gemeinsam mit den Erzieher/innen übernachten.

Kinder und Erwachsene sollten nachts in einem leeren unbekannten Raum gehen und sich aufstellen. Sie sollten in die Hände klatschen und in die Stille lauschen. Am Widerhall können sie feststellen, ob sie mitten im Raum stehen oder in einer Ecke. Am Gefühl auf dem Gesicht spüren die Kinder, ob sie dicht an der Wand stehen oder ob der Luftdruck weniger groß ist. Wichtig ist dabei, sich nicht von der Stelle zu rühren und nach allen Seiten wegzudrehen. Sollte irgendwo eine Tür offen stehen, dann kann man das an einem Luftzug merken.

Die Erwachsenen sollten anschließend mit den Kindern darüber sprechen, wie viel jemand durch Fühlen und Sehen von der Welt erkennen kann, ohne einen Gegenstand zu berühren.

Das Spiel lässt sich auch in einer Turnhalle oder in einem Haus mit verbundenen Augen spielen. Die Kinder werden in ein Zimmer geführt und ertasten dort die Gegenstände. Anhand der ertasteten Gegenstände sollen sie herausfinden, in welchem Zimmer sie sich befinden. Dieses Spiel kann auch zum Geruchs- bzw. Geschmackssinn gespielt werden: Die Kinder gehen mit verbundenen Augen durchs Haus und riechen Gegenstände in einem Zimmer oder sie erhalten Speisen, die sie schmecken und erraten sollen.

Über folgende Fragen könnte hinterher gesprochen werden: „Wir haben Gegenstände ertastet, geschmeckt und gerochen: Welche Unterschiede haben wir bemerkt? Macht es einen Unterschied, ob wir mit der Innenseite der Hände oder mit der Außenseite tasten? Können wir mit den Händen genauso gut tasten wie mit den Zehen? Was konnten wir ertasten und was nicht? Was können wir von einem Gegenstand riechen und was nicht?"

Anschließend könnte gefragt werden, welche beiden Sinne bei diesem Spiel nicht zum Einsatz gekommen sind.

2 Aspekte des Themas und Medieneinsatz

Die Kinder bilden *fünf Gruppen, für jeden Sinn eine Gruppe*. Sie experimentieren jeweils mit einem Sinn; ihre Untersuchungen können sich über mehrere Etappen (Tage) hinziehen. Es wäre zum Beispiel auch möglich, mit einem Sinn zu beginnen und in der darauffolgenden Philosophie-Einheit den nächsten Sinn zu behandeln.

Die erste Gruppe beschäftigt sich mit dem Sehen. Sie erhält einige Lupen und *schaut sich einen Gegenstand ihrer Wahl an*. Die Kinder erzählen anschließend den anderen Gruppen etwas über die Farben und Formen des ausgewählten Gegenstandes. Die restlichen vier Gruppen können danach ebenfalls einmal durch die Lupe schauen. Anschließend wird darüber gesprochen, was man mit und ohne Lupe sehen kann, bzw. warum es wichtig ist, sich in der Welt umzuschauen. „Wenn wir die Augen offen haben, können wir sehen. Können wir auch mit geschlossenen Augen etwas sehen?"

Die zweite Gruppe nimmt mit einer Erzieherin *verschiedene Geräusche* aus der Kita auf: zum Beispiel Papierknistern, Tellerklappern, das Laufen des Wasserhahns oder Fingerklappern auf dem Tisch. Die Geräusche werden den anderen Gruppen vorgespielt und sollen erraten werden. Anschließend wird darüber gesprochen, warum Geräusche dazu beitragen, die Welt besser kennen zu lernen. „Gibt es einen Unterschied zwischen hören und horchen oder zwischen sehen und schauen?"

Die dritte Gruppe bereitet einen *Geruchskasten* vor: Verschiedene Dinge werden in undurchsichtigen Papiertüten verpackt und sollen an ihren Gerüchen erraten werden: Erde, Früchte, Pilze, Seifenblasen usw. Anschließend wird darüber gesprochen, warum es für Menschen wichtig ist, gut riechen zu können. „Was können Menschen alles riechen und was nicht?"

Die vierte Gruppe stellt verschiedene Speisen zusammen, die in der Kita gegessen werden: Weißbrot, Salz, Zucker oder Zwiebeln und Apfelstücke. Den Kindern aus den anderen Gruppen werden die Augen verbunden und die Nase zugehalten. Sie sollen nun herausschmecken, was sie im Mund haben. Danach wird darüber gesprochen, warum es für Menschen wichtig ist *schmecken zu können* und ob alle Menschen den gleichen Geschmack haben: „Schmecken alle Menschen süß und sauer oder gibt es auch Unterschiede? Was kann eure Zunge noch spüren, außer dem Geschmack? Manche Leute sagen, man isst auch mit den Augen. Wie ist das gemeint?“

Die fünfte Gruppe stellt verschiedene Gegenstände aus der Kita unter den Tisch; keiner darf nach unten schauen. Alle Kinder ziehen die Schuhe aus und *ertasten mit den Füßen die Gegenstände*: „Was lässt sich mit den Füßen ertasten und was nicht?“ Danach wird ein Gedankenexperiment durchgeführt: „Was wäre, wenn Menschen nicht tasten könnten? Würden sie sich dann ebenso gut in der Welt zurechtfinden? Wozu braucht ihr das Tasten? Welche „Tastwerkzeuge“ haben wir Menschen?“

Nachdem alle Gruppen ihre sinnlichen Experimente durchgeführt haben, werden die fünf Sinne von den Kindern noch einmal wiederholt. Dazu spricht die Erzieherin/der Erzieher die folgenden Sätze, die von den Kindern mündlich vervollständigt werden:

Mit den Augen …
Mit den Ohren …
Mit der Nase …
Mit dem Mund …
Mit Händen und Füßen …

Danach wird die folgende Geschichte vorgelesen:

(…) Claudia fragt: „Was ist eigentlich der sechste Sinn? Meine Tante sagt, es gibt einen sechsten Sinn, und manche Leute haben ihn, aber die meisten nicht. Meine Tante sagt, mit dem sechsten Sinn kann sie verborgene Dinge erkennen.“

„Manche Leute“, erklärt Herr Lux, „reden von einem sechsten Sinn. Damit meinen sie ein Gefühl oder Gespür, von dem sie nicht genau angeben können, wo es eigentlich sitzt: in der Nase oder in den Fingerspitzen oder sonst wo. Meist können sie nicht sagen, was sie eigentlich wahrnehmen.

(Experimente (leicht verändert) und Text aus: Helmut Schreier: Himmel, Erde und ich. Heinsberg: Agentur Dieck 1993, S. 59-61.)

Mögliche Impulse für ein sokratisches Gespräch:
- Was stellt ihr euch unter einem sechsten Sinn vor? Die Kinder können dazu auch ein Bild malen.
- Wenn ein Sinn fehlt, d.h. jemand kann nicht sehen oder hören, kann er sich dann trotzdem gut in der Welt zurechtfinden? Warum? Warum nicht?
- Der Philosoph Rousseau hat gesagt, Menschen müssen vor allem sehr gut tasten können. Meint ihr das auch? Warum? Warum nicht?
- Können alle Menschen gleich gut sehen, hören, riechen, schmecken und tasten?
- Haben Tiere auch Sinne?

Weitere Aspekte des Themas

Innere und äußere Wahrnehmung: einen Teddy sehen und beschreiben; sich mit inneren Augen einen Teddy vorstellen; direkte und vorstellende Wahrnehmung unterscheiden (siehe Punkt 4)

4 Spielen und gestalten

Zur *Schärfung der inneren Wahrnehmung* kann das folgende Spiel gespielt werden: Die Kinder sitzen im Kreis und schauen gemeinsam einen Gegenstand an, zum Beispiel einen Teddybär. Dann schließen sie die Augen und warten einen Augenblick. Anschließend erzählen sie mit geschlossenen Augen, was sie in sich drin gesehen haben, d.h. jeder beschreibt den Teddy. Danach werden die Augen wieder geöffnet und die Kinder vergleichen das, was Sie innerlich gesehen haben mit dem „wirklichen Teddybär“. Folgende Fragen könnten dabei Anlass für ein sokratisches Gespräch sein:
- Was haben wir mit geschlossenen Augen gesehen und was mit offenen Augen?
- Was war anders, als wir die Augen geschlossen hatten?
- Welche Bilder vom Teddy habe ich in mir drin gesehen?
- Wodurch unterscheidet sich der wirkliche Teddy von dem Teddy, den ich mir vorgestellt habe?

Ein weiteres Spiel beschäftigt sich mit dem Hörsinn. Es heißt *„Geräusche fangen"*.

Die Kinder sitzen im Kreis. Jemand steht in der Mitte mit verbundenen Augen. Nun zerknüllt ein Schüler oder eine Schülerin ein Blatt Papier, das anschließend im Kreis herumgeworfen wird. Der Spieler oder die Spielerin mit verbundenen Augen versucht, das Papier zu fangen. Der- oder diejenige, bei denen sie das Papier gefangen hat, geht anschließend in den Kreis. Niemand sollte zweimal drankommen.

(Das Spiel folgt einer Idee von Jamie Walker: Gewaltfreier Umgang mit Konflikten. Berlin 1995)).

Nach dem Spiel sollte darüber diskutiert werden, welche Rolle der Hörsinn im Leben eines Menschen spielt.

Das folgende Spiel *„Ich verändere mich"* trainiert die *Fähigkeit des genauen Hinsehens.* Dazu werden Paare gebildet. Diese stehen sich gegenüber und beobachten, wie der andere angezogen ist. Dann drehen sie sich um und jeder verändert mindestens ein Detail und maximal drei Details an seinem Äußeren: z.B.: Ärmel hoch krempeln, Kragen in den Pullover stecken, einen Ohrring abnehmen etc. Anschließend drehen sich beide um und versuchen herauszufinden, was sich am jeweils anderen verändert hat.

(Das Spiel folgt einer Idee von Jamie Walker: Gewaltfreier Umgang mit Konflikten. Berlin 1995).

Zum Abschluss der Philosophie-Einheit können die Kinder ein *„Sinnen-Portfolio" für einen Tag entwerfen:* Was habe ich heute Besonderes gesehen? Die Kinder malen einige Gegenstände. Was habe ich gehört? Die Kinder malen Geräusche wie zum Beispiel tropfendes Wasser. Was habe ich gerochen? Die Kinder malen (den Duft) einer Blume? Was habe ich geschmeckt- die Kinder malen verschiedene Speisen, die ihnen besonders gut geschmeckt haben; was habe ich berührt? Die Kinder malen einen Gegenstand oder eine Person, den oder die sie ertastet bzw. berührt haben.

Für Kinder, die daran besonders viel Spaß haben, kann auch noch eine Extra-Seite zur inneren Wahrnehmung angefertigt werden: Welche besonders schönen Bilder habe ich heute im meinem Kopf gesehen? Abschließend kann noch einmal die Frage gestellt werden, wozu Menschen ihre Sinne brauchen.

V

Anhang

Auswahlbibliographie

1 Klassiker des Philosophierens mit Kindern

Brüning, Barbara: Philosophieren mit sechs- bis achtjährigen Kindern in der außerschulischen Erziehung – Überlegungen zu einem handlungsorientierten Ansatz unter Berücksichtigung praktischer Erfahrungen. Hamburg 1985 (Dissertation).

Brüning, Barbara: Kinder sind die besten Philosophen. Leipzig: Buchverlag für die Frau 2008, 2. Auflage (philosophische Gedanken von Kindern in Form von Zitaten).

Calvert, Kristina: Sprachlich-präsentative Symbole beim Philosophieren mit Kindern in der Grundschule. Kopaed: München 2000.

Daurer, Doris: Staunen – Zweifeln – Betroffensein. Mit Kindern philosophieren. Weinheim: Beltz 1999.

Deutsche UNESCO-Kommission (Hrsg.): Philosophie – eine Schule der Freiheit. Philosophieren mit Kindern weltweit und in Deutschland. Bonn 2008.

Freese, Hans-Ludwig: Kinder sind Philosophen. Weinheim: Quadriga 1989.

Englhart, Stephan: Modelle und Perspektiven der Kinderphilosophie. Heinsberg: Agentur Dieck 1997.

Gerlach, Sybille: Nachdenklichkeit lernen. Philosophische Wurzeln – Entwicklungspsychologische Bedingungen – Pädagogisches Handeln. München: Kopaed 2003.

Lipman, Matthew: Philosophy in the Classroom. Philadelphia: Temple University Press 1980.

Lipman, Matthew: Thinking in Education. Cambridge und New York: University Press 1991.

Martens, Ekkehard: Philosophieren mit Kindern – eine Einführung in die Philosophie. Stuttgart: Reclam 1999.

Martens, Ekkehard/Schreier Helmut: Philosophieren mit Schulkindern. Heinsberg: Agentur Dieck 1994.

Matthews, Gareth B.: Philosophische Gespräche mit Kindern. Berlin: Freese Verlag 1989.

Matthews, Gareth B.: Denkproben – Philosophische Ideen jüngerer Kinder. Berlin: Freese Verlag 1991.

Marsal, E./Dobashi, Takahara (Hrsg.): Children Philosophize Worldwide.Theoretical and Practical Concepts. Frankfurt am Main/New York: Peter Lang 2009.

Marsal, Eva, Dobachi T./Weber, B./Lund, F. (Hrsg.): Ethische Reflexionskompetenz im Vor- und Grundschulalter. Konzepte des Philosophierens mit Kindern. Frankfurt am Main: Peter Lang 2007.

Pfeiffer, Silke/Müller, Joachim (Hrsg.): Denken als didaktische Zielkompetenz. Baltmannsweiler: Schneider Verlag 2004.

Reed, Ronald: Kinder wollen mit uns sprechen. Hamburg: Verlag für Kinder und Eltern 1990 (Talking with Children).

Simon-Schaefer, Roland: Kleine Philosophie für Berenike. Stuttgart: Reclam 1996 (kleine Geschichte der Philosophie ab 12 Jahren).

Zoller, Eva: Philosophische Reise – Unterwegs mit Kindern auf Suche nach Lebensfreude und Sinn. Verlag Pro juventude: Zürich 1998.

Zoller, Eva: Selber denken macht schlau. Philosophieren mit Kindern und Jugendlichen. Anregungen für Schule und Elternhaus. Zytglogge: Zürich 2010.

Klassiker-Zeitschriften

Die Zeitschrift Grundschule veröffentlicht laufend Beiträge zum Philosophieren mit Kindern; siehe insbesondere die Hefte 10/2002 mit dem Titel *„Philosophieren mit Kindern“*, Heft 1/2006 mit dem Titel *„Ethik und Gerechtigkeit“* und Heft 1 2010 mit dem Titel *„Denk mal“*. Die Zeitschrift erscheint im Westermann Verlag.

Zeitschrift für Didaktik der Philosophie und Ethik (Abkürzung = *ZDPE*), Heft 1/ 1984, Titel: *Kinderphilosophie* und Heft 1, 1991, Titel: *Philosophieren mit Kindern;* Heft 1/2008, Titel: *Philosophieren mit Kindern III.* Die Zeitschrift erscheint im Siebert Verlag.

Das *Pädagogische Rundschau Heft 6, 2013* mit dem Titel „Philosophieren mit Kindern“ (Verlag Peter Lang/Frankfurt); www.kindergartenpaedagogik.de – Online-Handbuch mit über 1100 Fachartikeln zur Frühpädagogik, darunter auch Beiträgen zum Philosophieren mit Kindern. Hrsg. von Martin Textor.

2 Aktuelle didaktische Literatur

Becker, Birgit: Spuren der Philosophie im Kind. Norderstedt: Books on Demand 2012.

Brüning, Barbara: Mit Lara und dem kleinen Saurier philosophieren. Praxisbuch zum Nachdenken über Menschen, Tiere und die Welt. Troisdorf: Bildungsverlag I 2010 (Schwerpunkt Kindergarten).

Brüning, Barbara: Philosophieren in der Grundschule. Berlin: Cornelsen 2013, 3. Auflage.

Brüning, Barbara: Grundwissen Philosophie. Berlin: Cornelsen 2013 (Einführung in die vier Grundfragen der Philosophie mit einem Methodenkapitel).

Cam, Philipp: Philosophy with Young Children – a Classroom Handbook. Australian Curriculum States Association 2007.

Duncker, Ludwig/Nießeler, Andreas (Hrsg.): Philosophieren im Sachunterricht. Imagination und Denken im Grundschulalter. Münster: LIT 2005.

Ebers, Thomas/Melchers, Markus: Praktisches Philosophieren mit Kindern. Münster: LIT 2005.

Hößle, Corinna/Michalik, Kerstin (Hrsg.): Philosophieren mit Kindern und Jugendlichen. Didaktische und methodische Grundlagen des Philosophierens. Baltmannsweiler: Schneider Verlag 2005.

Marsal. Eva/Dobashi, Takahara (Hrsg.): Das Spiel als Kulturtechnik des ethischen Lernens. Münster: LIT 2005.

Martens, Ekkehard: Didaktik des Ethik- und Philosophieunterrichts. Hannover: Siebert Verlag 2009, 4. Auflage.

Michalik, Kerstin/Schreier, Helmut: Wie wäre es, einen Frosch zu küssen? Philosophieren mit Kindern im Grundschulunterricht. Braunschweig: Westermann 2006.

Michalik, Kerstin/Müller, Hans-Joachim/Nießeler, Andreas (Hrsg): Philosophie als Bestandteil wissenschaftlicher Grundbildung? Münster: LIT 2009.

Neißer, Barbara/Verholt, Udo (Hrsg.): Kinder philosophieren. Münster: LIT 2012.

Nida Rümelin, Julian/Weidenfeld, Nathalie: Der Sokrates Club. Philosophische Gespräche mit Kindern. München: btb 2014.

Petermann, Hans-Bernhard: Kann ein Hering ertrinken? Philosophieren mit Bilderbüchern. Weinheim: Beltz 2007.

Siegmund, Michael: Philosophieren mit Kindern. Ein Lexikon: Von A wie Aufmerksamkeit und Z wie Zeit. Norderstedt: Books on Demand 2012.

Sinhart-Pallin, Dieter/Ralla, Mechthild: Handbuch zum Philosophieren mit Kindern: Kindergarten, Grundschule, freie Träger. Baltmannsweiler: Schneider Verlag 2014.

Tozzi, Michel: Débattre à partir des mythes, à l'école et ailleurs. Lyon: Chronique Sociale 2006 (Mit Mythen debattieren, in der Grundschule und anderswo).

Zeitschriften/Buchbeiträge

Brüning, Barbara: Die Welt begreifen – Philosophieren mit Kindern durch Spiele und praktische Übungen. In: *Handbuch für ErzieherInnen in Krippe, Kindergarten, Kita und Hort. München: Olzog, Heft 66, Teil 6, S. 1-17.*

Brüning, Barbara: Philosophieren mit Kindern – Wie Nachdenklichkeit in Bildungsprozessen der Grundschule gefördert werden kann. In: de Murillo, José Sánchez/Haas, Rüdiger/Rinser, Christoph (Hrsg.): Aufgang. Jahrbuch für Denken, Dichten Musik. Stuttgart: Kohlhammer 2013, S. 93-110.

Gronke, Horst: „Frag mich 'was!" – „Was denn?" Mit Fragen freies Philosophieren ermöglichen. In: Müller,H.-J./Pfeiffer,S. (Hrsg.): Denken als didaktische Zielkompetenz. Baltmannsweiler: Schneider Verlag 2004, S. 60-67.

Köck, Peter: Spielend lernen: Eine anthropologische Kulturtechnik für den Ethikunterricht. In: Marsal. Eva/Dobashi, Takahara (Hrsg.): Das Spiel als Kulturtechnik des ethischen Lernens. Münster: LIT Verlag 2005; S. 130-146).

Müller, Hans Joachim: Die Semantik jenseits des Diskursiven entdecken – Szenisches Interpretieren als Methode des Philosophierens. In: Hößle, C./ Michalik, K. (Hrsg.) Philosophieren mit Kindern und Jugendlichen. Baltmannsweiler: Schneider Verlag 2005.

Ralla, Mechthild: Kann ich Natur fühlen? Philosophieren mit Kindern über Natur – ein Praxisbericht aus dem außerschulischen Bereich mit Kindern im Grundschulalter. In: Müller,H.-J./Pfeiffer,S. (Hrsg.): Denken als didaktische Zielkompetenz. Baltmannsweiler: Schneider Verlag 2004 S. 81-85.

Rude, Christophe: Philosophieren als Bildungsprinzip. Über den Wert des Philosophierens in Kindertageseirichtungen und Schulen. In: Deutsche UNESCO-Kommission (Hrsg.), Philosophieren – eine Schule der Freiheit. A. a. o., S. 149-148 (fächerübergreifendes Philosophieren).

3 Aktuelle Kinderbücher/Schulbücher

Philosophische Kinderbücher

Brenifier, Oscar: Gut und Böse – Was ist das? Köln: Boje 2010.

Brenifier, Oscar: Glück – Was ist das? Köln: Boje 2010; Leben – Was ist das; Gefühle – Was ist das? Buchreihe zu verschiedenen philosophischen Themen im Boje Verlag.

Brenifier, Oscar: Was, wenn es sich anfühlt wie Liebe? Stuttgart: Gabriel Verlag 2013.

Oberthür, Rainer: Neles Buch der großen Fragen. Eine Entdeckungsreise zu den Geheimnissen des Lebens. München: Kösel Verlag 2006.

Precht, Richard David: Warum gibt es alles und nicht nichts? München: Goldmann 2011 (ab Klasse 4).

Aktuelle Schulbücher

Balasch, Udo/Brüning, Barbara (Hrsg.): Ethik Klasse 1/2 Berlin: Cornelsen 2013 (mit Arbeitsheft und Handreichung als Download für alle Bundesländer).

Balasch, Udo/Brüning, Barbara (Hrsg.): Ethik Klasse 3 und Klasse 4 Berlin: Cornelsen 2014 (mit Arbeitsheft und Handreichung als Download für alle Bundesländer).

Meier-Metz, Michelle/Rauch, Steffi: Ich bin wichtig. Ethik Klasse 1/2. Leipzig: Militzke 2011 (mit Arbeitsheft und Handreichung für Thüringen).

Meier-Metz, Michelle/Rauch, Steffi: Ich bin wichtig. Ethik Klasse 3 und 4. Leipzig: Militzke 2013 (mit Arbeitsheft und Handreichung für Thüringen).

4 Materialien und Bausteine für die Praxis

Bereich Grundschule

Brüning, Barbara: Kleines ABC der Ethik. Leipzig: Militzke 2007, 2. Auflage (ethische Begriffe für Kinder erklärt).

Brüning, Barbara: Beobachten, fragen, denken. Spiele zum Philosophieren. Leipzig: Militzke 2008.

Brüning, Barbara (Hrsg.): Themenreihe Ethik für die Grundschule. Erstes Heft: Mut und Angst. Berlin: Cornelsen 2015.

Calvert, Kristina: Können Steine glücklich sein? Reinbek bei Hamburg: Rowohlt 2004.

Calvert, Krisitna: Lügen Ameisen eigentlich? Ein Bilderbuch zum weitermalen und philosophieren. Zürich: Avacavi 2014

Calvert, Kristina: Wolkenbilder und Möwendreck. Zürich: Aracari 2011 (Geschichten zum Philosophieren).

Calvert, Kristina, Hausberg, Anna K. (Hrsg.): PhiNa. Philosophieren mit Kindern über die Natur. Handbuch. Baltmannsweiler: Schneider Verlag 2011, 2. Auflage.

Cam, Philip: Zusammen nachdenken. Mühlheim: Verlag an der Ruhr 1996.

Haglund, Liza: Gedankenspiele. München: Omnibus 2007 (Gedankenexperimente für Kinder ab 10 Jahren zu Themen wie Sprache, Gerechtigkeit, Wirklichkeit etc.).

Labbé, Brigitte: Was verbindet die Welt? Bindlach: Loewe 2005 (Themen wie Jungen und Mädchen, Schön und hässlich oder Krieg und Frieden).

Lipman, Matthew: Das geheimnisvolle Wesen Pixie. Herausgegeben und übersetzt von Daniela G. Camhy. Sankt Augustin: Academia Verlag 2007, 2. Auflage (mit Handbuch).

Lipman, Matthew: Harry Stottlemeiers Entdeckung. Herausgegeben und übersetzt von Daniela G. Camhy. Sankt Augustin: Academia Verlag 2009, 2. Auflage (mit Handbuch).

Schreier, Helmut: Ludwig, die Dinge und ich: Für Kinder, die nach dem Warum fragen. Seelze: Kallmeyer 2004.

Siegmund, Michael: Philosophieren mit Kindern. Ein Handbuch: Spielend leicht die Welt entdecken. Mit zahlreichen Spielen, Themen und Ideen. Norderstedt: Books on Demand, 2013, 2. Auflage.

Pfeiffer, Silke/Klager, Christian: Wirklich wahr? Mit Kinderbüchern philosophieren. Leipzig: Militzke 2011.

Theije-Avontuur, Nel/Krasniok, Leo: 55 philosophische Geschichten für Kinder. Mit Frageimpulsen zum Nach- und Weiterdenken. Mühlheim: Verlag an der Ruhr 2012.

Bereich Kindergarten

Brüning, Barbara: Prinzessin Lara und der kleine Saurier. Troisdorf: Bildungsverlag I 2010 (Themen u.a. Familie, Gefühle, Gedanken).

„Darf ich auch mal böse sein?“ – Philosophieren mit jüngeren Kindern. In: Handbuch für ErzieherInnen in Krippe, Kindergarten, Kita und Hort. München: Olzog, Heft 64, Teil 6 6, S. 1-18 (Vorschläge zu dem Buch „Dann hau ich dich“, sagt der kleine Fuchs von Manfred Mai).

Brüning, Barbara: „Was ist ein Traum? fragt Jonas“. Philosophieren mit Kindern im Kindergarten. Kindergartenpädagogik. Online-Handbuch (www. kindergartenpaedagogik.de/1563 html.

Wiesheu, Roswitha (Hrsg.): Praxisleitfaden „Kinder philosophieren“ für Kindertageseinrichtungen und Schulen. München o. J.

Zeitler, Katharina: Siehst du die Welt auch so wie ich? Philosophieren in der Kita. Mit Kindern fragen, nachdenken, Werte erfahren. Freiburg: Herder Verlag 2012, 2. Auflage.

5 Links

Deutschland

www.kinder-philosophieren.de (Akademie „Kinder philosophieren". Schwerpunkt Kita)
www.philosophieren-mit-kindern.de/mueller.html (Verein zur Förderung des Philosophierens mit Kindern/Schwerpunkt Kita/Schule)
www.philosophieren-mit-kindern-hamburg.de (Schwerpunkt Schule)
www.paidosophos.de (Schwerpunkt Kita und außerschulisches Philosophieren)
marsal@ph-karlsruhe.de (Deutsch-Japanische Forschungsinitiative zum Philosophieren mit Kindern)
www.philosophisch-politische-akademie.de (organisiert sokratische Gesprächswochen und Gesprächsausbildung)

International

www.montclair.edu/IACP (Institut für Kinderphilosophie in den USA)
www.icpic.org (The International Council of Philosophical Inquiry with Children)
www.kinderphilosophie.at (Institut für Kinderphilosophie in Österreich)
www.crdp-monpellier.fr (Philosophieren mit Kindern in Frankreich/Michel Tozzi)
www.brenfier.com (Homepage von Oscar Brenifier)